ALTE ABENTEUERLICHE REISEBERICHTE

Heinrich von Maltzan

Heinrich von Maltzan

Meine Wallfahrt nach Mekka

Herausgegeben
von
Gernot Giertz

Mit 37 Abbildungen

Verlag Neues Leben Berlin

Die Illustrationen auf den inneren Umschlagseiten zeigen Wüstenreiter auf Dromedaren und das Hauptheiligtum des Islams, die Kaaba in Mekka.

ISBN 3-355-00985-7

Verlag Neues Leben, Berlin 1989
Lizenz Nr. 303 (305/110/89)
LSV 7103
Schutzumschlag und Einband: Hilda und Manfred Salemke
Druck und buchbinderische Weiterverarbeitung:
Offizin Andersen Nexö, Graphischer Großbetrieb, Leipzig
III/18/38
Bestell-Nr. 644 789 5
01320

Inhalt

Einleitung des Herausgebers

Als Heinrich von Maltzan 1865 den Bericht über seine Wallfahrt nach Mekka veröffentlichte, stand urplötzlich ein Mann im Blickpunkt der Öffentlichkeit, von dessen Existenz zuvor kaum jemand Notiz genommen hatte, ein Mann, der sich mit diesem Buch als intimer Kenner der arabischen Geschichte, des Volkstums, der Legenden und Traditionen und der Vorstellungswelt selbst des Islam und seiner Gebote erwies und nur wenig später als der unumstritten beste Orientkenner seiner Zeit, wenn nicht gar des ganzen Jahrhunderts galt.

Der sächsische Adlige, ein Reisender aus Passion, verkörperte eine faszinierende Mischung von Abenteurertum und ernsthafter Wissenschaftlichkeit, die es ihm in Verbindung mit seiner Sprachbegabung und seiner stupenden Fähigkeit zur Anpassung an seine Umwelt ermöglicht hatte, in die unzugänglichsten, fremdenfeindlichsten Teile des afrikanisch-arabischen Kulturkreises unerkannt einzudringen – bis eben ins Allerheiligste der islamischen Welt: Mekka –, mit außerordentlicher Beobachtungsgabe das Unbekannte zu erforschen und seine Erlebnisse mit journalistischer Fertigkeit darzustellen. Zahlreiche Aufsätze in verschiedenen Zeitschriften und seine in rascher Folge erscheinenden Bücher über die Maghrebländer, Sardinien und den Jemen verschafften ihm wissenschaftlichen Ruhm als Geograph, Ethnologe und Orientalist. Neben seiner Rehabilitierung des lange verkannten Adolf von Wrede, dessen Aufzeichnungen über den Hadramaut er herausgab, und neben seinen Beschreibungen der sozialen Verhältnisse in den Ländern Nordafrikas und Arabiens waren seine Entdeckungen aus der phönizischen Vergangenheit Nordafrikas von unschätzbarem Wert und ein gewaltiger Forschungsfortschritt. Seine »Reise in den Regentschaften Tunis und Tripolis«, die 1870 erschien und in der von Maltzan über hundert von ihm auf nicht ganz geklärte Weise gefundene phönizische Inschriften beschrieb – mehr als alle europäischen Museen zusammen damals in ihren Beständen aufzuweisen hatten – bildeten eine archäologische Sensation.

Nicht minder sensationell als diese Funde hatten jedoch schon fünf Jahre früher seine Aufzeichnungen über seine Reise nach Mekka gewirkt, mit denen er ein weit größeres Publikum erreichte als seine wenigen Vorgänger – sofern diese überhaupt ihre Abenteuer überlebt und Gelegenheit gehabt hatten, diese zu Papier zu bringen. Und auch heute noch kann sich der Leser der Wirkung dieser überaus lebendig geschriebenen Darstellung islamischen Pilgerlebens kaum entziehen. Heinrich von Maltzan erlebt zwar die Pilgerfahrt mit dem kritischen Bewußtsein des aufgeklärten und profund gebildeten Mitteleuropäers des 19. Jahrhunderts, der seine Klassiker gelesen, Sprach-, Landes- und Geschichtsstudien betrieben hat und mit gelassener Distanz die Ereignisse wiedergibt, selbst dann, wenn er sich zweifellos in das finsterste Mittelalter zurückversetzt gefühlt haben mußte. Seine Beschreibung ist oft voll teilnehmender Ironie, wenn er die Anachronismen religiöser Überlieferungen, die oft komische Heiligenverehrung der Muslime, die frommen Gemeinplätze und die Leichtgläubigkeit der Pilger zum Gegenstand seiner Betrachtungen macht. Doch sind seine Schilderungen stets getragen von einer erstaunlichen Bereitschaft, die Motive für das Tun und Lassen der »Hadschadsch« umfassend zu ergründen, getragen von einem Verständnis, das weit über das rein wissenschaftlich-ethnologische Interesse hinausgeht.

Wer war nun dieser Deutsche, der es gewagt hatte, bis in das geistige Zentrum des Islam vorzudringen?

Heinrich Karl Eckard Helmuth von Maltzan, Reichsfreiherr zu Wartenberg und Penzlin, wurde am 6. September 1826 in der Villa seiner Eltern in der Nähe Dresdens geboren. Im Alter von drei Jahren kam er nach England in das Haus von Lord Sydenham, dem Bruder seiner früh verstorbenen Mutter, und erfuhr dann, da sein Vater ein unruhiges Reiseleben führte, seine schulische Ausbildung in Wiesbaden, Heidelberg, Mecklenburg, Wien und anderen Städten Mitteleuropas. Von 1846 bis 1850 studierte er in München, Heidelberg und Erlangen Jurisprudenz, beschäftigte sich aber daneben fast noch intensiver mit dem Studium der orientalischen Sprachen und las alles, was er an Literatur über die arabischen Länder in die Hand bekommen konnte.

Nach seinem Examen trat er in den bayerischen Staatsdienst ein, mußte diesen jedoch schon bald quittieren, als die Ärzte bei ihm ein Lungenleiden diagnostizierten, zu dessen Heilung sie ihm einen längeren Aufenthalt im trockenen, heißen Klima des Nahen Osten oder Nordafrikas empfahlen. Als 1851 sein Vater starb und ihm ein ansehnliches Erbe hinterließ, widmete er fortan sein Leben im Stile eines Privatgelehrten ganz dem Reisen. Er besuchte Syrien, Palästina, Persien und Ägypten, durchstreifte Marokko, Algerien, Tunesien, ließ sich für einige Jahre in Algier nieder, wo er seine Kenntnisse des Arabischen und des Islam vervollkommnete, bereiste 1857/58 Äthiopien und hatte sich schon, bevor er 1860 die Pilgerfahrt nach Mekka wagte – ein Plan, der ihn sieben Jahre lang beschäftigt hatte –, vom ambitionierten Bildungstouristen zum wissenschaftlichen Forschungsreisenden gewandelt. Seit Johann Ludwig Burckhardt, dem 1817 in Kairo mit 34 Jahren gestorbenen Orientalisten, war kein Europäer so tief in das arabische Volksleben und die arabische Kultur eingetaucht wie Heinrich von Maltzan.

In den sechziger Jahren faßte er seine Erfahrungen und Erkenntnisse in einer Reihe von Büchern zusammen, in denen er die ethnischen, politischen und wirtschaftlichen Verhältnisse der südlichen Mittelmeerländer beschrieb und die gleichzeitig eindringliche Dokumente seiner Wertschätzung der vergangenen arabischen Kultur sind, deren Verfall durch die Konfrontation islamischen Selbstverständnisses mit der französischen Zivilisation in den verschiedenen Erscheinungsformen der Kolonialherrschaft vollends besiegelt wurde und die Menschen der letzten Reste ihrer Identität zu berauben drohte. Maltzan erkannte dies alles, und sein häufiger Spott über extreme Widersprüche, religiösen Fanatismus, Unbildung, Aberglauben und weitverbreitete Ausschweifungen, die in krassem Gegensatz zu den frommen Bekenntnissen zu den Geboten des Koran und dessen Interpretationen, dem gottgefälligen Leben also, stehen, ist allein Kritik an den Zerrbildern dieser Gesellschaft und an der aus dieser Unsicherheit resultierenden Sinnentleertheit der menschlichen Existenz, die, ihrer Mitte verlustig gegangen, sich Ersatz verschafft in teilweise grotesken Äußerlichkeiten. Seine Veröffentlichungen geben davon Beispiele genug: 1863 erschien »Drei Jahre im Nordwesten von Afrika. Reisen in Algerien und Marokko«, 1865 »Meine Wallfahrt nach Mekka«, 1869 »Sittenbilder aus Tunis und Algerien«, 1870 »Reise in den Regentschaften Tunis und Tripolis«, 1873 »Reisen in Arabien«, ein Werk, mit dem er seine wissenschaftliche Arbeit krönte.

Erstaunlich ist in diesem Zusammenhang von Maltzans immer wieder geäußerte Ablehnung des Islam. Wenn auch seine Beurteilung dieser Religion und ihrer Erscheinungsformen im öffentlichen Leben von lächelnder Toleranz geprägt ist, so wird er dennoch dann unnachsichtig, wenn er auf die Ursachen, die eigentliche Basis des religiösen Fanatismus zu sprechen kommt. Das Treiben der Pilger um die Kaaba z. B. erschreckt und überwältigt ihn. All diese Äußerungen mohammedanischer Frömmigkeit wirken auf ihn so »unzweifelhaft heidnisch, daß man deutlich erkennt, daß Mohammed dieses götzendienerische Element, um seiner Lehre unter den fanatisch-heidnischen Arabern mehr Anhänger zu verschaffen, in seine Religion mit aufnahm, dadurch sie für ewig zu einem Kultus von barbarischer Rohheit gestempelt hat« – eine Stellungnahme, die in ihrer Deutlichkeit überrascht, zumal sie aus der Feder eines Mannes kommt, der sich mit tiefem Verständnis, fast möchte man sagen, mit tiefer Liebe mehr als ein Jahrzehnt dem Studium der Grundlagen der arabischen Kulturgeschichte und des Korans gewidmet hatte. Hatte er sich – ein Christ im Orient – mehr davon versprochen? Die Frage ist wohl kaum zu beantworten.

Am 22. Februar 1874 nahm sich Heinrich von Maltzan in Pisa das Leben. Die Entbehrungen auf seinen Reisen hatten seine Gesundheit untergraben. Einem langjährigen Nervenleiden, begleitet von unerträglichen Magenkrämpfen, hatte er nichts mehr entgegenzusetzen.

Mit ihm starb ein Wegbereiter der modernen Orientalistik, ein gelehrter Reiseschriftsteller, der seinen Zeitgenossen den rätselhaften Orient und dessen Bewohner nähergebracht hatte, und nicht zuletzt ein Autor, der noch heute, in einer Zeit eines immer virulenter werdenden Panislamismus, Verständnis für diese auch uns fremdartige Entwicklung vermitteln kann; denn was der Islam für den Muslim bedeutet, welche Emotionen freigesetzt werden können, wenn erst die Masse mobilisiert ist, hat dieser zu Unrecht in Vergessenheit geratene Forscher bereits vor über hundert Jahren eindringlich beschrieben.

Gernot Giertz

Vorwort

Der Wunsch, in das orientalische, namentlich arabische Volksleben tiefer und gründlicher, als es dem europäischen Reisenden gewöhnlich gegönnt ist, einzudringen, und dasselbe an seinem Zentralpunkt, in der Religionshauptstadt des Islam selbst, zu studieren, bestimmte mich vor einigen Jahren zu dem Entschluß, eine Reise nach Mekka zu unternehmen. Die Beobachtungen, welche mir auf dieser Pilgerschaft zu machen gegönnt waren, bezogen sich hauptsächlich auf das sittliche und religiöse Leben der arabischen Volksstämme, und so ist es auch das Hauptbestreben dieser Reiseerinnerungen, ein möglichst getreues Gemälde von dem arabischen Volkscharakter im allgemeinen und insbesondere von der Art und Weise zu geben, wie sich derselbe bei der Pilgerfahrt, jener der mohammedanischen Welt ganz eigentümlichen Erscheinung, entwickelt und darbietet.

Manchem meiner Leser möchte es wohl seltsam vorkommen, daß eine Reise, welche schon vor vier Jahren gemacht wurde, erst jetzt im Druck erscheint. Sie jedoch früher erscheinen zu lassen, das war mir durch die wichtigsten Rücksichten untersagt, durch Rücksichten, welche jeder meiner Leser gutheißen wird. Hätte ich nämlich früher dies Werk veröffentlicht, so würde der arme Araber, welcher mir bei der Ausführung meines Reiseplanes wesentlich behilflich gewesen war, die unhaltbarste Stellung gehabt haben, ja sein Leben würde vielleicht von seinen fanatischen Landsleuten bedroht worden sein. Denn nichts scheint dem Muselmann strafbarer, als einem Christen den Besuch der heiligsten Stadt des Islam zu erleichtern. Solange dieser Mann, dessen Doppelgänger ich mit seinem Wissen und Willen vorstellte, lebte, verbot es mir mein Gewissen, diese Reise und somit seine Mitschuld an einer nach muselmännischen Begriffen verbrecherischen Handlung zu veröffentlichen. Erst in diesem Sommer, da ich den Tod Abd-er-Rahmans erfuhr, sah ich mich von allen Skrupeln befreit, und der Herausgabe meiner Reise stand kein Hindernis mehr im Wege.

Den 14. November 1864. Der Verfasser

Erstes Kapitel

VERKLEIDUNG ALS MOSLEM UND REISE NACH KAIRO

Bei meiner ersten Reise in Ägypten saß ich eines Abends (es war, glaube ich, im Dezember des Jahres 1853) in Kairo, an der wohlbesetzten Table d'hôte des Hotel Shepherd, und mir gegenüber ein Mann von etlichen dreißig Jahren im vollständig orientalischen Kostüm: mit einem langen Barte von bräunlicher Farbe, mit sonnengebräuntem Teint, geschorenem Haupt, mit Armen, welche bis an die Ellenbogen, und Beinen, welche bis an die Knie hinauf nackt waren, mit einem völlig bloßen Hals und mit jenem phlegmatischen Sichgehenlassen in all seinen Manieren, welches dem echten Araber eigentümlich ist. Anfangs beachtete ich ihn nicht viel, da ja in Kairo ein Araber ebensowenig merkwürdig ist, als es die Eulen in Athen waren; als er nun aber den Mund öffnete und in einem so geläufigen Englisch, wie es nur der reinste Cockney zu sprechen vermag, sich mit seinen Nachbarn zu unterhalten begann, da wurde meine Neugierde rege. Wer war dieser englische Araber oder arabisierte Engländer?

Ich sollte nicht lange darüber im Zweifel bleiben. Er schien sehr mitteilsam, und bald war es mir gelungen, ein Gespräch mit ihm anzuknüpfen, woraus ich erfuhr, daß ich es mit dem später so berühmt gewordenen, damals noch etwas obskuren, englischen Reisenden, Lieutenant Burton, der eben von Mekka und Medina zurückkehrte, zu tun hatte. Mekka und Medina! Ein Europäer war in diesen unnahbaren heiligen Städten des Islams gewesen, in denen die Anwesenheit eines Christen dem Moslem ein größeres Verbrechen erscheint, als einst den Alten die eines Mannes im Tempel der Vesta!

Ich wußte wohl, daß schon einige Europäer in früheren Jahrhunderten und selbst einer oder der andere in diesem Jahrhundert dasselbe Wagstück ausgeführt hatten. Aber alle unter ausnahmsweisen Umständen. Derjenige, von welchem wir am meisten erfahren haben, der berühmte Reisende Burckhardt*, hatte seine Reise nach Mekka unter den allerleichtesten Umständen, begünstigt durch die den Europäern so wohlgeneigte Herrschaft Mohammed Alis, ausgeführt. Er war der einzige Mekkabesucher, der seine europäische Abkunft nicht einmal geheim zu halten brauchte, und obgleich er sich als Renegat und Muselmann gebärdete und auch von vielen Arabern für einen echten Moslem gehalten wurde, so verriet doch die Ironie Mohammed Alis, als er ihn in Taif besuchte, deutlich, daß dieser Burckhardts Mohammedanertum für höchst problematisch ansah, aber als philosophischer Fürst, dem im Grunde wenig an religiösen Vorurteilen lag, gnädigst für echt gelten ließ. So erlangte Burckhardt sogar einen Empfehlungsbrief vom Pascha an die Autoritäten von Mekka! Seitdem ist Mekka wieder für Christen ein versiegeltes Buch geworden, was es vordem gewesen war.

Zwei Arten gab es, wie Europäer, die nicht Renegaten geworden, in früheren Zeiten nach Mekka kamen: die einen auf unfreiwillige Art, nämlich als Kriegsgefangene, die zu Sklaven gemacht worden waren und die ihre Herren auf der Pilgerfahrt begleiteten; die anderen freiwillig, unter Verkleidung als Araber, Türke, Afghane oder sonstiger Moslem, was freilich, wenn auch die angenehmere, doch die bei weitem gefährlichere Art war. Die erste Art nach Mekka zu kommen, hat natürlich jetzt aufgehört, die zweite findet noch statt und ich selbst kenne einen Engländer in Algier, der erst im vorigen Jahre (1863) auf diese Weise die Pilgerfahrt zurücklegte. Dem Leser wird es vielleicht willkommen sein, hier gleich zu Anfang der Schilderung meiner Wallfahrt nach Mekka die Liste meiner europäischen Vorgänger auf diesem Pilgerwege zu finden.

---

* Gemeint ist Johann Ludwig Burckhardt (1774–1817), dessen Reisebericht postum in Englisch (Travels in Arabia, London 1829), dann 1830 als »Reisen in Arabien« auch deutsch erschien (Anm. d. Hrsg.).

1) 1508 Lodovico Bartema, ein Italiener aus Bologna, besuchte in Verkleidung Mekka, wurde aber später in Jemen als Christ erkannt und eine Zeit gefangen gehalten, bis es ihm endlich zu entfliehen gelang. Seine Reisen sind deshalb so interessant, weil er Arabien noch vor dem Eindringen der Türken (1516) sah.

2) 1566 Le Blanc, ein Franzose, dessen Reise von Bergeron im Jahre 1649 in Paris herausgegeben wurde.

3) 1604 Johannes Wild, ein Deutscher, der als österreichischer Soldat von den Türken gefangen und als Sklave verkauft worden war. Er begleitete als Sklave seinen nach Mekka pilgernden Herrn. Seine Reise erschien in Nürnberg 1623.

4) 1680 Joseph Pitto, Engländer aus Exeter, reiste als 18jähriger Jüngling und Renegat nach Mekka. Seine Reise erschien in London 1708.

5) 1700? Giovanni Finati, Geistlicher aus Italien.

6) 1800 Ali Bei oder Domingo Badia, ein Spanier, der als Moslem verkleidet reiste. Seine Reise nach Mekka wird vielfach angezweifelt, mir scheint jedoch mit Unrecht, da ich viele seiner Bemerkungen und selbst seinen Plan von Mekka im ganzen richtig fand.

7) Bankes, ein Engländer, dessen Reisen ebenfalls angezweifelt werden.

8) 1810 Seetzen, ein Deutscher, der in Arabien starb. Sein Tagebuch über Mekka ist, soviel ich weiß, nicht im Druck erschienen. Er soll in Mekka Renegat geworden sein, um die Kaaba besuchen zu können, deren Inneres er abzeichnete. Diese Zeichnung wurde, so heißt es, bei ihm entdeckt und er deshalb als Religionsschänder und Verräter ermordet.

9) Burckhardt, ein Deutscher*, der langjährig im Orient lebte, orientalische Sitte und Sprache gründlicher als irgendein Europäer vor ihm angenommen hatte und unter dem

---

* Burckhardt entstammte der bekannten Basler Patrizierfamilie, war also Schweizer (Anm. d. Hrsg.).

Schutz Mohammed Alis auch Mekka und Medina besuchte. Seine englisch erschienenen Reisen waren lange die einzige Quelle unserer Kenntnis der heiligen Orte.

10) Wallin, ein Franzose, reiste unter dem Namen Walli ed Din. Von ihm ist nur sehr wenig bekannt.

11) 1853 Lieutenant Burton (jetzt Kapitän Burton und englischer Konsul in Fernando Po) reiste zuerst als persischer Prinz, dann als indischer Doktor und zuletzt als afghanischer Derwisch, in welcher Eigenschaft er Mekka und Medina besuchte. Die Geographische Gesellschaft in London mußte für seine Reise zahlen, obgleich sie ihn eigentlich ganz woanders hingeschickt hatte als nach Mekka und Medina, nämlich nach Oman, wohin er vielleicht von Jemen aus, keineswegs aber von Hedschas, wie er vorgab versucht zu haben, dringen konnte.

12) Léon Roches, vor kurzem noch französischer Generalkonsul in Tunis, jetzt Gesandter in Japan, reiste als Maghrebi verkleidet mit andern Maghrebinern. Er hat, glaube ich, seine Reise nie veröffentlicht, auch wissen nur die wenigsten etwas davon. Ich habe jedoch von glaubwürdigen Arabern die Gewißheit erlangt, daß Roches wirklich in Mekka gewesen ist.

Um nun wieder auf Burton zurückzukommen, so konnte ich nicht umhin, seine Kühnheit zu bewundern und zugleich seine Geschicklichkeit anzustaunen, mit welcher er die Rolle eines Moslems gespielt hatte. So etwas war freilich nur dann möglich, wenn man irgendeines orientalischen Idioms sich vollkommen Meister nennen konnte. Burton hatte die Rolle eines Afghanen gewählt, weil ihm das Persische geläufig war; einen Perser selbst darzustellen, daran hinderte ihn der Umstand, daß diese als Schiiten in Arabien stets beschimpft und mißhandelt zu werden pflegen.

Je länger ich Burton erzählen hörte, desto stärker wuchs in mir der Wunsch seinem Beispiele zu folgen. Aber meine Kenntnis vom gesprochenen Arabisch waren damals noch zu mangelhaft, zu zerfahren; ich wußte vom syrischen, vom ägyptischen, vom maghrebinischen Dialekt, von jedem etwas, von keinem genug, um eine Rolle als Araber spielen und gründlich durchführen zu können. Deshalb gab ich damals, mit schwerem Herzen den Plan auf, Burtons Nachfolger zu werden.

Sieben Jahre später (im Frühling 1860) als ich von meiner Reise in Marokko zurückgekehrt war, auf welcher ich, wenigstens in der Hauptstadt des Kaiserreichs, auch verkleidet hatte gehen und sonst vielfach Verstecken spielen müssen, da erwachte in mir der Gedanke, ob jetzt nicht vielleicht der günstige Zeitpunkt gekommen sein möchte, meinen einst gehegten Plan wiederaufzunehmen? Durch einen mehrjährigen Aufenthalt im Nordwesten von Afrika, durch meinen langgepflogenen, fast ausschließlichen Umgang mit Arabern, war es mir gelungen, des maghrebinischen Dialekts mit einer gewissen Fertigkeit Meister zu werden. Als Maghrebi verkleidet, so allein konnte ich die Pilgerfahrt unternehmen. Andere arabische Dialekte verstand ich wohl, sprach sie aber nicht geläufig. Die Verkleidung als Maghrebi und zwar als algerischer Maghrebi (denn die Tunesier und Marokkaner werden im Orient auch Maghrebi genannt, in Algier nur die letzteren) hatte nebenbei den großen Vorteil, daß ich unter dem Schutz einer europäischen Macht stand, und ferner, daß alles Fremdartige, welches an mir vielleicht den Europäer hätte verraten können, auf Kosten meines vermeintlichen Vaterlandes geschrieben wurde, da es ja heutzutage nicht selten ist, Algerier zu sehen, welche sich in einem oder dem andern Stück europäisiert haben.

Mein Entschluß war schnell gefaßt; zwei Dinge waren nur noch zu tun übrig, das eine, mir ein Kostüm, das andere, mir einen Paß und somit einen muselmännischen Namen zu verschaffen. Ersteres war leicht, letzteres nicht sehr schwer.

Ich kaufte mir also in Algier unter dem Siegel der größten Verschwiegenheit (denn meine Absicht mußte vor allem vor denen geheim gehalten werden, für deren Stammesbruder ich mich ausgeben wollte) ein vollständiges maurisches Kostüm mit Rulila (Jacke), 2 Bedaija (Westen), Hosäm

(Schärpe), Sarual (Hose), Schaschia (rote Mütze), Turbanti täbäni (halbseidener Turban) und Burnus. Nachdem ich diesen Ankauf gemacht hatte, zog ich nicht etwa mein Kostüm an, sondern ich wickelte es vielmehr sorgfältig in ein Tuch ein und begab mich in stockfinstrer Nacht mit diesem Bündel nach einem der abgelegensten Quartiere der Stadt, wo ich in ein kleines, in einem Keller befindliches arabisches Kaffeehaus trat. Dort würde ich meinen Mann treffen, denjenigen nämlich, welcher mir einen Paß nach Mekka verschaffen sollte.

In einem Winkel dieses dunklen Lokals saß eine Art von arabischem Vagabunden, der früher eines gewissen Wohlstandes sich erfreut, den aber das stete Rauchen des Kif (des afrikanischen opiumartigen Hanfs) ganz heruntergebracht hatte. Zum Glück fand ich ihn an diesem Abend noch nicht ganz berauscht, so daß er, nach den ersten Begrüßungen (ich hatte ihn bei einem Thaleb* mehrmals getroffen und sprach bei Gelegenheit mit ihm) bereit war, mir ein williges Ohr zu schenken. Ich setzte ihn nicht wenig in Erstaunen, als ich unser Gespräch etwa folgendermaßen begann:

»Sage mir, Abd-er-Rahman, willst Du sechs Monate auf die bequemste und angenehmste Weise, ohne Sorgen und mit Geld hinlänglich versehen, zubringen und Dich während dieser Zeit dem Haschisch (Hanf) nach Herzenslust hingeben, ohne daß auch nur einer deiner zahlreichen Gläubiger dich zu belästigen wagen wird?«

Abd-er-Rahman schaute mich bei diesen Worten verblüfft an, als glaube er, ich hätte auch das Haschisch geraucht und brächte nun im Fieberwahnsinn eine Fabel aus Tausendundeiner Nacht aufs Tapet. Doch da mein Gesicht nicht jenen halb schmachtenden, halb blödsinnigen Ausdruck eines Kifrauchers geboten haben mag, so leuchtete es ihm allmählich ein, daß ich möglicherweise ja noch Herr meiner fünf Sinne sein könne. Deshalb schien es ihm endlich

* Gelehrter, der den ganzen Koran aus dem Gedächtnis hersagen kann (Anm. d. Hrsg.).

Der Golf von Algier

nicht gewagt, auf meine Frage einzugehen und mit der Gegenfrage zu antworten, was ich wohl mit einem solchen Unsinn meinen könne?

»Du wirst«, so erwiderte ich, »dich in acht Tagen von hier entfernen und nach Tunis oder Bone gehen, dort sechs Monate zurückgezogen, aber in Süßigkeit deinem vielgeliebten Kif ergeben, leben und bekommst dafür« ... (Hier erfolgte die Offerte einer für Araber ganz annehmbaren Summe.)

Trotz der Gewohnheit des Haschischrauchens war Abd-er-Rahmans Hirn nicht so umwölkt, um nicht zu verstehen, daß für ein solches Anerbieten auch etwas von ihm gefordert werden würde.

Alles werde er tun, so erwiderte er mir deshalb mit einer ernsthaften Miene, welche ihm übrigens sehr komisch stand, nur nicht seinem Glauben abschwören, an dem selbst noch ein Kifraucher hängt. Ich tröstete ihn schnell und versicherte ihm, daß es ein Dienst ganz anderer Natur sei, welchen ich von ihm verlangte. Nun erklärte er sich bereit, mir in allem zu willfahren, da ich ja keinen Ketzer aus ihm machen wolle. Ich setzte ihn jedoch aufs neue nicht wenig in Erstaunen, als ich ihm nun folgendes eröffnete:

»Du wirst dies Kostüm, welches ich hier in einem Bündel mitgebracht habe, morgen früh anziehen, so gekleidet auf die Präfektur gehen und deinen Paß zu einer Pilgerfahrt nach Mekka verlangen.«

Der gute Abd-er-Rahman war nämlich in seinen eigenen Kleidern doch etwas gar zu derwischartig zerlumpt, und die französische Behörde würde ihm so gekleidet, als einem anscheinenden Bettler, höchstwahrscheinlich den Paß verweigert haben.

»Dazu«, entgegnete er auf meinen Vorschlag, »müssen Sie mir das nötige Geld vorstrecken. Sie wissen vielleicht ungefähr, wieviel eine Pilgerfahrt nach Mekka kostet?«

»Ich glaube es zu wissen«, war meine Antwort, »und das Geld wirst du erhalten, wenn du mir deinen Paß abgeliefert haben wirst.«

Auf einmal wurde dem Kifraucher alles klar, und von diesem Augenblick an befolgte er buchstäblich meinen Plan, und ich konnte sicher auf seine Verschwiegenheit rechnen, denn er selbst hätte ja bei seinen Landsleuten die gefährlichste Stellung gehabt, wenn es bekannt geworden wäre, daß er einem Europäer Mittel und Wege verschafft habe, um nach dem, für einen Nichtmuselmann so unzugänglichen Mekka zu gelangen; denn, was die Reise nach Mekka betrifft, so ist nicht nur die türkische Regierung, welche Todesstrafe für den Ungläubigen, der sich in die heilige Stadt schleichen würde, festgesetzt hat, fanatischste Wächterin; nein, jeder einzelne Muselmann, je nach dem Grad seines Fanatismus', hält es für seine Pflicht, das Haram (Heiligtum) soweit er Gelegenheit dazu hat, aufs strengste zu bewachen. Ja, ich bin überzeugt, die türkische Regierung zeigt sich nur deshalb so fanatisch, um ihre eigene Popularität bei frommen Moslems nicht zu verlieren. Die fanatischsten von allen Fanatikern sind ohne Zweifel die Hadschadsch (Plural von Hadsch, Pilger), und sie haben natürlich die beste Gelegenheit dazu, ihr freiwillig übernommenes Wächteramt auf der ganzen Hedsch (Pilgerfahrt) auszuüben und jeden Christen gleich zu denunzieren, der es wagen sollte, unter Verkleidung nach Mekka pilgern zu wollen.

Am Tage nach meiner Zusammenkunft mit dem Kifraucher hatte ich den Paß; und Abd-er-Rahman, mit Geld gehörig versehen, schiffte sich nach Tunis ein, während er vorgab, die Pilgerfahrt nach Mekka unternehmen zu wollen, um nach sechs Monaten wieder von Tunis nach Algier zurückzufahren und zwar diesmal mit dem ehrwürdigen, von mir für ihn erworbenen, religiösen Titel eines Hadsch, da ich ihm inzwischen seinen in Dschedda vom französischen Konsul visierten Paß zurückgeschickt hatte und er folglich, in Abwesenheit der esch-Schehud (Zeugen), ein gerichtlich gültiges Dokument besaß, welches wenigstens bewies, daß er zur Zeit der Hedsch im Hafen von Mekka anwesend war, und da wohl kein Maghrebi im Monat Du el Kada zu anderen Zwecken nach Dschedda reist, als um von da nach Mekka und Arafat zu pilgern, so wäre es lächerlich gewesen, ihm den Titel eines Hadsch streitig zu machen, obgleich er die esch-Schehud (Zeugen) nicht besaß. Er konnte übrigens vorgeben, daß dieselben in Ägypten geblieben seien, was auch nicht unglaublich gewesen wäre.

Ich besaß also einen französischen, unter arabischem Namen ausgestellten Paß zur Pilgerfahrt nach Mekka, einen Paß, von dem ich nach Herzenslust Gebrauch machen konnte. Die einzige Schwierigkeit war nur noch, daß dieser Paß ein Signalement enthielt und daß dieses Signalement folgendes war:

Alter: 45 Jahre,
Größe: 1 Meter 40 Zentimeter.
Haare: keine.

Stirn: kurz.
Augenbrauen: schwarz.
Augen: braun.
Nase: lang.
Mund: groß.
Bart: schwarz.
Kinn: rund.
Gesicht: lang.
Farbe: Bräunlich.
Besondere Zeichen: ist grindköpfig.

Mein wahres Signalement wäre aber etwa folgendes gewesen:

Alter: 34 Jahre.
Größe: 1 Meter 60 Zentimeter.
Haare: blond.
Stirn: hoch.
Augenbrauen: blond.
Augen: grau.
Nase: gewöhnlich.
Mund: gewöhnlich.
Bart: blond.
Kinn: rund.
Gesicht: lang.
Farbe: gelblich.
Besondere Zeichen: keine.

Es war klar, daß das erstere dieser beiden so verschiedenen Signalements selbst von dem gefälligsten Paßvisierungsbureau nicht als der im zweiten Signalement beschriebenen Person zugehörend angenommen werden konnte. Eine völlige Transformation meines physischen Menschen mußte erfolgen, damit ich für Sidi Abd-er-Rahman ben Mohammed mit einiger Wahrscheinlichkeit gehalten werden konnte.

Der erste Punkt, das Alter, war zwar kein absolutes Hindernis, da zehn Jahre mehr oder weniger in gewissen Jahren eben nicht von jedermann genau aus den Gesichtszügen heraus demonstriert werden können. Die Verschiedenheit in der Größe konnte ich durch eine gebückte Haltung weniger auffallend machen. Was den dritten Punkt betraf, so verhinderte der Turban und das Geschorensein meines Haupthaares, die Entdeckung, daß ich nicht auch wie mein Doppelgänger mich einer durch die Grindkrankheit herbeigeführten, vollkommenen Kahlköpfigkeit erfreute. Die Stirn war ferner durch den Turban verdeckt. Augenbrauen und Bart waren ihrer Farbe wegen allerdings große Hindernisse, aber meine verräterische Blondheit sollte später in Malta, wo ich mich in einen Araber transformierte, durch Eau Berger überwunden werden, welches bekanntlich auf die Minute färbt und von allen Haarfärbemitteln, deren ich sechs probierte, dasjenige ist, welches am wenigsten oft erneuert zu werden braucht.

Die Beschreibungen der Nase, des Mundes und Kinns paßten in den beiden Signalements ungefähr zusammen. Mein gelblicher Teint sollte auf der Reise bald in einen bräunlichen verwandelt werden. Den Grindkopf meines Doppelgängers wollte ich mir freilich nicht aneignen, obgleich es durch Ansteckung vielleicht möglich gewesen wäre, sich dieses »besondern Zeichen« des Signalements zu eigen zu machen; aber ich konnte ja vorgeben, von jener Kopfhautkrankheit geheilt worden zu sein. Das einzige Disparatum waren und blieben die Augen; diese konnte ich nicht färben wie den Bart, nicht verstecken wie die Haare, und dieser einzige, nicht auszugleichende Punkt des Signalements blieb deshalb das Damoklesschwert, welches stets während meiner Pilgerfahrt über meinem Haupte schwebte, aber zum Glück nicht herunterfiel.

Kaum war ich im Besitz meines Passes, als ich das Dampfschiff nach Marseille und, nach kurzem Aufenthalte daselbst, von dort nach Malta bestieg. Bis dahin war ich Europäer geblieben. Erst in Malta verwandelte ich mich in die Persönlichkeit des Sidi Abd-er-Rahman ben Mohammed.

Am 12. April 1860 oder, mit arabischem Datum, am 20. Ramadan im Jahre 1276 der Hedschra, schiffte sich Sidi

Abd-er-Rahman ben Mohammed auf dem englischen Dampfboot von Malta nach Alexandrien ein. Er nahm nur den dritten Platz auf dem Schiffe, da seine Landsleute stets auf diesem Platze zu fahren pflegen. Zum Glück war die See ruhig, und Sidi Abd-er-Rahman litt auf seinem Deckplatz nicht viel von überstürzenden Wellen und blieb auch von der Seekrankheit verschont. Es war höchst erbaulich anzusehen, wie streng dieser fromme Pilger die Fasten des Ramadan beachtete, wie pünktlich er seine Ablutionen vornahm und seine Gebete hersagte.

Es waren zum Glück keine andren Algerier an Bord, weil diese gewöhnlich das französische Dampfboot direkt von Marseille nach Alexandrien zu nehmen pflegen, und mit einer Bande anwesender Tunesier aus dem Innern dieser Regentschaft, ließ sich Sidi Abd-er-Rahman nur wenig ein, da es meist rohe Landleute waren und er in seiner Eigenschaft, als verfeinerter Städter, sich natürlich für viel besser als sie halten mußte.

Am 16. April langte der Pilger in Alexandrien an. Es war ein sonderbares Gefühl, mit dem ich die Säule des Pompejus wieder begrüßte, die ich vor sieben Jahren unter ganz andern Umständen aus dem Meere hatte auftauchen sehen. Damals war ich frei wie ein Vogel gewesen, jetzt war ich gleichsam ein Sklave geworden, der jeden seiner Blicke, jedes seiner Worte, jede seiner Bewegungen sorgfältig abmessen und mit seiner Rolle in Einklang zu bringen suchen mußte. Dennoch bot mir meine jetzige Stellung unendlich viel mehr Reiz als meine frühere, in der ich nichts hatte sehen können, als was tausend alltägliche, langweilige Engländer ja auch sehen konnten.

Gleich bei meiner Landung in Alexandrien, welche Stadt ich durch einen zweimonatigen Aufenthalt im Jahre 1854 hinlänglich kannte, nahm ich mein bescheidenes Gepäck zusammen und lenkte meine Schritte nach einem nur von Moslems bewohnten Quartier, denn Europäer strebte ich sehr zu meiden, um nicht im Verkehr mit ihnen versucht zu werden, aus meiner Rolle zu fallen. Bald hatte ich in einem

Gewühl in den Straßen . . .

Chan (Karawanserai), welcher den Namen Chan Sliman Pascha führte, mein Unterkommen gefunden, wo ich für ein völlig leeres kleines Zimmer, ohne daß mir irgend welche Bequemlichkeit geboten wurde, 5 Piaster (etwa ½ Gulden rheinisch) täglich zahlen mußte. Hier konnte ich wenigstens allein sein und dem Gewühl in den Straßen von Alexandrien entgehen, welches mit seinem steten Geschrei von Menschen, Gewieher von Pferden, Gerassel von Wagen, Geheul von Eseln und Maultieren, Gebell von Hunden und schwermütigem Gestöhn der Kamele den an die Ruhe des Schiffes noch gewöhnten Reisenden anfangs wahrhaft betäubend umfängt.

Es kann nicht in meiner Absicht liegen, hier Alexandrien zu schildern, meine Aufgabe kann es nicht sein, so gern ich es auch wollte, bei den überreichen Altertümern der Stadt der Ptolemäer zu verweilen, und da ich eine Wallfahrt nach Mekka angekündigt habe, so will ich nicht in den Fehler des berühmten arabischen Geographen Ebn Haukal verfallen, der auch zu Anfang seines Buches eine Beschreibung von Mekka verspricht, aber in seinem ganzen Werke nie dazu kommt, sondern sich von Abschweifung zu Abschweifung fortreißen läßt, so daß er zuletzt sein ursprüngliches Ziel ganz aus dem Gesicht verliert.

Von der Erwähnung der edlen Werke des klassischen Altertums zu den prosaischen Erfindungen unseres utilitarischen Zeitalters ist ein trauriger, aber notwendiger Schritt. Die Eisenbahn nämlich, dieser Hohn auf jeden künstlerischen Geschmack, auf jede poetische Form, hatte auch schon in Ägypten ihren Sitz aufgeschlagen und führte bereits von Alexandrien nach Kairo. Wenn Omar, der Chalif, der die Bücher der großen Bibliothek in Alexandrien zur Badeheizung verbrennen ließ, weil dieselben neben dem Koran überflüssig waren, wenn dieser Fanatiker gesehen hätte, daß in seinem orthodoxen Ägypten ein solches Satanswerk, wie die Eisenbahn, sich breitmachte, er würde ohne Zweifel wunderwirkende Flüche auf das Dämonengeschöpf geschleudert oder wenigstens jedem frommen Pilger verboten haben, von der schändlichen Erfindung der Inkliis (Engländer) Gebrauch zu machen. Aber ein heutiger Schich ul Islam traut sich nicht, so gern er es auch täte, einen Fluch gegen die Eisenbahn auszusprechen oder den Moslems durch ein Fetwa ihren Gebrauch zu verbieten, und so kommt es, daß Groß wie Klein, Moslem wie Kafir (Ungläubiger), ja selbst die frommen Pilger auf dem entsetzlichen Schienenwege von Alexandrien nach Kairo rutschen. So tat auch Sidi Abd-er-Rahman. Am 26. Ramadan (18. April) nahm er auf dem Bahnhofe ein Billett dritter Klasse (eine höhere Klasse pflegt kaum ein Muselmann, gewiß kein Maghrebi zu nehmen) und installierte sich in einem Waggon.

Mein nächster Nachbar war ein alter, ehrwürdiger Mann mit langem, weißen Bart, einer echt semitischen, kühn gekrümmten Nase, kleinen, lebhaften, braunen Augen, mageren, eingefallenen Wangen und wilden, buschigen Augenbrauen. Dieser überaus magere, aber keineswegs hinfällige Greis war in zwei Kaftans von ordinärem gedruckten Kattun gekleidet, trug einen ziemlich reinlichen Turban auf dem Kopfe und ein paar gelbe Schuhe. Er sah im Ganzen würdig aus. Sein Gespräch machte auch Ansprüche darauf, würdig zu sein. Es bewegte sich nämlich fast ausschließlich in religiösen Phrasen, frommen Gemeinplätzen, Sprüchen des Ḳorans und dogmatischen Plattheiten. Die wichtige Neuigkeit, daß es nur einen Gott gebe und daß Mohammed sein Prophet sei, wurde mir wenigstens hundertmal auf der Reise zwischen Alexandrien und Kairo mitgeteilt. Diese fromme Persönlichkeit offenbarte sich bald als ein gewisser Schich Mustapha aus Kairo, ein Gelehrter, der den ganzen Koran auswendig wußte und der in der Absicht nach Alexandrien gegangen war, um dort seine drei Neffen, Ali, Mohammed und Mahmud, die Söhne seines verstorbenen Bruders Nur-ed-Din, abzuholen, um diese allzu weltlich gesinnten Jünglinge mit sich auf eine Pilgerschaft nach Mekka zu nehmen, von welcher er sich für ihr ferneres Leben und Gedeihen höchst erbauliche Folgen versprach.

Die drei fraglichen jungen Leute saßen denn auch da und schienen mit erzwungener Geduld und mit schlechtverhaltenem Gähnen den erbaulichen Reden ihres Oheims Gehör zu schenken. Der erste derselben, Ali, war ein kräftiger junger Mann von etwa 24 Jahren, ziemlich klein, aber wohlbeleibt, mit sehr braunem Gesicht und einem gierig sinnlichen Ausdruck seiner kleinen funkelnden Tigeraugen. Der zweite, Mohammed, war ebenfalls kein Schwächling und ursprünglich nicht häßlich, da er jedoch durch die im Niltal so häufige Ophthalmie ein Auge verloren hatte, so bot sein Gesicht nur noch ein sehr wehmütiges Aussehen. Der dritte, Mahmud, war erst achtzehn Jahre alt, vielleicht der kräftigste von den dreien, obgleich er verwachsen und eine wahre Gnomengestalt war, aber er hatte ein Paar Fäuste, die einem Zyklopen Ehre gemacht hätten; sein Gesicht bot einen komischen Kontrast gegen seinen kleinen, in sich geballten Körper; es war nämlich ganz das Gesicht eines Louis XIV., eine gebietende Adlernase, ein streng herrschsüchtiger Blick, eine sehr kühngewölbte Stirn, der es nicht an geistigen Eigenschaften fehlen mochte; ein solches Gesicht, erriet man, gehörte auf einen Körper von sechs Fuß Höhe und von künstlerischer Regelmäßigkeit, aber die launische Natur hatte sich gefallen, es auf die Zwerggestalt zu setzen.

Aus dem Gespräch mit Schich Mustapha ergab sich, daß dieser beabsichtigte, mit seinen drei Neffen demnächst die Pilgerfahrt nach Mekka anzutreten, und zwar nicht über Sues, welchen Weg sonst die meisten einzuschlagen pflegen, sondern den Nil hinauf, über Kene und von da durch die Wüste nach Kosseir, von wo nach der arabischen Küste übergesetzt werden sollte. Da Sidi Mustapha vermutete, daß ich zu den bemittelten Reisenden gehörte und ihm folglich als Mitmieter eines Nilschiffes willkommen war, so redete er mir eifrig zu, ebenfalls die Reise nicht über Sues zu unternehmen, wo jetzt gerade die Cholera herrsche, was er übrigens, glaube ich, erdichtete, sondern statt dessen, gleichfalls den Nil hinaufzufahren. Der gute Mann wußte nicht, daß er seine Predigt an einen bereits Bekehrten

Blick auf Kairo und die Pyramiden

richtete, denn, Sues zu vermeiden, wohin die Maghrebia jetzt fast alle gehen, das war schon von Anfang an mein Hauptstreben gewesen. So wurde schnell verabredet, daß ich mich mit Schich Mustapha und den drei Beni Nur-ed-din am Tage des Ait es Serhir (dem ersten des Monats Schual) in Bulak (dem Haufen von Kairo) treffen solle, um dort ein von meinen Reisegefährten zu mietendes Schiff zu besteigen.

Unter solchen Gesprächen und Verabredungen verfloß schnell die Zeit, und ehe wir es uns versehen hatten, waren die Pyramiden von Giseh am Wüstenhorizont aufgetaucht. Endlich begrüßten unsere Blicke Kairo, die alte Kalifenstadt, und noch im Bahnhofe überraschte und erfreute uns der Kanonenschuß des Maghreb, welcher das Ende des Fasttages ankündigte. Nun hätten meine Leser sehen sollen, mit welcher Gier die meisten Moslems, die einen über ihre

Pfeifen, die andern über die bereitgehaltenen Lebensmittel herfielen!

Meines Bleibens war jedoch am Bahnhof nicht lange, sondern schnell eilte ich auf einem jener kleinen Eselchen, welche in Kairo die Stelle der Lohnkutschen vertreten, nach dem Innern der arabischen Stadt, wo ich nach einigem Hin- und Herreiten und fruchtlosem Anfragen an mehreren Chans, endlich in dem Stadtviertel der Nahhassin oder Kupferschmiede, in dem Chan en Nahhassin, ein bescheidenes, aber doch leidliches Unterkommen fand.

Von dem vielbeschriebenen Kairo erwähne ich nichts. Mein Aufenthalt betrug diesmal nur 4 Tage, die letzten Tage des Ramadan, in denen ich bei Tage fasten mußte und folglich vorzog, zu schlafen, um mich nicht allzu sehr abzuschwächen. Nur nachts ging ich aus und durch die herrlich erleuchteten Straßen von Kairo, besuchte die in den Ramadannächten wahrhaft feenartigen, von tausend Lichtern strahlenden Moscheen von Mohammed Ali, von Hamed ben et Tulun, gewöhnlich Dschema Tulun genannt, und die berühmte älteste Moschee im Spitzbogenstil, welche existiert, Dschema el Hakim; dann schlenderte ich zwischen den Kaufläden einher, kaufte hie und da Kleinigkeiten im Basar, betrat ein arabisches Kaffeehaus, sah dort den unanständigen Späßen des Priapus-Polichinell der Türken, Karagüs genannt, nicht ohne Widerwillen zu und machte auch einmal ein türkisches Bad mit, wovon ebenfalls viel Anstößiges zu sagen wäre, was ich aber besser verschweige. Meinem neuen Bekannten, Schich Mustapha, begegnete ich durch Zufall in der zweitletzten Ramadansnacht. Er begrüßte mich sehr höflich und führte mich zum Abendessen zu einem seiner Vettern, der ein Sklavenhändler war. Dies Gewerbe muß jetzt wegen der steten Reklamationen der englischen Regierung im größten Geheim betrieben werden, geht aber nach wie vor vonstatten. Dort ließ ich mich bewegen, einen jungen Negersklaven für die Summe von 200 Francs zu kaufen; da ich jedoch als vermeintlicher französischer Untertan nicht selbst Sklaven besitzen konnte,

Die Moschee el Hakim

so mußte ich den Kauf auf den Namen Schich Mustaphas vornehmen, wozu sich dieser gern bereitfand, namentlich da ich ihm erklärte, ich würde ihm den Sklaven nach beendigter Pilgerfahrt doch schenken, da ich ihn nur mitnahm, um nicht allein zu sein, was immerhin verdächtig erscheinen konnte, da bei den Moslems ein alleinstehender Mensch stets für den allerärgsten Vagabunden gehalten wird, wenn nicht für schlimmeres, oder was ihnen wenigstens schlimmer erscheint, für einen verkappten Christen oder Juden. Außerdem vermutet man in einem Sklavenbesitzer selten einen Europäer. Mein neuer Ankauf hieß Ali, war 18 Jahre alt, ganz schwarz, hatte sehr dicke Lippen, eine platte Nase, sehr weiße Zähne, kurz, er war ein so echter Neger, wie es nur einen geben kann. Er sollte mir auf meiner Reise als Begleiter, nicht als Diener, denn er verstand gar nichts zu tun, unschätzbare Dienste leisten und zwar nur dadurch, daß er vorhanden war und mir als Blitzableiter allen Verdachts, der auf mich fallen konnte, zur Seite stand, denn, wie gesagt, Europäer pflegen fast nie Neger zu besitzen, und Ali selbst hielt mich für einen Moslem und sagte es jedem, der es hören wollte.

Endlich war der entsetzliche Ramadan vorbei, und ich begab mich am frühesten Morgen des Ait es Serhir, des ersten Tages des Monats Schual, den meine Pseudolandsleute, die Maghrebia, el Ftur, d. h. die Befreiung vom Fasten, nennen und welcher in diesem Jahr auf den 23. April fiel, mit Ali nach Bulak, dem Hafen Kairos, wo wir unsere Bekannten mit einigen fünfzig anderen Ägyptern in einer Dahabia (einem großen Nilschiff) installiert fanden. Die frommen Moslems schauten zwar ein wenig sonderbar darein, als der verkappte Europäer zu ihnen einstieg, aber die Begleitung des Negers und die freundliche Aufnahme, welche mir vom Schich zuteil ward, schienen ihren aufkeimenden Verdacht zu beschwichtigen. Bald waren auch wir an Bord geborgen, und nun ging es mit blähenden Segeln beim schönsten günstigsten Nordwind den Nil hinauf.

Zweites Kapitel

Nilreise von Kairo nach Kene

Es mochten unserer Mitreisenden etwa fünfzig Moslems sein, zum größten Teil Ägypter, einige Neger, zwei Türken, fünf Schamia (Syrer) und zwei Mekkawia (Mekkaner). Zum Glück war ich der einzige Maghrebi unter diesem bunten Häuflein. Die Ägypter waren meist Gelehrte oder Kaufleute aus Kairo, Alexandrien und einigen Städten des Nildeltas; sie gehörten somit zu der vornehmsten einheimischen Klasse, denn Offiziere und Beamte sind hier fast alle Türken, folglich nicht Eingeborene. Fellahin (Bauern) hatten wir nur wenige mit, sie hielten sich fast immer abgesondert von der übrigen Reisegesellschaft bei den Matrosen des Schiffes auf, aßen mit diesen das harte schwarze Durrabrot, welches, in Wasser gekocht, fast die einzige Nahrung der gemeinen Ägypter ist, und schliefen auf dem Verdeck, was sie übrigens bei der ganz anständigen Temperatur von einigen 20° R, welche wir hatten, ohne Furcht vor Erkältung tun konnten.

Da im späten Frühjahr der Nordwind in Ägypten höchst selten ist, so konnten wir nicht auf dessen Fortdauer rechnen, und in der Tat machte die günstige Luftströmung, welche uns drei Stunden nach unserer Abfahrt von Bulak begleitet hatte, bald einer Windstille und diese einem ungünstigen Winde Platz. Es war dies der Chamsin, d. h. der fünfzigtägige Wind, wie man, wegen seiner gewöhnlichen, annähernden Dauer in Ägypten den Südwind nennt. Dieser Chamsin herrscht gewöhnlich im Frühjahr oder Anfang Sommer, ist überaus heiß und trocken, führt eine Menge feinen Staubes mit, der selbst durch Fenster und Läden eindringt und bringt gewöhnlich Fieber, Ophthalmien und andere Krankheiten mit sich; er geht der Nilüberschwemmung voraus. Da unsere Segel jetzt nutzlos geworden waren, so mußte gerudert werden, was die faulen, nubischen

Matrosen nur höchst ungern und langsam taten, so daß wir kaum ½ deutsche Meile* in der Stunde vorwärtskamen, und da der Chamsin von nun an während unserer ganzen Nilfahrt fast ununterbrochen zu wehen fortfuhr, so war die Folge, daß wir drei Wochen zu einer Fahrt brauchen sollten, welche ich in früheren Jahren zur Winterszeit in acht Tagen zurückgelegt hatte. Da mir der Raum nicht gestattet, ausführlich diese Nilreise zu schildern, die eigentlich nur als ein Vorspiel zu meiner Reise nach Mekka gelten kann, so ziehe ich es vor, mein Reisejournal hier in Form eines kurzgehaltenen Tagebuches bis zur Ankunft in Kene zu geben.

1. Schual 1276 (23. April 1860). Vor der Einschiffung in Bulak hörten wir die Predigt des Chetim (Predigers), welcher den Anfang des Festes Aït es Serhir (türkisch Bairam) ankündigte. Darauf wünschten wir uns gegenseitig »Aitek embarek« (Gesegnetes Fest) oder Saha Aitek (Gesundheit), worauf wir die Dahabia bestiegen. Gegen 10 Uhr Morgens begrüßten wir auf dem östlichen Nilufer die malerisch gelegene Moschee »Attar en Nebbi« d.h. die »Fußstapfen des Propheten«, wo, wie der Name erwarten läßt, des Propheten Fußstapfen, im Stein abgedrückt, verehrt werden, ähnlich wie Christi Fußstapfen in der kleinen Moschee auf dem Gipfel des Ölberges. Um Mittag erreichten wir Masara (auf dem östlichen Ufer), welches die Stelle des Troicus pagus einnimmt, der nach Strabo durch trojanische Gefangene gegründet wurde. In der Nähe sind die berühmten Steinbrüche mit Monumenten der Ptolemäer und selbst der älteren Dynastien. Dann passierten wir Elwan, wo der erste arabische Nilometer im Jahre 80 der Hedschra errichtet wurde. Gegen Abend hielten wir in Bedreschain am westlichen Ufer, in dessen Nähe die Ruinen von Memphis und die weltberühmte Sphinx. Abends große Lustbarkeit am Ufer, viele Ualem (Tänzerinnen), allgemeiner Jubel wegen des Festes. Tarabuka (tönerne Trommel) und Dschuak (Flöte) ertönten bis tief in die Nacht hinein.

* deutsche Meile = 7420 m (Anm. d. Hrsg.)

2. Schual (24. April). Um 6 Uhr wurde aufgebrochen und den ganzen Vormittag bei einem fortwährenden Chamsin gerudert. Wir passierten um 8 Uhr die zwei zerstörten Pyramiden von Lischt; um 10 Uhr die Pyramide »Haram el Kedeb«, d. h. die Lügenpyramide, von der meine Reisegefährten behaupteten, daß sie nichts als eine natürliche Steinbildung sei. Abends landeten wir in Atfi (dem alten Aphroditopolis).

3. Schual. Von Atfi nach Situn. Wir passierten Sauja, das alte Iseum, die Stadt der Isis, welche unweit von Nilopolis lag.

4. Schual. Gegen Mittag erreichten wir Beni-Suf, den größten Flecken seit Bulak, wo wir den Rest des Tages und die Nacht blieben. Da der Aït sich seinem Ende nahte, so wurde dieser ganze Tag der Lustbarkeit gewidmet.

5. Schual. Gegen 10 Uhr kamen wir bei Bibba vorbei, einem kleinen Orte, wo eine koptische Kirche ist. Abends hielten wir bei Feschen an, einem elenden Dorf, wo nicht einmal, wie sonst überall, ein Kaffeehaus war.

6. Schual. Zwischen Feschen und Scharuma, wo wir übernachten sollten, kamen wir halbwegs beim Dschebel Schich Embarek vorbei, welcher Berg von einem Heiligen seinen Namen führt, von dem mir meine Reisegefährten die wunderlichsten Geschichten erzählten.

7. Schual. Gegen Mittag schon langten wir in Abu Girge an, wo übernachtet wurde. In dieser Nähe lag das berühmte Cynopolis, die Hundestadt, die, wie der Name sagt, dem Hundekultus besonders ergeben war. Noch findet man in einer Höhle gegenüber Abu Girge zahlreiche Hundemumien.

8. Schual. Von Abu Girge nach Minije. Halbwegs kamen wir an Nessle esch Schich Hassan vorbei, einem Dorfe von Fellahin, in dem sich die von Luftziegeln erbaute Kubbal (Kapelle) dieses Schich befindet. Wir stiegen nicht ans Land, verrichteten aber Gebete im Namen dieses Heiligen, von dem meine Reisegefährten ebenfalls Wunderdinge zu erzählen wußten. Dann kamen wir an den »Dschebel et Ter«

oder Vogelberg, wo eine Volkssage will, daß sich jährlich die Vögel versammeln und eine Deputation erwählen, um dem Propheten Salam zu wünschen. Diese Deputation überwintert dann hier, während die andern Vögel gen Süden eilen.

Nachmittags kamen wir bei Tene el Mena vorbei, wo ich vor einigen Jahren höchst interessante antike Reste und griechische Inschriften sah. Minije ist ein ziemlich freundliches Städtchen, aus Luftziegeln erbaut, mit einem Basar, auf dem wir uns herumtrieben, und einer Hauptmoschee, in der wir unsere Andacht verrichteten. Schich Mustapha zeigte mir in derselben eine Marmorsäule, aus der zuweilen, wenn besonders fromme Menschen sie berührten, Wasser, wie aus einer Quelle, flösse. Leider war ich nicht fromm genug, und die Säule verschmähte es, in meiner Gegenwart das Wunder zu vollziehen.

9. Schual. Minije gegenüber am östlichen Ufer liegt der muselmännische Friedhof. Da der Monat Schual besonders den Besuchen der Gräber gewidmet ist, so sahen wir zahlreiche kleine Barken mit ägyptischen, blauverhüllten, dichtverschleierten Frauen, welche auf den Friedhof zusteuerten; ein charakteristisches Bild, welches an die Gräberfahrten, die man auf altägyptischen Wandgemälden sieht, erinnerte. Gegen 8 Uhr kamen wir an Suadi vorbei, wo eine dem Vizekönig gehörige Rum-Brennerei ist: ein schlechtes Beispiel eines muselmännischen Fürsten für seine Religionsgenossen, denen Rum natürlich etwas Abscheuliches sein muß. Die Nacht brachten wir bei Malawi, einem elenden Dorf am rechten Nilufer, zu.

10. Schual. Am Mittag kamen wir bei Tell el Amarna vorbei, wo sehr interessante Grotten mit antiken Gräbern sind, die man für die Nekropole der Stadt Psinaula hält. Da unsere Ruderer heute ganz besonders faul waren, wofür sie übrigens eine Entschuldigung hatten, indem der Chamsin wirklich erdrückend war, so kamen wir diesen Tag nicht weiter, als bis el Kosseir.

11. Schual. Endlich ließ der unausstehliche Wüstenwind etwas nach. Wir atmeten wahrhaft auf. Bei dem Dschebel

Ab-ul-Feda, den wir um 8 Uhr morgens erreichten, sollen sich die ersten Krokodile zeigen, ich bekam jedoch keines zu sehen. Die Kairener erzählten viel Seltsames von diesen Monstren; ich mußte mich natürlich stellen, als wüßte ich gar nicht, was ein Krokodil sei, da solche Kenntnis bei einem Maghrebi höchst verdächtig erschienen wäre. Der Maghrebi gilt überhaupt bei den Ägyptern für ein Muster von Ignoranz. Selbst die arabische Sprache kennt er nicht, wenn man die Ägypter hört, und den Koran kauderwelscht er nur. Ähnlich gilt auch ein maghrebinischer Gelehrter in Kairo kaum um einen Grad besser als ein vollständiger Nichtswisser. Außerdem sind geographische, ethnologische und naturhistorische Kenntnisse bei keinem Moslem zu finden, der sie nicht von Europäern erlernt hätte, und von Europäern etwas zu lernen, ist natürlich eine schreckliche Ketzerei. In dem freundlichen, aus Luftziegeln erbauten Städtchen Manfalut machten wir des Abends Halt. Da hier ein arabisches Dampfbad war, so stiegen viele meiner Reisegefährten ans Land. Auch ich folgte ihnen, kehrte aber schon an der Türe des Bades wieder um, da ich sah, daß sich die Leute ohne Lendentuch badeten, was ich nicht hätte wagen können, ohne mich als Ungläubigen zu verraten, da ja die gewisse Zeremonie, die der Islam gebietet, nicht an mir vollzogen war.*

12. Schual. Von Manfalut nach Siut. Manfalut hat bei frommen Moslems eine gewisse Berühmtheit, weil daselbst Nebbi Lut (d. h. der Prophet Lot) nach der Zerstörung von Gomorrha ein Asyl gefunden haben soll. Sonderbarerweise hüten sich alle Muselmanen, wenn sie auch die hier befindliche Moschee des heiligen Lot besuchen, seinen Namen auszusprechen, da der Name dieses Patriarchen im Lauf der Zeiten ein Schimpfwort geworden ist und jetzt eben das Laster bezeichnet, welches gerade Lot bei seinen Mitbürgern bekämpfte. So verdrehen sich oft im Laufe der Jahrhunderte die Bedeutungen der Wörter.

* Die Beschneidung (Anm. d. Hrsg.).

Siut

Zwischen Manfalut und Siut macht der Nil sehr viele Biegungen, die oft so kühn sind, daß wir z. B. heute sogar ein Stück bei Südwind stromaufwärts segeln konnten. Siut, das wir Abends erreichten, ist ohne Zweifel das alte Lycopolis, die Stadt des Wolfskultes, wo ich selbst in einer Grotte eine Menge Wolfsmumien fand.

Bei Siut nahm Schich Mustapha Gelegenheit, um über die entsetzlichen Gipti (Kopten) loszuziehen. Einige Kopten Siuts machen nämlich ein Gewerbe daraus, junge Negersklaven einzukaufen und sie der Kastration zu unterziehen, woran viele sterben; die Überlebenden aber werden um das 20fache von dem verkauft, was sie früher galten. Haben die Muselmänner Unrecht, wenn sie die orientalischen Christen verachten?

14. Schual. Nachdem wir in Siut einen Tag, um unseren Matrosen Zeit zum Brotbacken zu lassen, gerastet hatten, setzten wir unseren Weg weiter fort und langten abends in Kau el kebir, dem alten Antaeopolis, an, wo man noch in

einem Trümmerhaufen die Reste des Tempels des Antäus unterscheidet. Hier soll nämlich, nach einer alten Fabel, der Riese Antäus von Herkules getötet worden sein, während eine andere, die mehr verbreitet ist, bekanntlich das heutige Kap Spartel in Marokko als den Sitz dieses Kampfes bezeichnet.

15. Schual. Um Mittag erreichten wir Dschebel Schich Scheridi. Nachdem wir am »weißen Kloster«, einem koptischen Dorf vorbeigesegelt waren, erreichten wir abends el Achmim, ein kleines, aus lufttrocknen Ziegeln erbautes Städtchen, welches die Stelle von Panopolis (der Stadt des Pan) einnimmt, wie hier viele Inschriften aus dem zweiten Jahrhundert unserer Ära beweisen.

16. Schual. Schon um Mittag kamen wir in Girge, der altarabischen Hauptstadt des Sajid (Oberägyptens) an, in deren Nähe die weltberühmten Ruinen von Abydus, welches einst nach Theben die erste Stadt am oberen Nile war. Girge ist sehr von seiner einstigen Größe herabgekommen und sieht jetzt nicht viel besser aus, als alle anderen oberägyptischen Städtchen, welche, da sie nur aus Luftziegeln erbaut sind, gar nicht den Eindruck von Städten machen, sondern eher Aneinanderreihungen von dorfartigen Lehmhütten sind.

17. Schual. Die ziemlich große arabische Stadt Farschut rechts liegen lassend und am Gebiet des einst mächtigen und noch vor kurzem unabhängigen Araberstammes der Hauwara vorbeisegelnd, kamen wir abends bei dem Städtchen Hau an.

18. Schual. Schon um Mittag erblickten wir den herrlichen Tempel von Dendra, dem antiken Tentyra, welches unserem Reiseziele, Kene, gerade gegenüber lag. Der Tempel von Tentyra gibt bekanntlich denen von Karnak, Luksor, Abusimbel, Elephante wenig an Großartigkeit und Schönheit seiner Formen nach, obgleich er fast zwei Jahrtausende nach jenen erbaut wurde. Er verdankt nämlich seinen Ursprung den Ptolemäern und jene den ältesten ägyptischen Dynastien. Im ersten Jahrhundert unserer

Girge

Zeitrechnung herrschte zwischen jenen beiden, sich gegenüberliegenden Städten, Tentyra und Coptos, eine so fanatische Feindschaft, daß unter anderem einmal beim Anlaß eines Götzenfestes die Bewohner der ersteren Stadt die Coptiten überfielen, einen derselben in Stücke rissen und verzehrten, welchem Umstand wir eine der berühmtesten Satiren des Juvenal, die 15te, verdanken. Der damals achtzigjährige Dichter scheint selbst Zeuge der Menschenfresserei der Tentyriten gewesen zu sein, deren Grausamkeit er zugleich mit ihren andern Lastern geißelt:

Horrida sane
Aegyptus; sed luxuria quantum ipse notavi
Barbara famoso non cedit turba Canopo.*

Grausamkeit ist freilich kein Hauptfehler mehr bei den modernen Ägyptern; sie sind vielmehr eines der sanftesten Völker des Islams, das ich kenne; aber die Ausschweifungen des alten Canopus blühen heute noch in ihrer vollen Üppigkeit fort.

Um 2 Uhr nachmittags am 18ten Schual 1276 der Hedschra (10. Mai 1860) vollendeten wir unsere Nilfahrt, indem wir in Kene anlangten, von wo die Karawanen durch die Wüste der Ababda-Beduinen nach dem Hafenort Kosseir am Roten Meere führen, wo man sich nach der arabischen Küste und besonders nach El Imbu, dem Hafen Medinas und nach Dschedda, dem Hafen Mekkas, einschifft. Zur Zeit der Hedsch (Pilgerfahrt) herrscht hier ein lebhafter Verkehr, obgleich nicht mehr so wie früher, da Sues jetzt fast alle Pilger anzieht. Sonst läßt sich von Kene wenig sagen, als daß es ein Hauptsammelplatz der Ualem (Tänzerinnen) ist, von denen es in ganz Oberägypten wimmelt.

---

* »Ägypten ist zwar unzivilisiert, aber was die Schwelgerei angeht, so steht der barbarische Pöbel dem berüchtigten Canopus, wie ich selbst feststellen konnte, in nichts nach« (Canopus, die alte ägyptische Stadt, galt als Ausbund der Unsittlichkeit. – Anm. d. Hrsg.).

Drittes Kapitel

Von Kene durch die Wüste nach Kosseir

Ich mietete in Kene von einigen der Beduinen für 10 Gulden zwei Kamele, eines für mich, eines für Ali, der mir nicht kräftig genug schien, um den Weg zu Fuß machen zu können. Zwei Tage wurden jedoch noch in Kene gerastet, wovon der eine zum Mieten der Tiere, der andere zum Anschaffen von Lebensmitteln bestimmt war. Obgleich wir recht gut diese beiden Geschäfte in einem, ja in einem halben Tage beendigen konnten, so wäre dies doch ein großer Verstoß gegen die beliebte, arabische Langsamkeit gewesen, und wir mußten noch froh sein, daß unsere Reisegefährten überhaupt in dieser Zeit fertig wurden. Außer den Eßwaren verproviantierte ich mich auch mit Wasser, da man auf diesem Wege keineswegs immer gutes Wasser findet. Deshalb hatte ich in Kairo ein Dutzend großer, mit Leder überzogenen Wasserflaschen gekauft, wie man solche gewöhnlich zu Wüstenreisen mitnimmt. Hier fand ich nun zu meinem nicht geringen Erstaunen, daß ich der einzige war, der eine solche Vorsichtsmaßregel gebrauchte. Nicht, als ob die Araber nicht so viel wie wir, ja noch mehr als wir Europäer vom Durst geplagt würden, da sie viel mehr als wir an häufiges Wassertrinken gewohnt sind; aber so groß ist ihre Sorglosigkeit, daß sie lieber leiden wollen, als sich die Mühe machen, ein wenig an die Zukunft zu denken. Nur für sehr große Wüstenreisen durch völlig oasenlose Strecken nehmen diese Leute Wasser mit.

Unsere Reisegesellschaft, welche aus etwas zweihundert Personen bestand, war nur zum vierten Teile beritten, da ungefähr hundertundfünfzig, entweder aus Geiz oder aus Armut, das Zufußgehen vorzogen. Aus Geiz geschah dies gewiß bei einigen, welche vier bis fünf, oft acht, mit Waren beladene Kamele in der Karawane zählten und die gewiß eine kleine Ausgabe für ihre persönliche Beförderung leicht bestreiten konnten. Aber der Araber, sei er nun Fellah, Städter oder Beduine, ist einmal, was seinen persönlichen Komfort betrifft, durchaus nicht verweichlicht. Bei Europäern denkt man sich immer äußeren Luxus und Sittenverderbtheit als verschwistert; bei Orientalen findet man überall die letztere, den ersteren aber nur in den Palästen der Großen und selbst dort kaum mehr; diejenigen Laster, welche unsere Sittenprediger oft als Laster der Höfe und der großen Städte bezeichnen, findet man hier in der ärmlichsten Hütte des Bauers, in dem schmucklosen Zelt des Wüstennomaden; deshalb geht es recht gut zusammen, daß diese Leute durch und durch verderbt und doch nicht verweichlicht sind. Höchstens die Städter sind ein wenig an Luxusbedürfnisse gewöhnt, aber selbst sie sind imstand, auf Reisen sich von allem, was nicht unumgänglich nötig ist, zu emanzipieren.

Das Zufußgehen sollte übrigens die guten Ägypter nicht sehr angreifen, da wir die 23 deutschen Meilen, welche unser Weg betrug, in sieben Tagen zurücklegten, was auf den Tag eine Reise von etwas über 3 Meilen, ungefähr 6 Stunden zu Fuß oder zu Kamel, denn die hiesigen Kamele gehen sehr langsam, ausmachte.

Am Morgen des 21. Schual traten wir unsere Wüstenreise von Kene nach Kosseir an. Die Karawane bot ein buntes Gemisch von Kamelen, Eseln, Pferden, Maultieren mit allen verschiedenen Sattel- und Zaumformen und ein buntes Durcheinander von Menschen in den verschiedensten Trachten: die ägyptischen Fellahin in ihren langen blauen Hemden, mit kriechender, demütiger und furchtsamer Miene, als ob sie noch den Stock ihrer türkischen Unterdrücker auf dem Rücken fühlten; neben ihnen unsere Kamelvermieter, die stolzen freien Beduinen vom Ababda-Stamm, welche sich in weiße Haiks malerisch drapierten, obgleich lange nicht so malerisch, als die mir gewohnteren algerischen Beduinen, denen die zwei Burnusse und der weiße turmartige Kopfputz etwas ganz besonders Würdevolles verleihen; dagegen schienen diese Ababda-Beduinen

Auf dem Weg nach Kosseir

ungleich leichter, luftiger, freier, wohlgemuter und beweglicher als die oft etwas schwerfälligen Maghrebiner; sie waren die echten Kinder der Wüste, die nicht an der Scholle kleben, nur von Jagd und Viehzucht leben und überall ihre Heimat im leichten Zelt mit sich tragen, wo es Wüste und Oase gibt; dann hatten wir noch ägyptische Städter in ihren der antiken Dalmatica ähnlichen Kaftans; Syrer mit ihrem bunten Kopftuch, der Kefia; zwei plumpe, schwerfällige Türken mit schaudervoll großen Schnurrbärten, deren Körpermitte mit einem großen Wulst von einer Schärpe umwickelt war, in welchem verschiedene Dolchmesser und auch Pistolen staken, die jedoch so kunstvoll mit Schnüren umwickelt, oder richtiger, verwickelt waren, daß es wohl eine halbe Stunde gebraucht haben würde, hätte einer sich seiner Waffen bedienen wollen, was übrigens nicht vorkam und vielleicht auch unmöglich war, da mir das sämtliche Waffenwerk unbrauchbar schien; daneben einige Chritzli oder Kritli, so nennen die Araber die Bewohner der Insel Kreta oder Candia, kräftige, sehr massive Männer, mit wahren Raubvogelgesichtern, übrigens schön gekleidet und im ganzen stattlich aussehend, nur vielleicht ein wenig gar zu theatralisch; dann noch Neger aus Nubien, die zum Teil mit ihren sie bis Kosseir begleitenden Frauen da waren, welche letztere beinahe ganz nackt gingen, nur um den Leib ein Gehänge von dünngeschnittenen Riemchen trugen und deren Haare, mit ranziger Butter dick beschmiert, in tausend fettigen Löckchen auf den Nacken fielen. Außerdem bildeten auch einige Araberinnen Mitglieder unserer Karawane. Sie waren Gattinnen oder Töchter von einigen meiner Bekannten, die jedoch auf dem ganzen Wege von Kene nach Kosseir nie mit ihnen ein Wort wechselten, da es die gute Sitte will, daß kein Araber mit seinen weiblichen Verwandten vor Männern spreche. Diese Damen waren so gut verhüllt oder, richtiger gesagt, vermummt, daß ich von ihrem Gesicht noch weniger zu sehen bekam, als man bei den Moresken in Algier entdeckt, die doch wenigstens eine Linie im Gesicht, nämlich die von den Augen bis an die

Schläfe, frei haben, während die Ägypterinnen ein einziges Tuch übers ganze Gesicht tragen, daß nur zwei Löcher für die Augen hat, so daß man hier nicht einmal die Augenbrauen erblicken kann.

Unsere Reise ging, wie gesagt, sehr langsam vonstatten. Um jedoch den Leser nicht auch an dieser Langsamkeit teilnehmen zu lassen, so will ich hier, wie oben, nur ein kurzes Tagebuch geben.

21. Schual 1276 (13. Mai 1860). Um 4 Uhr morgens wurde aufgebrochen und bis 8 Uhr gereist, als wir bei Bir Amber anlangten, wo man den Rest des Tages verweilte, so daß wir heute nur 2 Meilen zurücklegten.

22. Schual (14. Mai). Wir brachen schon um 1 Uhr nach Mitternacht auf und erreichten nach einem 8stündigen Ritt durch ein trostloses ödes, in dieser Jahreszeit ganz ausgetrocknetes, nur hie und da durch eine Dattelpalme geschmücktes Land, um 9 Uhr morgens den Quellenort Bir el Agaita, wo einige Ababda-Beduinen in schlechten Geraba (Reiserhütten) wohnten. Man hat allen Grund anzunehmen, daß sie zum Teil noch von den ersten arabischen Einwanderern in Afrika abstammen, folglich schon über 21 Jahrhunderte diese Gegend bewohnen, in der sie 900 Jahre vor der Hedschra schon Zeugnis von der arabischen Auswanderungslust und von ihrer Sucht, fremde Länder zu erorbern, ablegten. In Bir el Agaita konnte ich deutlich die Spuren einer römischen Station erkennen, welche verhältnismäßig bedeutend gewesen sein muß, da hier die drei Römerstraßen, welche von Theben, Coptos und Caenopolis nach Philoteras führten, zusammentrafen.

23. Schual. Von Mitternacht bis 9 Uhr morgens war unsere Karawane in Bewegung, in welcher Zeit wir die 4½ Meilen zurücklegten, welche Bir el Agaita von Bir el Hamamat trennen. Auch letzterer Ort, dessen arabischer Name »die Quelle der Bäder« bedeutet, war offenbar eine Römerstation, ja vielleicht befand sich hier ein römisches Bad, wie aus dem Vorhandensein einiger Hohlziegel, die oft über dem Badeofen angebracht waren, zu schließen ver-

sucht bin. Jedenfalls war diese Station bedeutend, da in ihrer Nähe sich Steinbrüche befinden, welche von den Alten vielfach bearbeitet wurden, die aus denselben den schönen grünen Stein zogen, aus dem sie zahlreiche Sarkophage, Vasen und Verzierungsgegenstände aller Art machten, von denen man in Ägypten und in europäischen Museen so viele sieht.

24. Schual. Dieser unser vierter Reisetag brachte uns nur 3 Meilen weiter, und zwar an einen Ruheplatz, wo gar kein Wasser gefunden wurde. Der Weg bis zum nächsten Brunnen war aber zu weit, um in einem Tage zurückgelegt werden zu können. Hier kamen mir meine mitgenommenen Wasserflaschen recht zustatten, und ich machte mir dadurch viele Freunde, daß ich anderen von meinem Überflusse mitteilte.

25. Schual. Nach sechsstündigem Ritt langten wir um 6 Uhr morgens beim Bir Hadsch Sliman an, wo die ganze Reisegesellschaft mit Heißgier über das endlich gefundene Wasser herfiel. Hier befinden sich ebenfalls deutlich erkennbare römische Reste.

26. Schual. Nach abermaligem sechsstündigen Ritt schlugen wir unser Lager in El Bida, d. h. dem weißen Ort, auf, so

»Hier kamen mir meine Wasserflaschen zustatten...«

genannt von den weißen Felsen, welche dieses Tal umgeben. Der hier befindliche Brunnen führt den überraschenden Namen »Bir el Inklis«, d. h. Brunnen der Engländer. In der Tat wurde er von der englisch-ostindischen Armee auf ihrem Weg nach Indien gegraben. Einige fromme Muselmänner fragten hier unseren gelehrten Reisegefährten Sich Mustapha, ob es nicht vielleicht Unrecht sei, aus dem Brunnen zu trinken, den jene gottverdammten Ketzer gegraben hätten. Darauf antwortete Schich Mustapha etwa wie folgt: »Wenn ein Esel wie mit seinem Huf an einen Felsen schlägt und aus diesem Felsen durch ein Wunder Gottes eine Quelle hervorspringt, würdet ihr nicht aus derselben trinken, weil der Esel zu diesem Wunder Anlaß gegeben hat? Ebenso ist es mit den Inklis. Diese ungläubigen Hunde haben nicht mit Wissen und Willen den Brunnen gegraben, sondern Gott hat sich ihrer als blinder Werkzeuge bedient, weil er wollte, daß fromme Moslems auf ihrer Pilgerfahrt hier ihren Durst stillen sollten.« Übrigens ist das Wasser aus dem Bir el Inklis kaum trinkbar und gewiß das schlechteste, welches man auf dieser Wüstenreise antrifft.

27. Schual. Wir setzten unseren Weg nach Kosseir fort. Es mochte etwa 5½ Uhr morgens sein, als wir zum ersten Mal an dem gewohnten monotonen Wüstenhorizont eine Veränderung wahrnahmen. Statt der bisherigen ewigen Sandhügel und nackten Felsen, erfreute unseren Blick auf einmal eine lange, spiegelglatte, im Sonnenstrahl leuchtende Fläche, auf der zahlreiche, kleine, weiße Punkte phantastisch herumirrten. Es war der arabische Meerbusen, das Rote Meer, das von allen Pilgern aufs freudigste begrüßt wurde, denn es sollte uns ja die Pforte erschließen, durch welche wir nach dem Haus Gottes in Mekka und nach dem Berg der Erkenntnis (Arafat) gelangen sollten. Durch diese schöne Hoffnung freudig belebt, legte unsere Krawane die letzten zwei Stunden jubelnd zurück, und als wir um 7½ Uhr Morgens in Kosseir anlangten, da schienen uns schon die Hauptschwierigkeiten der Hedsch überwunden.

Viertes Kapitel

Überfahrt auf dem Roten Meere von Kosseir nach El Imbu

Mein Reiseplan gestattete mir nicht, mich aus Kosseir selbst zu entfernen. Die Stadt erhebt sich an einer kleinen Bai, welche einen ziemlich sicheren Ankerplatz bietet, ist zum größeren Teil aus dem hier so häufigen Korallenstein gebaut, besitzt ein schlechtes Fort mit einigen unbrauchbaren Kanonen und wird hauptsächlich von Limbauwi, Arabern, welche von El Imbu, einem an der arabischen Küste, Kosseir gegenüber gelegenem Städtchen, kommen, bewohnt.

Unsere Karawane fand ein schlechtes Unterkommen in einem halbverfallenen Chan. Ich zog es jedoch vor, in meinem kleinen Zelt zu kampieren, in welches ich auch Schich Mustapha aufnahm, welcher gutmütige alte Mann sich immer mehr an mich anzuschließen schien, was mir im ganzen nicht unangenehm war, obgleich mich seine ständigen abgedroschenen Predigten über die Pilgerschaft und dergleichen am Ende zu langweilen anfingen.

Wir hatten in Kosseir nichts anderes und, da der Ort sehr langweilig war, auch nichts Eiligeres zu tun, als alles für unsere Abreise vorzubereiten. Zu diesem Zweck sahen wir uns gleich am Anfang nach einem Schiff um, welches uns nach der gegenüberliegenden Küste von Arabien tragen sollte. Schich Mustapha, seine drei Neffen, Ali und ich, gingen zusammen an den Hafen, oder richtiger gesagt, den Ankerplatz, den Kosseir lediglich der Natur verdankt. Daselbst fanden wir zwölf Segelschiffe, wovon das bedeutendste nicht hundert Tonnen Tragkraft hatte. Die Mannschaft dieser Schiffe war im Augenblick fast sämtlich am Lande, in der Nähe des Hafens, wo sie in kleinen zeltartigen Kaffeebuden saß, so daß wir keine große Schwierigkeiten hatten, die verschiedenen Nachadain (Schiffshauptleute) und Mokkadem (Schiffsleutnants) zu finden.

Nach einigem Hin- und Herfragen gelang es Schich Mustapha, einen gewissen Hadsch Abu Abdallah ausfindig zu machen, welcher der Kapitän eines Segelschiffes namens »Um ess Ssalam« d. h. Mutter des Friedens war, welches als besonders solid betrachtet wurde. Der Hadsch war ein altes Männchen mit negerartigen Zügen, einem dicken Bauch, ein paar triefenden Augen und einem blödsinnigen Gesichtsausdruck. Außerdem war er mit der Krätze behaftet, was mich auf der ganzen Fahrt aus seiner Nähe verscheuchte. Wir kamen mit Leichtigkeit, was den Preis der Überfahrt nach El Imbu und der Küstenfahrt von dort bis Dschedda betraf, überein. Ich sollte 1000 Piaster (etwa 60 Taler) für mich und die Hälfte dieser Summe für Ali zahlen, wobei ausbedungen wurde, daß ich mein Bett in der Kajüte aufschlagen könne. Dies war nach europäischen Begriffen sehr billig, nach muselmännischen aber ein höchst anständiger Preis.

Nachdem wir während eines zweitägigen Aufenthalts in Kosseir die nötigen Lebensmittel für eine Überfahrt, die möglicherweise 5 Tage dauern konnte, eingekauft hatten, schifften wir uns am letzten Tag des Monats Schual (21. Mai) auf der »Mutter des Friedens« ein. Die »Mutter des Friedens« war eine sogenannte Kandscha d. h. ungefähr das unzivilisierteste Fahrzeug, welches je ein Meer befahren hat. Die Kandscha ist ein Schiff von höchstens 80–100 Tonnen Tragkraft, das nur zwei Maste hat, und zwar ist der eine derselben viel kleiner als der andere; an diesen Masten befinden sich lateinische, dreieckige Segel, die, wenn ausgespannt, sich zu kreuzen scheinen und so von weitem recht malerisch aussehen; jeder Mast hat bei dieser Segelform nur eine Rahe aus einem einzigen Baumstamm. Kehrt sich nun der Wind, so muß das Segel mit seinem Baum schnell umgedreht werden, was bei Sturm fast unmöglich ist und oft große Gefahr verursacht. Die Kandscha ist offen, nur das Hinterteil hat ein kleines erhabenes Deck, unter

Kandscha

welchem sich die sogenannte Kajüte, ein enger, niedriger Raum, in dem man kaum aufrecht stehen kann, befindet.

Obgleich die Araber die Erfinder des Kompasses sein sollen, so bedienen sie sich doch jetzt nur europäischer, und zwar gewöhnlich sehr alter und unbrauchbarer Instrumente. So war an Bord der »Mutter des Friedens« auch nur ein so schlechter Kompaß und ein Senkblei zu sehen, daß man sie auf keinem Trödelmarkt in Europa wohl mehr an den Mann hätte bringen können. Unsere Kandscha mochte etwa 70 Tonnen Tragkraft haben, sie war aber so mit Waren und Passagieren überladen, daß sie ganz tief im Meere ging und man, um das Eindringen der Wellen von oben zu verhindern, Strohmatten am Rande aufgerichtet hatte, was jedoch nicht viel half. Der Nachada hatte uns versprochen, nur 50 Passagiere mitzunehmen, statt dessen fanden sich aber nahezu 90 ein, von denen jeder sich selbst zu den ursprünglichen fünfzig rechnete und die andern als Eindringlinge betrachtete, da jedem dasselbe versprochen worden war, woraus ein allgemeines Schimpfen der Pilger gegen den Schiffshauptmann und übereinander entstand. Endlich trat eine verhältnismäßige Ruhe ein. Die Frauen wurden in dem offenen Teil des Schiffes, so gut wie möglich, installiert und um ihren Platz ein zeltartiges Tuch gespannt, damit kein frommer Pilger in Versuchung kommen könne, sie anzusehen. Die meisten Mitreisenden wählten gleichfalls ihren Platz im offenen Raum, wo sie sich niedersetzen und bis zur Ankunft sitzen bleiben mußten, da das Schiff zu eng war, um freie Bewegung zu gestatten. Da ich die Kajüte, welche ich gemietet hatte, allzu sehr durch Menschen und Tiere, namentlich durch letztere belebt fand, begnügte ich mich damit, mein Gepäck dorthin tragen zu lassen und wählte meinen Platz in der Nähe meiner ägyptischen Freunde auf dem kleinen Deck.

Man pflegt zwar gewöhnlich die Fahrt von Kosseir nach der arabischen Küste nicht in nordöstlicher Richtung, wie wir dies tun sollten, sondern entweder geradeaus, d. h. in östlicher, oder selbst in südöstlicher Richtung zu machen.

Da jedoch unser Nachada in Mersa Eslam, welches ein Grad nördlicher als Kosseir liegt, eine Ladung Waren zu lassen hatte, so waren wir genötigt, diese große Abschweifung nach Norden zu machen, was mir übrigens den Vorteil verschaffte, ein großes Stück der arabischen Küste mehr zu sehen, als ich sonst erblickt haben würde. Den übrigen Mitreisenden war die dadurch entstandene Verzögerung gleichgültig, da man von ihnen für die längere Fahrt keinen höheren Preis verlangte und die Zeit für gläubige Moslems keinen Wert hat. Das englische Sprichwort »Time is money« würden diese Leute gar nicht begreifen können.

Zum Glück waren Wind und Wellen günstig, und unsere Fahrt begann unter den glücklichsten Auspizien. Die Schiffahrt der Araber auf dem Roten Meer ist übrigens noch in einem solchen Urzustand, daß man es gewöhnlich kaum wagt, sich von der Küste zu entfernen, sondern dieser immer entlang segelt, um bei jedem drohenden Sturm gleich in einen der zahlreichen Ankerplätze einzulaufen und um nicht allenfalls genötigt zu sein, eine Nacht auf offenem Meere zuzubringen, was bei der Abwesenheit oder Unbrauchbarkeit der nautischen Instrumente jedenfalls gefährlich werden könnte. In unserem Falle mußte freilich das Entsetzliche unternommen werden, nämlich wir mußten uns nicht nur aufs offene Meer wagen, sondern uns auch gefaßt halten, zwei, vielleicht drei Nächte auf demselben zuzubringen. Nun erscheint aber eine Nachtfahrt auf dem Meere diesen Arabern als ein unendliches Wagestück. Viele unserer Reisegefährten zitterten aus Furcht vor den Gefahren dieser nächtlichen Fahrt. Da wir Kosseir um 4 Uhr morgens verlassen hatten und der Wind im ganzen günstig gewesen war, so befanden wir uns gegen Abend schon völlig auf offener See und hatten die Küste aus den Augen verloren. Nach dem Gebete des Maghreb ging unter den Pilgern und Matrosen eine auffallende Veränderung vor sich. Jeder schickte sich dazu an, die Nacht auf dem offenen Meere mit Andacht und Feierlichkeit zuzubringen. Eine solche Nacht wird »ess Ssemara« genannt, und man bereitet sich zu ihr durch Kaffeegenuß, Tabakrauchen und gesellige Gespräche vor. Ans Schlafen denkt gewöhnlich niemand. Die Ssemara ist eine große Heldentat, und der Pilger, der über Sues nach Mekka wallfahrtet, wird deshalb von einigen Moslems lange nicht so sehr geschätzt, als der, welcher die Reise über Kosseir macht, da ja ersterer keine Ssemara zu überstehen hat.

Endlich, am vierten Tag nach unserer Abreise von Kosseir, erblickten wir die langersehnte arabische Küste. Alle Pilger brachen bei diesem Anblick in einen Freudenjubel aus, der nicht ohne Ursache war, wenn man die Gefahren einer Schiffahrt auf einem so schlechten Fahrzeug, mit so unwissender Befehligung und Bemannung bedachte. Aber nicht nur die überstandene Gefahr, auch die Küste selbst, der heilige Strand des gelobten Arabiens, erregte in der Brust dieser Fanatiker freudige Gefühle. Da diese Gefühle jedoch hauptsächlich religiös-mystischer Natur waren, so äußerten sie sich in Gebeten und vor allem in langweiligen Predigten.

Nachmittags am 24. Mai 1860 kamen wir in der Nähe der Insel Noaman an: ein längliches Felseneiland, aus waagrecht gelagerten Korallenschichten bestehend, zum Teil mit niedrigen grünen Büschen bedeckt, welches einen ziemlich freundlichen Anblick bot und bewohnt schien.

Nach weiterer dreistündiger Fahrt liefen wir zum erstenmal in einen arabischen Hafen ein, und zwar in den Mersa Eslam. Der kleine Ort ist kaum etwas anderes, als ein elendes Beduinendorf, die hier in Kemlis wohnen; d.h. in Zelten, die nur aus vier in den Boden gesteckten Stäben, über die man ein Tuch spannt, bestehen und die folglich nur ein Dach, aber keine Wände haben.

Nachdem wir in dem ziemlich sicheren Hafen von Mersa Eslam übernachtet hatten, setzten wir am Morgen des 4. Du el Kada 1276 (25. Mai 1860) unsere Reise fort. Diese ganze Uferstrecke strotzt von Korallenbänken, welche die Schiffahrt längs der Küste beim Sturm höchst gefährlich machen und auf denen selbst bei ruhigem Wetter die Schiffe nicht selten aufsitzen, wie uns dies denn auch begegnen sollte. Anders jedoch zu segeln, als der Küste entlang, und zwar dieser so nahe als möglich, dazu ist kein Araber zu bringen. Bei seiner Unkenntnis der Nautik würde es auch für ihn die unangenehmsten Folgen haben, wollte er sich aufs offene Meer wagen, wovon die geringste ein ewiges Fehlsteuern und Sichverirren sein würde.

Die Küste zieht sich zwischen Mersa Eslam und Stabel Antar, welche Häfen etwa zehn deutsche Meilen voneinander entfernt sind, anfangs in südwestlicher, dann in südlicher Richtung hin. Da der Wind günstig war und wir wohl eine Meile in der Stunde zurücklegen konnten, war es uns gegönnt, schon am Abend des vierten Du el Kada in die schöne Bucht von Antar einzulaufen. Diese Bucht dringt ziemlich tief ins Land ein und ist von Korallenfelsen und Korallenhügeln umgeben, welche auf ihren Rücken spärlichen Humus und einzelne Gewächse tragen.

Hier wohnen einige Beduinen und Fischer in Kemlis, auch wird ein kleiner Suk gehalten, auf dem sich die Pilger mit Lebensmitteln versehen. Wir verließen diesen Hafen um 6 Uhr morgens am 5. Du el Kada, segelten zwischen den Korallenfelsen an dem Vorgebirge von Antar vorbei und folgten dann in geringer Entfernung vom Lande dem Lauf der Küste nach Süden, bis wir um 1 Uhr nachmittags in die 3½ deutsche Meilen von Antar entfernte Bucht von Wedsch einliefen.

Wedsch ist ein ärmliches Dorf, welches aus nur wenigen niederen Hütten besteht, in denen arme Beduinen vom Bilia-Stamm wohnen. Diese guten Leute schienen noch ziemlich unverdorben, wenigstens waren sie weniger betrügerisch als die Umwohner der übrigen Häfen, welche gewöhnlich die armen Pilger aufs schändlichste ausbeuten. Hier konnten wir jedoch unsere Einkäufe zu sehr vernünftigen Preisen machen. Die Bilia-Beduinen hatten ganz vortrefflichen Honig auf den Suk (Markt) gebracht, der um einen Spottpreis zu haben war. Auch erneuerte ich hier meinen Wasservorrat.

Bei Wedsch, welches wir am 6. Du el 'Kada um 5 Uhr morgens verließen, beginnt ein Insel-Archipel, der sich bis nach Bahir und Kasr el bent hinzieht und zwölf Inseln und noch viel mehr Klippen und Korallenbänke enthält, so daß die Schiffahrt hier sehr schwierig wird. Wir sollten diesen Archipel in zwei Tagen durchschiffen.

Als wir bei Scherm Abban vorbeisegelten, benutzte der Mokkadem, unser stets faulenzender Schiffsleutnant, diese schöne Gelegenheit, um uns eine unglaubliche Geschichte zu erzählen, welche sich daselbst zugetragen haben soll. Vor etwa zehn Jahren wäre in Scherm Abban ein gottverfluchter Engländer angekommen und von den dortigen Beduinen ermordet worden, entweder aus Raubsucht oder weil sie befürchteten, der schändliche Ketzer wolle Mekka und Medina besuchen und diese geweihten Städte durch seine unheilige Gegenwart schänden. Kaum war der Inklis tot, so fiel es einem Beduinen ein, dessen Bauch zu öffnen, da nämlich die meisten Araber glauben, daß alle Reisenden Goldstücke verschlucken, und man fand, so erzählte unser Mokkadem, wirklich den Bauch des Engländers mit Guineen angefüllt. Seitdem, so meinte unser Erzähler, wäre die Raubsucht dieser Beduinen aufs Doppelte gestiegen. Freilich habe es keine Inklis mehr gegeben, die Scherm Abban besuchten, dafür hätten aber dessen Bewohner schon mehrmals versucht, ob die Bäuche von gläubigen Moslems nicht auch Goldstücke enthielten, wie mehrere hier mit aufgeschlitztem Leib gefundene Leichen bekundeten. Ich hatte schon ähnliche Geschichten in Algerien gehört, wo die Kabylen auch glauben, daß die Reisenden Gold im Bauche tragen, sie aber nur mit Gewalt purgieren lassen und nicht töten sollen. Ob diesen Fällen ein Minimum von Wahrheit zugrunde liegt, lasse ich dahingestellt. Natürlich glaubten meine Reisegefährten diese Erzählung wie ein Evangelium, denn was glaubt ein Araber nicht alles?

Gegen Abend, da der Wind plötzlich aufgehört hatte und wir verzweifelten, noch einen südlicheren Ankerplatz zu erreichen, mußten wir uns wieder nordwärts wenden und liefen endlich in den kleinen Hafen Scherm Menbur ein, wo wir einen ziemlich guten Suk fanden und übernachteten.

Am 7. Du el Kada setzten wir unseren Weg durch das gefahrvolle Klippenlabyrinth weiter fort und segelten dann gegen Mittag an der Insel Um-er-Ruma vorbei, welche gegen die andern einen angenehmen Kontrast bot, indem sie ganz von Strauchwerk bedeckt erschien, welches auf dem Korallenfels sonst nur selten Wurzel faßt.

Wir kamen heute nicht weiter als in den Scherm Rhabra. Dieser Scherm (Hafen) bot einen nur mittelmäßigen Ankerplatz. Er soll beim Süd- und Südwest-Monsun gar keinen Schutz gewähren. Die Gegend fing jedoch hier an etwas mehr landschaftliche Schönheiten darzubieten, indem der ziemlich nahe Dschebel Haura sich in anmutigen Umrissen am Horizont abzeichnete und die näheren Hügel von einer bunteren Pflanzendecke gekrönt schienen. Nicht weit vom Strande fand ich Büsche, woran Kamele weideten. Die sie begleitenden Araber waren ungefähr das wildeste und barbarischste Gesindel, welches ich je gesehen habe. Sie gingen halb nackt, d. h. das Ärmelhemd, welches sie trugen, war so zerfetzt und mit so großen Lücken versehen, daß es weit besser gewesen wäre, wenn sie ohne Hemd gegangen und sich nur des adamitischen Feigenblattes bedient hätten, wenigstens hätte dieses dem Anstand notdürftig genügt, was das lückenhafte Ärmelhemd keineswegs tat. Doch der Anstand (wenigstens was wir unter Anstand verstehen) ist bei einem Volke, bei dem die Frauen den Haustieren gleich gelten, natürlich nicht ein tiefgefühltes Bedürfnis.

Am 8. Du el Kada segelten wir durch die von zahlreichen Klippen strotzende Bucht von Haura am Fuße des Dschebel Haura.

In dem Insel- und Klippenarchipel weitersegelnd, kamen wir nachmittags an den Inseln edsch Dschedri und Addun vorbei und liefen abends im Hafen der Hassaninsel oder Hassania vor Anker. Dieses schöne Ziel sollten wir jedoch nicht erreichen, ohne vorher dem gefahrvollen Klippenlabyrinth und Inselchaos unseren Tribut gezahlt zu haben.

Um die vielen Korallenbänke umfahren zu können, pflegt man einen Matrosen auf den Mastbaum zu schicken, der nach der bald helleren, bald dunkleren Farbe des Meerwassers die Korallenbänke unterscheidet und dem Steuermann anzeigt, wo und wann man sich in der Nähe einer solchen befindet. Diese Vorsichtsmaßregel hatten wir zwar auch gebraucht, aber unser Späher besaß nicht die Augen eines Argus, und die Folge seines schlechten Gesichts zeigte sich nur zu bald.

Es mochte etwa 3 Uhr nachmittags sein, als die »Mutter des Friedens« plötzlich auf einer Korallenbank sitzenblieb, und zwar so fest, daß es schien, als wäre sie angenagelt. Man kann sich denken, welch ein Wirrwarr nun an Bord entstand. Frauen heulten, Männer fluchten, alle liefen zweck- und ratlos durcheinander, der Nachada und der Mokkadem verkrochen sich in irgendeinem Winkel, entweder, daß man sie nicht auffordere, jetzt energisch zu handeln, oder um den wohlverdienten Vorwürfen zu entgegehen. Die Matrosen zitterten vor Angst, Kinder schrien, der alte Schich Mustapha betete in nervöser Eile seinen Rosenkranz einmal über das andere Mal krampfhaft ab, alles schien einem baldigen Untergang entgegenzusehen, und dies hätte vielleicht auch unser Schicksal sein können, wäre das Meer, statt vollkommen ruhig, stürmisch oder auch nur aufgeregt gewesen. Dann hätten einige kräftige Wellenstöße genügt, um die »Mutter des Friedens« auf der Korallenbank in tausend Stücke zu zerschmettern, und die Pilger wären wohl zum größten Teil ertrunken, da wir gerade, obgleich mitten im Inselarchipel, doch etwa eine Stunde vom Land entfernt waren und die meisten Hadschadsch nur höchst unvollkommene Meister im Schwimmen waren. Von den Ägyptern können nämlich gewöhnlich nur die Fellahin schwimmen. Glücklicherweise war jedoch die See glatt wie ein Spiegel, und nachdem alles eine Zeit lang gewehklagt und ratlos dem Untergang der Welt entgegengesehen hatte, fiel es einem der Türken, dessen großer, schaudererregender Schnurrbart etwas mehr männlichen Sinn verriet als bei der übrigen feigen Bande zu suchen war, ein, daß man ja etwas zu unserer Rettung tun könne. Einige zwanzig Kerle, so riet er, müßten auf diese Korallenbank niedersteigen und das Schiff mit ihren Schultern fortstoßen. Da es noch nicht volle Ebbe war und die Korallenbank, wie alle diejenigen, welche nicht durch vulkanische Kräfte gehoben sind, nur den tiefsten Stand des Wassers zur Ebbezeit erreichte (die Korallen bauen bekanntlich nie über dem Wasser), so mußte man sich darauf gefaßt machen, bis an die Knie, ja stellenweise bis an die Schenkel Wasser zu haben, was manche abschreckte, während andere sich vor Abgründen, selbst vor vermeintlichen Seeungeheuern fürchteten. Endlich gelang es uns, den Schiffshauptmann aus seinem Versteck hervorzuholen und ihn zu bewegen, das Rettungsmanöver zu kommandieren. Die Matrosen wollten zwar lange nicht ins Wasser springen, weil sie behaupteten, die Korallenbank sei von einem Dschin behext. In Wirklichkeit fürchteten sie sich aber vor den vielen feinen Zacken und Spitzen der Korallen, welche dem, der auf eine Korallenbank tritt, die ganze Fußhaut schinden und zerreißen. Da ihnen jedoch sowohl die beiden Türken, als die drei Neffen meines Freundes Schich Mustapha, mit dem Beispiel vorangingen und in voller Adamsuniform ins Meer sprangen, so entschlossen sie sich endlich, und nach etwa einer halben Stunde waren im ganzen über zwanzig Männer beschäftigt, das Schiff flottzumachen, was denn auch endlich gelang. Leider konnte ich nicht an diesem Manöver teilnehmen, weil es Aufsehen erregt hätte, wenn ich nicht auch, wie die andern, völlig entkleidet ins Meer gesprungen wäre, was ich nicht tun durfte, um mich nicht als unbeschnittenen Kafir zu verraten. So kam es, daß ich unverdienter Weise in den Ruf der Furchtsamkeit kam.

Nun war man wenigstens eine Stunde lang damit beschäftigt, die zahlreichen Fußwunden zu verbinden, welche sich unsere Erretter auf der elenden Korallenbank geholt hatten. Einer von den Türken war in einen Ritz zwischen zwei Korallenblöcke hineingeglitten und hatte sich nur mit einem völlig, bis in die Höhe des Schenkels geschundenen Bein herausziehen können, so daß er jetzt einen kläglichen Anblick bot. Keiner war unverletzt aus dem Wasser herausgekommen, was die große Scheu der Matrosen, auf Korallenbänke zu springen, wohl rechtfertigte.

Die schöne Insel Hassania, die einen ziemlich sicheren Hafen besitzt, in welchem wir übernachteten, ist eine der südlichsten und die größte des ganzen Inselarchipels, den wir von seinem nördlichen Ende an jetzt ganz durchsegelt hatten. Diese Insel unterscheidet sich von den andern derselben Gruppe nicht nur durch ihre Größe und Höhe, indem sie wohl zwei deutsche Meilen lang, beinahe ebenso breit ist und an ihrer Südspitze einen etwa 600 Fuß hohen Berg trägt, sondern sie wird auch, zum Teil wenigstens, von anderem Gestein gebildet, indem ich hier, außer dem Korallenstein, auch noch Granit erblickte, was einen Geologen schließen lassen möchte, daß Hassania älteren Ursprungs als die sie umgebenden Koralleninseln sei, die wohl erst lange nach der Festsetzung des primitiven Gesteins durch Erhebungskrater über die Meeresfläche emporgeschoben wurden. Hier war es uns gegönnt, unseren Wasservorrat zu erneuern, obgleich das Wasser nicht so gut war wie das, welches wir bei Wedsch gefunden hatten. Die ganze Insel soll nur diese einzige Quelle haben, welche unweit des Strandes in der Nähe eines Dorfes von Fischern liegt.

Ich blieb in Hassania nur kurze Zeit am Lande, da meine Reisegefährten für die Inselbewohner eine große Verachtung hegten, welche für Ketzer gelten, und nicht mit ihnen verkehren wollten. So schifften wir uns nach eingenommenen Vorräten wieder ein und brachten den ganzen Abend an Bord zu, wo unsere Matrosen eine Festlichkeit veranstaltet hatten, um unser glücklich gelungenes Durchsegeln des gefährlichen Klippenarchipels nördlich von Hassania zu feiern. Zu diesem Zweck hatten sie einen Ziegenbock geschlachtet, der halb gebraten verzehrt wurde und wovon man der ganzen Schiffsgesellschaft Stücke anbot. Nur den wenigsten jedoch glückte es, diese Speise genießen zu können; die meisten gaben es nach fruchtlosen Versuchen, sich an dem lederharten Fleisch dieses uralten Bocks die Zähne auszubeißen, endlich auf und begnügten sich mit einer weniger frommen Speise, als es der zu Ehren eines Heiligen geschlachtete Bock war.

Am Abend des 10ten Du el Kada legten wir endlich bei el Imbu vor Anker, welches der Hafen der Prophetenstadt Medina ist und uns als solcher schon wie die Hälfte unseres Zieles erschien. Hier pflegen oft die Hadschadsch die Seefahrt zu unterbrechen und einen Abstecher nach dem fünf Tagereisen zu Kamel entfernten Medina zu machen, von wo aus sie dann zu Lande in zehntägiger Reise nach Mekka pilgern. Da jedoch meine ganze Reisegenossenschaft beabsichtigte, den Weg zur See bis Dschedda fortzusetzen, um von da das nur zwei Tagesreisen entfernte Mekka zu besuchen und dann ebenfalls zur See von Dschedda nach el Imbu zurückzufahren, um erst von da den Abstecher nach Medina zu unternehmen, so schien es mir das klügste, ihrem Beispiel zu folgen und in ihrer Gesellschaft zu bleiben, die für mich die beste und ungefährlichste war, welche ich unter meinen speziellen Umständen finden konnte. Ein Reisender, der von einem großen Bekanntenkreis umgeben auftritt, ist natürlich immer sicherer vor Indiskretionen als der allein Reisende, der in keinem Lande, am wenigsten aber im Orient, eine angenehme Stellung hat. Hätte ich nun in el Imbu das Schiff verlassen und jetzt schon von da aus Medina besuchen wollen, so wäre ich allein oder so gut wie allein gewesen, denn von der ganzen Schiffsgenossenschaft war nur der einzige Eunuche bei unserer Ankunft in el Imbu in der Absicht, nach Medina zu reisen, ans Land gestiegen. Dieses schwarze Ungeheuer war aber begreiflicherweise kein Schutz und außerdem auch gar keine angenehme Gesellschaft für mich, da niemand falscher, treuloser, schadenfroher ist als diese unglücklichen Wesen, die damit anfangen, Mitleid zu erregen und damit enden, von jedermann gehaßt zu werden. Ich tröstete mich deshalb mit der Hoffnung, die Stadt, wo der Prophet begraben ist, auf meiner Rückreise von Mekka besuchen zu können und zwar wieder von el Imbu aus, da meine Reisegefährten dasselbe beabsichtigten, die alle einen großen Respekt vor der Landreise von Mekka nach Medina hatten, welche sie mir als überaus strapazenvoll und unangenehm, ja gefährlich schilderten. Wie dieser schöne Plan nicht zur Ausführung kommen sollte und unter welch unangenehmen Umständen für mich, wird man unten bei der Erwähnung meiner Rückkehr von Mekka nach Dschedda sehen. Es ist übrigens ein Irrtum, wenn man glaubt, daß die Wallfahrt nach Medina durchaus nötig sei, um den Titel eines Hadsch (Pilger) zu erwerben. Nach den besten arabischen Autoritäten gehören nur folgende fünf Dinge zur vollkommnen Pilgerfahrt.

1) Die fromme Absicht und die Gebete, welche dieselbe bezeugen.

2) Die Anwesenheit auf dem Berge Arafat am neunten Tag des Monats Du el Hedscha.

3) Das Anlegen des Ihrams d. h. der Pilgertracht und Abrasieren des Haupthaares.

4) Die sieben Umgänge um das Bit Allah (Haus Gottes) nämlich die Kaaba, den sogenannten Tempel Abrahams, in der Mitte des Hofraumes der großen Moschee von Mekka.

5) Der Gang zwischen den beiden Hügeln Ssafa und Marua.

Wie man sieht ist hier nicht von Medina die Rede. Die Pilgerfahrt nach Medina ist also nur eine fromme, zwar verdienstliche, aber nicht zur Seligkeit durchaus notwendige Handlung, wie die Pilgerfahrt nach Mekka und Arafat, welche jeder Moslem machen muß, der nur irgendwie die Mittel dazu auftreiben kann. Übrigens habe ich oft von schriftgelehrten Arabern die Ansicht äußern hören, daß, im Fall jemand nicht im Stande wäre, allen fünf Bedingungen der Pilgerfahrt gerecht zu werden, wenn er nur die zweite, welche die wichtigste von allen ist, nämlich die der Anwesenheit auf Arafat am neunten Du el Hedscha, erfülle, er dann dennoch mit Recht den Titel eines Hadsch führen könne, obgleich er die anderen vier Bedingungen nicht erfüllt habe. Arafat allein macht den Pilger, so hörte ich täglich sagen. Von jeder anderen Bedingung kann man sich durch das Opfern eines Schafes loskaufen, nur von der der Anwesenheit auf Arafat am neunten Du el Hedscha nicht. An jedem anderen Tage als dem neunten würde übrigens die Anwesenheit auf Arafat nichts bedeuten. Nur an diesem Tage scheint er ein heiliger Berg zu sein.

Fünftes Kapitel

El Imbu

Der Name dieses Ortes wird von europäischen Schriftstellern auf die verschiedenartigste Weise geschrieben: Janbo, Jambo, Yanbo, Yambo, Jenbo, Jenbuu, Emba und Imba. Dies sind die hauptsächlichsten Formen dieses Städtenamens und sie können sich alle einer gewissen Richtigkeit rühmen, weil ihnen die literale Form des Wortes zu Grunde liegt. Diese literale Form wäre allerdings im deutschen ausgedrückt Janbo (französisch Yanbo, englisch Yunbo). Aber das Wort wird in Wirklichkeit ganz anders ausgesprochen, und kein Araber würde heutzutage verstehen, welchen Ort man unter »Janbo« bezeichnen wollte. Da die Araber ferner fast allen Städtenamen, besonders denen, welche mit Vokalen beginnen, den Artikel vorsetzen, so wäre es auffallend, das El vor dem Namen wegzulassen und wir müssen deshalb el Imbu aussprechen. Es scheint mir richtiger, in einem Reisewerk die Namen der Städte so zu schreiben, wie sie gesprochen werden, als in der Schreibart derselben sklavisch den Traditionen europäischer Orientalisten zu folgen, welche ihre Kenntnis des Arabischen meist nur aus dem Wörterbuche schöpften und von der Aussprache nur sehr unvollkommene Ideen hatten.

El Imbu war vor der Zeit des Propheten der Hauptort eines der vielen kleinen jüdischen Staaten Arabiens, deren politischen Brennpunkt damals das jüdische Reich in Jemen bildete. Diese Juden eroberten bekanntlich die antike Stadt Jathriba (das heutige Medina), und es gelang ihnen, den zwischen Medina und el Imbu hausenden wichtigen Stamm der Chasradschiten teilweise zu ihrem Glauben zu bekehren, von welchem Glauben diese Araber freilich nur die Messiaslehre annahmen und dadurch auf die Ankunft ihres Propheten vorbereitet wurden, den von allen größeren Stämmen die Chasradschiten zuerst anerkannten. Wahrscheinlich gehörten die Bewohner von el Imbu ebenfalls zu den frühesten Bekennern des Islams.

El Imbus neue Wichtigkeit datiert jedoch von der Epoche, in welcher es zum erstenmal als Hafenort Medinas erscheint. Der älteste der uns bekannten arabischen Geographen, el Isstachri, welcher um 950 n. Chr. lebte, kennt el Imbu noch nicht als Hafen der Prophetenstadt. El Isstachri spricht nur von dem el Imbu en Nachel, welches, etwa 3½ deutsche Meilen von El Imbu entfernt, im Innern liegt. Der arabische Geograph Edrisi, der um 1150 am Hofe König Rogers von Sizilien lebte, weiß gleichfalls noch nichts vom Hafen el Imbu, und der geborene Kurde Ab' ul Feda, der sich durch seine Regierungsgeschäfte als souveräner Fürst von Hamad in Syrien (1273–1331) nicht abhalten ließ, die beste arabische Geographie seiner Zeit zu schreiben, erwähnt el Imbu nur als ein Städtchen. Zu jener Zeit war noch Dschar, das heutige Berika, der Hafenort der heiligen Stadt.

Im späteren Mittelalter scheint jedoch allmählich el Imbu mit seinen zwei Häfen, dem einen leidlichen, unmittelbar an der Stadtmauer befindlichen und dem andern ganz vortrefflichen, der etwa eine deutsche Meile nördlich von ihm gelegen ist und Scherm el Imbu heißt, die Schwesterstadt Dschar, welches 7½ deutsche Meilen südlicher lag, in seiner Eigenschaft als Hafen und Pilgerstation für Medina verdunkelt zu haben. Jetzt ist es der ausschließliche Hafen der Stadt des Propheten und Dschar nur noch ein Ruinenhaufen.

Bei unserer Landung im Hafen von el Imbu empfing uns die Bande habsüchtiger türkischer Zollbeamten, welche, obgleich ich gar nichts Versteuerbares bei mir hatte, dennoch durch einige Piaster bestochen werden mußte, um uns nur in Ruhe unseren Weg fortsetzen zu lassen. Die armen Hadschadsch werden bei jeder Gelegenheit ausgeplündert.

El Imbu bot, wie fast alle arabischen Städte, ein Bild des kläglichsten Verfalls dar. Trotz der Günstigkeit seiner beiden Häfen war der Handel doch fast auf Null herabge-

El Imbu

sunken. Nur der Umstand, daß es der Hafen von Medina ist, bringt noch zur Zeit der Pilgerfahrt einiges Leben in seinen abgestorbenen Verkehr. Kleine und größere Karawanen gehen noch wöchentlich von el Imbu nach der Prophetenstadt.

Die Häuser el Imbus waren teils aus Steinen, teils aus Luftziegeln erbaut. Das Material zu den ersteren hatten Korallensteine geliefert, woran hier großer Überfluß ist. Die Häuser waren mit Ausnahme einiger halbverfallener Chans, einiger Moscheen und den beiden Palästen der Behörden, alle einstöckig, unansehnlich, wahre Maulwurfshügel, nicht einmal, was doch sonst im Orient bei Steinhäusern allgemein ist, frisch weiß angestrichen. Besagte beide Paläste, wovon der eine dem türkischen Gouverneur, der den Titel Mohafis führt, und der andere dem arabischen Scheriff, dem Oberhaupt der Dschehina Limbauwi gehört, sind übrigens jetzt, wie beinahe die Hälfte der Häuser el Imbus, fast nichts als Ruinenhaufen. Nur zwei Tore, das nördliche Bab el Masr

(Tor Kairos) und das östliche Bab el Medina (Tor Medinas), führten ursprünglich aus dem labyrinthischen Chaos ins Freie, aber, da die Mauern halb verfallen sind, so kann man jetzt an noch sehr vielen andern Punkten den Ausweg gewinnen. Ja, an einzelnen Stellen kann man sogar durch die 4 Fuß über dem Boden angebrachten Schießscharten in die Stadt gelangen, wo dann die herabgestürzten Steine als Treppen zu ihnen dienen.

El Imbu besteht eigentlich aus zwei kleinen Städten, welche durch einen Meeresarm getrennt sind. Die eine ist die Vorstadt, Rabad el Kad genannt, und hauptsächlich von Schiffern und Fischern bewohnt, die andere die eigentliche Stadt. Ich möchte die Einwohnerzahl dieser beiden Ortschaften zusammen auf annähernd 4000 Seelen schätzen und glaube, daß diese Schätzung eher noch über als unter der Wahrheit steht. Die Bewohner sind hauptsächlich Beduinen und zwar vom Stamme der Dschehina, welcher diesen Küstenstrich innehat. Sie sind, wenn man will, keine eigentlich zivile Stadtbevölkerung, sondern eher Landbewohner, die sich gleichsam provisorisch in der Stadt niedergelassen haben, obgleich dies Provisorium schon Generationen währt. Aber sie unterscheiden sich so gründlich von anderen Städtebewohnern, von friedlichen Bürgern, daß obige Behauptung, so paradox sie auch scheinen mag, dennoch vielleicht berechtigt ist. Ihre Kleidung ist ganz die der Beduinen der Umgegend, vor denen sie sich fast durch nichts auszeichnen. Sie tragen nämlich die Aba, einen langen Wollmantel, weiß und schwarz gestreift, der aus Syrien eingeführt wird; darunter die Kamidscha, ein baumwollenes Hemd, einer antiken Tunika an Form vergleichbar; um ihren Leib den Hosem edsch Dscheld (Gürtel von Leder), in dem jedesmal ein krummes Dolchmesser, die Dschenbia, steckt; auf ihrem Haupte die Kufija oder Kefia, jenes in ganz Syrien vielgetragene seidene Kopftuch, mit roten, grünen und goldgelben Streifen und einer Menge kleiner Zipfel und Quasten, welche bei jeder Bewegung des Trägers und Kufija schaukeln und schwanken und so als Fliegenverscheucher dienen.

Ungläubige dürfen nicht in dieser Hafenstadt des heiligen Medinas wohnen. Der echte Limbauwi hat noch so viel vom Beduinen in sich behalten, daß er die Stadt nicht auf die Dauer ununterbrochen bewohnen mag. So wechselt er denn zwischen dem Aufenthalt in dem el Imbu en Nachel, wo er gewissermaßen auf dem Lande ist, und der Hafenstadt el Imbu ab. Wenn man ihn von seinem Landaufenthalt zurückkommen sieht, wie er, in seinen faltenreichen Mantel gehüllt, mit der Flinte auf dem Rücken an den Läden der Kaufleute verächtlich vorbeigeht, dann möchte man ihn für einen König halten, der seine Vasallen mustert.

Reichtum hat wohl nie unter den Limbauwi geherrscht, und selbst der gewisse allgemeine Wohlstand, von dem frühere Reisende, wie Burckhardt, Wellsted und Rüppell berichteten, hat jetzt jenem im Orient so häufigen sozialen Standpunkt Platz gemacht, der zwischen gänzlicher Armut und einer bescheidenen Mittelmäßigkeit die Mitte hält.

Baurenfeind del: I. F. Clemens. Sc.

Fischer

Geld ist hier äußerst rar. Ich glaube, man wird in el Imbu kaum drei Personen finden, welche 2000 Rials (etwa 3000 Taler) besitzen. Dagegen macht die große Bedürfnislosigkeit dieser Stadtbeduinen, daß sie ihre Armut weniger fühlen. Etwas Reis, Fische, Brot und Datteln genügen ihnen zum Leben. Die Fische namentlich sind ihr Hauptnahrungszweig, was ich schon aus der großen Menge derselben, welche ich auf dem Markte sah, schließen konnte.

Der Fischmarkt war nämlich das erste Interessante, was mir bei meiner Wanderung durch el Imbu aufstieß. Dieser Markt war doppelt interessant, einmal wegen der auf ihm feilgebotenen Ware, welche sich von der, dem Europäer gewohnten, so sehr unterschied, dann auch wegen der Originalität der Verkäufer selbst. Letztere sind nämlich nicht Limbauwi, sondern, wie die Fischer in so vielen Ländern, ein ganz abgesondertes Völkchen. Die Araber nennen sie »et Tämi«.

Die et Tämi wohnen jetzt nicht mehr wie früher in Klüften und Höhlen am Meere, sondern sie haben teils Reiserhütten, teils Zelte, von der Art, welche man Kemli nennt und die aus weiter nichts bestehen als aus mehreren in den Boden gesteckten Pfählen, worüber einige Ziegenfelle zur Abwehrung der Sonnenstrahlen ausgespannt sind. Die et Tämi sind am ganzen Roten Meer verstreut, ihren Lieblingsaufenthalt bilden jedoch die Inseln desselben, und die Hauptmärkte, wohin sie ihre Ware zum Kauf bringen, sind die Städte el Imbu, Kosseir, Dschedda und die Küstenorte des Jemen. Statt nackt zu gehen, wie im Altertum, tragen die et Tämi jetzt die langen blauen oder weißen Faltenhemden von grobem Baumwollstoff, die man bei den Fellahin von Ägypten sieht. An den Füßen tragen sie keine Schuhe, sondern eine Art von Sandalen, die sie selbst aus der Haut eines großen Fisches, Manati (Halicore) verfertigen. Die Gesichtsfarbe der et Tämi ist sehr dunkel, beinahe schwarz, obgleich sie keine Negerzüge haben. Ihr Aussehen ist wild und barbarisch.

Die Araber des Festlandes verachten das Fischervolk

unendlich und werfen ihm die schändlichsten Dinge vor, obgleich sie selbst gewiß nicht berechtigt sind, den Stein auf andere zu werfen, da es kaum etwas Lasterhafteres gibt als einen echten Araber. Natürlich liegt der Verachtung der Beduinen gegen die et Tämi eine Legende zu Grunde, welche in solchen Fällen niemals fehlen darf. Die Legende hat in diesem Falle niemand geringeren zum Gegenstand als den Propheten selbst. Als nämlich derselbe auf seinen Wanderungen an den Küsten des Roten Meeres eines Abends auch einmal bei den et Tämi einsprach und dort als Gast beherbergt wurde, da trugen die schändlichen Fischer bei ihrer Mahlzeit einen gekochten oder gebratenen Hund auf, über welches unkoschere Gericht der Stifter des Islam in einen solchen Zorn geriet, daß er alle et Tämi verfluchte und seinen Anhängern gebot, niemals mit den entsetzlichen Hundeessern zusammen bei Tisch zu sitzen, noch sonst Verkehr zu haben. Obgleich die et Tämi jetzt Muselmänner sind und keine Hunde mehr essen, so hat doch der alte Fluch seine Wirkung behalten. Hätte der Prophet die im Maghreb überhaupt und besonders in Algier so häufigen Biskri gekannt, welche ebenfalls jenes unreine Tier verspeisen, so würde heutzutage jeder Schuhputzer in Algier verflucht sein. Ich fand die et Tämi ganz leidliche Menschen, viel zuvorkommender und anscheinend gutmütiger als Stadtaraber und Beduinen. Doch sind sie ein wenig betrügerisch, namentlich gegen die armen Pilger, welche auf dem Fischmarkt, wie überall, alles doppelt bezahlen müssen.

Der Fischmarkt in el Imbu war außerordentlich gut versehen, da dieses eine der Hauptstationen für den Absatz des Fischreichtums des Roten Meeres ist. Unter den feineren Fischen schienen mir die Makrelen (Scomber) vorzuherrschen. Auch die Scarusarten waren ziemlich zahlreich vertreten, namentlich der Gaitan (Scarus stellatus) und der sehr schöne Durat el bahhr (Scarus purpureus), dessen Schuppen ein buntes Farbenspiel boten, indem ihr Grundton grünlich schillernd, mit purpurroten Streifen durchzogen, der Bauch himmelblau und die Flossen rot waren. Das Fleisch der Scarusarten ist jedoch zäh und wird wenig geliebt, auch wurde es früher gar nicht verkauft.

Vom Fischmarkt wandte ich mich in das Innere der Stadt, wo ich bald durch eine enge, winklige, natürlich ungepflasterte und ungesäuberte Straße, von deren Häusern einige verlassen schienen und beinahe schon Ruinen geworden waren, nach dem Suk (Basar) gelangte. Die meisten Verkäufer dieses Suk waren Ausländer, d. h. keine Limbauwi, da diese den Handel gründlich verachten. So stattlich und kriegerisch diese Dschehina-Beduinen auch aussahen, desto ärmlicher und unansehnlicher nahmen sich die fremden Kaufleute neben ihnen aus. Selbst die besseren unter diesen gingen nur mit dem ordinären baumwollenen Faltenhemd der ägyptischen Fellahin bekleidet herum. Hie und da zeigte sich auch ein indischer Moslem mit einer zerfetzten langen Hose und einem fettigen alten Kaftan. Was aber alle kennzeichnete, war ein tüchtiger, mannshoher Knüttel, den sie in der Rechten führten, da Selbstverteidigung hier ein Gesetz der Notwendigkeit ist und die armen Fremden, die für sehr plebejisch gelten, den vornehm sein sollenden Morddolch, die Dschenbia der Beduinen, nicht ohne beschimpft zu werden tragen können. Dieser Suk war, wie beinahe in allen kleineren Städte, nur mit Lebensmitteln und den nötigsten Gegenständen, nicht aber, wie die Märkte Kairos, Alexandriens und Mekkas zum Teil auch mit Luxusartikeln versehen. Trotz der verhältnismäßig frühen Jahreszeit (Mitte Mai) waren doch die Obstläden schon mit den schönsten Sommerfrüchten ausgestattet. An Feigen, Granatäpfeln, Bananen, Pfirsichen und Aprikosen war kein Mangel. Orangen und süße Limonen gab es auch noch, jedoch waren sie teuer.

Von Artikeln, die nicht Eßwaren bildeten, war auf diesem Suk wenig zu sehen. Die Perlen, welche früher in gewisser Anzahl hierher zum Verkauf gebracht wurden, sind in neuester Zeit sehr selten geworden. Ich konnte hier keine einzige zu Gesicht bekommen. Dafür machte ich aber auf diesem Suk einen Ankauf anderer Natur, der mir sehr nötig geworden war und den ich bisher noch nicht hatte vornehmen können. Es war dies ein kleiner tragbarer Feuerherd zum Kochen, wie sie für die Bequemlichkeit der Hadschadsch auf ihrer Pilgerreise verfertigt werden. Man nennt diese Art von kleinen Herden Kanun. Sie sind gelb angestrichen, von Ton, und werden von Negern aus Massua und Abessinien, welche mit dem Erlös derselben ihre Pilgerreise bestreiten, gemacht. Wegen ihres geringen Gewichts sind diese Kanun den Pilgern sehr kostbar. Ich zahlte für den meinigen fünf Piaster, welche hier etwa 36 Kreuzer rheinisch galten, und kann sagen, daß ich niemals Geld praktischer ausgegeben habe, denn mein Kanun sollte mir auf der Hedsch unschätzbare Dienste leisten. Nur durch ihn wurde es mir möglich, beständig Kaffee oder Tee bereithalten zu können, um mich durch diese innere Erwärmung vor Erkältungen zu schützen, denen ich später besonders ausgesetzt sein sollte, nachdem ich den Ihram (die Pilgertracht) angelegt hatte, in welchem Kostüm man so gut wie nackt geht und allen, selbst in diesem heißen Klima unvermeidlichen Erkältungen preisgegeben ist. Die innere Wärme aber, welche ich den auf dem Kanun bereiteten Getränken verdankte, schützte mich, wie ich zuversichtlich glaube, vor ernsten Erkältungen, und so verdanke ich dem Kanun die Erhaltung meiner Gesundheit, welche die entsetzliche Pilgertracht aufs ernstlichste bedrohte.

Im Basar befand sich, außer den oben beschriebenen Läden, auch eine gewisse Anzahl von Kaffeebuden, hier wie überall im Orient, höchst wichtige Lokalitäten. Freilich ist es nicht Sitte, daß vornehme Leute oder religiöse Persönlichkeiten sich in denselben niederlassen. Selbst die geachteteren Handwerker und Krämer vermeiden die Kawua (Kaffeebuden), wo sprichwörtlich schlechte Reden geführt werden, wo sich stets feile Dirnen und Knaben herumtreiben, die ihr schändliches Gewerbe dort ausüben. Freilich genießen nicht alle Kaffeebuden eines gleich schlechten Rufes, und es sind hauptsächlich die am Eingange des Basars gelegenen, welche von dem schlechtesten Gesindel besucht werden. Auch in el Imbu gab es einige dieser Läden, welche ihrer abgelegenen Lage wegen weniger von schlechtem Volk aufgesucht wurden. In eine solche verfügte ich mich mit meinem Neger Ali, der trotz seiner Sehnsucht nach dem Marabut, doch das Kaffeetrinken als eine ganz annehmbare Verzögerung auf unserem frommen Gange begrüßte. Das Kaffeehaus, in welches ich eintrat, war, wie alle Kaffeehäuser el Imbus, von rohen Palmstämmen erbaut und besaß nur einen einzigen niedrigen Saal, in welchem auf niedrigen Bänken von Palmholz etwa vierzig Personen, ein buntes Gemisch aller Völker des Islams, beisammen saßen. Glücklicherweise war kein Maghrebi darunter, wie ich mich gleich auf den ersten Blick überzeugte, denn den allenfalls sich zeigenden Burnussen, welche mir so verhängnisvoll werden konnten, hatte ich mich gewöhnt, meine allererste Aufmerksamkeit zu schenken und jeden Ort schnell zu fliehen, wo ein mit einem solchen Kleidungsstück versehener Mann sich befand. Der Leser weiß vielleicht, daß der Burnus den Maghrebi (Tunesier, Algerier oder Marokkaner) kennzeichnet, und, da ich mich selbst für einen Bewohner der Regentschaft Algier ausgab, aber doch stets befürchten mußte, daß meine Pseudolandsmänner meine Unechtheit als Araber und meine Eigenschaft als Kafir (Ungläubiger) entdecken würden, so mußte ich jede Berührung mit ihnen vermeiden. Andere Moslems, die mich in maghrebinischer Tracht sahen und mich den maghrebinischen Dialekt sprechen hörten, waren weniger geeignet, die Wahrheit herauszufinden, da sie nicht so gut verstehen konnten, in was sich mein Akzent von dem der wahren Maghrebia unterschied. Unter den hier anwesenden Hadschadsch, nahmen die Ägypter, was die Zahl betraf, den ersten Rang ein. Mit ihren beiden mehr oder weniger eng anliegenden Kaftans kontrastierten sie unvorteilhaft gegen die Gewänder der Araber, welche aus Medina und anderen Städten des Innern gekommen waren. Diese Tracht der Stadtaraber ist höchst würdevoll und graziös. Weniger graziös war die Kopfbedeckung der hier durch zehn Mann

Vornehmer Ägypter

vertretenen persischen Pilger, jener große zuckerhutförmige Hut von Schaffell, der die Adschemia (Perser) in aller Welt kennzeichnet. Im übrigen nahm sich jedoch die Tracht dieser Adschemia höchst vorteilhaft aus, ihr Kaftan war von geschmackvollem Schnitte, ihre Schuhe fein und von schöner Form. Dabei hatten die reiferen Männer unter ihnen sehr stattliche Bärte, meist pechrabenschwarz, deren Schwärze jedoch, wie ich hörte, oft ein Produkt der Kunst sein soll, da die Perser es in Bartfärbemitteln sehr weit gebracht haben. Auch einige Neger, welche von der gegenüberliegenden Küste des Arabischen Golfes hierher gekommen waren, zeigten hier im bunten Pilgermosaik ihre dunklen Züge und blendend weißen Zähne.

Nachdem ich im Kaffeehaus nicht ohne Mühe einen Platz gefunden hatte (mein Neger ließ sich ganz einfach auf dem Fußboden nieder und glich in dieser Stellung sehr einem aufwartenden Hunde), kam der Kawadschi auf uns zu und fragte ob er uns zwei Tassen bringen solle. Ich würde dies natürlich unverzüglich bejaht haben, wenn ich nicht den Wunsch gehegt hätte, ein anderes Getränk als gewöhnlichen Kaffee zu mir zu nehmen. Es war dies nämlich der Kischer, so nennen die Araber ein aus den Kaffeeschalen oder Hüllen, nicht aus den Bohnen bereitetes Getränk, welches im Innern der Gegend, wo der berühmte Mokkakaffee wächst, fast ausschließlich getrunken und dem Absud der Bohnen, der für zu hitzig gilt, bei weitem vorgezogen werden soll. Im Hedschas ist aber der Kischer in den Kaffeehäusern ziemlich selten, da der Kaffeebaum hierzulande nicht gedeiht und man folglich die Hüllen nicht frisch haben kann, in welchem Zustand sie allein einen guten Kischer abgeben sollen. Dennoch werden auch die Kschur (Hüllen) in Hedschas eingeführt, wo sie jedoch trocken ankommen und folglich keinen so trefflichen Kischer liefern. Da ich aber dies Getränk viel mehr aus Neugierde als um des allenfallsigen Genusses willen zu mir nehmen wollte, so fragte ich den Kawadschi ob er keine Kschur (Hüllen) besitze. Zum Glück besaß er solche und erklärte sich bereit, mir eine Tasse Kischer zu reichen, da Ali bei weitem den wirklichen Kaffee vorzog und keineswegs von der Leidenschaft seines Herrn, unbekannte Getränke zu kosten, angesteckt war. Die Kschur (Hüllen), welche der Kawadschi zur Bereitung des Getränkes nahm, waren pergamentartig, von heller Farbe und nicht sehr dick. Sie bilden die Haut der Schote, in deren Innern sich jedesmal zwei Kaffeebohnen befinden. Im frischen Zustande soll eine solche Kaffeeschote einer Kirsche ähnlich sehen, weshalb sie auch von den Arabern Habb el Meluk (Kirsche, wörtlich Königskirsche) genannt wird. Bald war das Getränk fertig, dessen Bereitung höchst einfach ist, da nichts dazu gehört, als diese Kschur abzubrühen. Ich fand es jedoch ziemlich fade, obgleich es eines gewissen Aromas nicht entbehrte, das ganz dem des Kaffees selbst glich, das aber hier nur schwach war. Bei dem frischen Kschur, deren Absud man im Innern fast ausschließlich trinkt, soll das Aroma jedoch köstlich und dieses leichte, milde Getränk bei weitem dem Kaffee selbst vorzuziehen sein. Nachdem ich das Experiment mit dem unbekannten Getränk beendet hatte, gab ich mich wieder dem bekannten hin und schlürfte für Chamsa fatha die Tasse (fünf Para, nicht einmal einen Kreuzer) einige Fenadschel (Täßchen) hinab. Der Kaffee, den man hier in Arabien trinkt, ist doch etwas ganz anderes als die wäßrigen schwarzen Süppchen, welche man in Algier Kaffee nennt, als der französische »Café avec cognac« und als unser beliebtes vaterländisches Gebräu, in welchem Zichorie und andere Surrogate gewöhnlich durch neun Zehntel in der Mischung vertreten sind. Freilich in Deutschland und Frankreich hat man andere Stärkungsmittel (der Araber nannte ursprünglich den Kaffee Kua, d. h. Stärkung), und man kann dort wohl sich erlauben, statt Kaffee ein Gemisch von Zichorie und Steinkohlenstaub zu trinken, aber in einem Land wie Arabien, wo Cognac, Wein und Bier durch Abwesenheit glänzen, da muß einem ein unverfälschter Kawua (Kaffee), um aus ihm die nötige Kua (Stärkung) zu ziehen, höchst willkommen sein. Deshalb genoß ich nicht ohne große Wonne das liebliche schwarze Getränk, das hier so aromatisch duftete und schmeckte, daß man es gern ohne Zucker trank, was überhaupt bei den Arabern allgemeine Sitte ist. Nur die Türken und einzelne Hadschadsch aus großen Handelsstädten mischen Zucker in ihrem Kaffee.

Nachdem wir uns dem Kaffeetrinken nach Herzenslust hingegeben hatten, verließen wir die Wirtschaft, um endlich die Kubba des großen Marabuts, Sid Ali ben abu Thaleb, aufzusuchen. Wir fanden sie nicht ohne Mühe, da ich die Vorbeigehenden nicht gern nach ihr fragen wollte und mein Neger sich so schlecht ausdrückte, daß mehrere Limbauwi auf seine Fragen nur durch ein Achselzucken antworteten. Endlich gelang es uns doch, das Heiligtum ausfindig zu machen. Es war von Korallenstein erbaut und nicht eben geschmackvoll. Ein kleines Minarett, ganz den ägyptischen ähnlich, war daran angebracht. Wir besuchten das Innere, wo sich das Ruhebett des Heiligen, mit grünen Vorhängen bedeckt, befand. Ich glaube jedoch nicht, daß der Marabut selbst hier begraben liegt. Aber das Ruhebett, in seiner Form übrigens ganz einem altmodischen europäischen Staatsbette vergleichbar, soll hier, wie in vielen ähnlichen Fällen, das Grab des Heiligen versinnbildlichen. Da inzwischen die Gebetsstunde des Mittags, des Dohor, begonnen hatte, welche der Muezzin in näselndem Gesang vom Minarett verkündigte, so verrichteten wir in der Kubba, welche ganz dieselben Dienste wie ein Moschee leistete, das Mittagsgebet.

Bekanntlich muß jeder Muselmann täglich fünfmal sein Gebet hersagen. Die fünf Gebetsstunden sind: Sbah, Dohor, Asser, Maghreb und Oescha und entsprechen ungefähr folgenden Tageszeiten: Sonnenaufgang, Mittag, Nachmittag, Sonnenuntergang und Abend. Das Mittagsgebet wird jedoch gewöhnlich erst um 1 Uhr hergesagt. Außer diesen fünf obligatorischen Gebetsstunden, hat die Frömmigkeit der werkheiligen Moslems noch zwei andere eingeführt, die jedoch nicht unumgänglich nötig, sondern nur verdienstlich sind: nämlich Fedscher (das allerfrüheste

Morgengebet, bei der ersten Tagesdämmerung zu verrichten) und Schefa el utscher (das allerletzte Abendgebet oder richtiger Nachtgebet am Schluß der Oescha).

Ich betete also meine vier Rikat und wünschte mir Glück, daß ich mich nicht für einen Türken ausgegeben hatte, welche zum Ritus der Hanefi gehören und fast immer doppelt so viele Rikat hersagen müssen, als die Maleki, zu welcher Sekte sich alle Maghrebi zählen. Die Hanefi haben z. B. am Dohor acht Rikat, am Sbah (Morgen) fünf, am Asser (Nachmittag) zehn, am Maghreb (Sonnenuntergang) sechs und an der Oescha (Abend) wieder zehn Rikat, während die Maleki, zu denen ich vermeintlich gehörte, am Sbah nur zwei, am Dohor vier, am Asser vier, am Maghreb drei, und an der Oescha vier Rikat herzusagen verpflichtet sind.

Viele meiner Leser werden nicht wissen, was ein Rikat ist, und da das Gebet auf einer Wallfahrt nach Mekka eine so wichtige Rolle spielt, so wäre es hier wohl nicht überflüssig, eine ausführliche Erklärung dieses Begriffes zu geben. Der Rikat ist das Gebet der Moslems im eigentlichen Sinne. Kein regelmäßiges Gebet ohne Rikat, meist besteht jedoch ein vollständiges Gebet aus mehreren Rikat, die übrigens untereinander gar keinen Zusammenhang haben. Ein Rikat ist jedoch nicht ein einfaches Gebet, sondern, ähnlich wie die christliche Messe, die aus Anrufungen, Stücken aus Psalmen, Episteln, Evangelien und eigentlichen Gebeten besteht, ein Mixtum compositum von Lobsprüchen, Exklamationen, Bruchstücken des Glaubensbekenntnisses, Bitten, Suren des Korans und anderen Gebetsteilen, zu deren jedem eine eigene Stellung des Körpers und Haltung des Kopfes und der Hände gehört. Der Rikat besteht aus nicht weniger als zwölf oder dreizehn Teilen; welche folgendermaßen beschrieben werden können:

1) Der Rikat beginnt jedesmal mit dem Idden, denselben Worten, welche der Muezzin von der Spitze des Minaretts verkündet. Diese Worte lauten:

»Alluhu akbar (Gott ist groß). Esch schähdu la illaha ill

Gebetshaltungen beim Rikat

Allah (Ich bezeuge, daß nur Gott der Herr ist). Esch schähdu inna Mohamed rasullah (Ich bezeuge, daß Mohammed der Prophet Gottes ist). Haija ala salats. Haija ala fälla (Kommt her zu dem Gebet, her zu der frommen Handlung). Allahu akbar (Gott ist groß). La illaha ill Allah (Nur der Herr ist Gott).«

Jeder dieser einzelnen Sätze wird zweimal wiederholt. Dieses Idden wird stehend gebetet, während man die Hände zu beiden Seiten des Hauptes, in der Richtung der Ohren, offen entfaltet ausstreckt.

2) Nach dem Idden nimmt der Beter eine leicht gebückte Stellung an. In dieser wiederholt er mehrere Male die Worte: Asmu Allah Hamida (Gelobt sei Gottes Namen).

3) Darauf nimmt der Betende eine noch gebücktere Stellung an und sagt nochmals die Worte: Sebballah el Adim

Gebetshaltungen beim Rikat

(Gelobt sei Gott der Heilige) oder auch: Sebballah bi Hemdihi (Gelobt sei Gott durch mein Lob).

4) Darauf richtet man sich wieder gerade empor, bleibt einen Augenblick aufrecht stehen und sagt die Worte: Allahu Akbar (Gott ist groß).

5) Hierauf wird das Fatha oder Fatiha, das erste Kapitel des Korans hergesagt, immer in kniender Stellung, wobei man die Hände, mit der flachen Seite nach oben, in der Höhe der Brust gerade vor sich hinhält.

6) Dann folgen neue Exklamationen, die jeder nach Belieben variiert, wie: Gelobt sei Gott, Nur der Herr ist Gott. In gebückter Stellung.

7) Hierauf sagt man aufrechtstehend eine Sure des Korans her, welche man nun eben wählen will. Die Gelehrten, welche den ganzen Koran auswendig wissen,

rezitieren gewöhnlich eine der längeren, um ihre Gelehrsamkeit selbst im Gebete zur Schau zu tragen. Die Unwissenden begnügen sich mit einer der leichteren, wie der Sure des Morgenrots, des Volkes, des Bekenntnisses, der Ungläubigen, des Nasser, des Abu Lahab und einem Dutzend anderer, die alle sehr kurz und folglich schnell memoriert sind.

8) Darauf wird auf dem Angesicht gebetet, was man auf lateinisch die »Adoratio prona« nennt. Man muß dabei so auf dem Boden liegen, daß man wenigstens mit sieben Teilen des Körpers die Erde berührt, nämlich mit der Stirn, dem Kinn, der Brust, den beiden Knien und den beiden Fußspitzen. Dabei sagt man Lobsprüche her.

9) Man richtet seinen Oberkörper in die Höhe und bleibt einen Augenblick in kniender Stellung. Dies ist die erste Meditation. Man soll nämlich dabei religiöse Betrachtungen anstellen.

10) Dann folgt die zweite Adoration auf dem Angesicht, ganz wie die erste unter Nr. 8 beschrieben.

11) Darauf die zweite Meditation ganz wie Nr. 9.

12) Endlich richtet man sich wieder auf und sagt: Allahu Akbar (Gott ist groß).

13) Zuletzt wiederholt man noch einmal das Glaubensbekenntnis, daß es nur einen Gott gebe und Mohammed sein Prophet sei.

Bei all diesen dreizehn Teilen des Rikats wechselt man zwischen den vier orthodoxen Gebetsstellungen ab. Diese sind folgende:

1) Das Kiam oder Stehen für den ersten, vierten, zwölften und dreizehnten Teil des Rikats.

2) Das Rokod, die höchst unbequeme gebückte Stellung, für den zweiten, dritten und sechsten Teil des Rikats.

3) Das Sedschud, die Adoration auf dem Angesicht für die achte und zehnte Rikatsabteilung.

4) Das Käöd oder Köud, das Sitzen, welches zugleich ein Knien ist, für den fünften, neunten und elften Teil.

Endlich ist der Rikat vollendet, der wie man sieht, nicht so einfach ist. Auch hatte ich große Mühe, ihn zu erlernen, da ich mich nicht traute, Fragen darüber zu tun, was natürlich meine Unwissenheit und folglich mein Ketzertum verraten hätte. Deshalb betete ich immer so leise als möglich, damit niemand meine allenfallsigen Fehler bemerken möchte. Auch will ich nicht geradezu verbürgen, daß ich alle einzelnen Exklamationen richtig gehört habe. Ich gebe sie in der Form, wie sie die Maghrebia, zu denen ich gerechnet wurde, aussprechen und nicht in ihrer literalen Form. Letztere kann man leicht in den Werken der Orientalisten finden. Mir schien es jedoch geeignet, um ein besseres und getreueres Lebensbild zu geben, diese Sprüche so zu erwähnen, wie ich sie vernahm, und nicht so, wie sie eigentlich, in ihrer vollkommenen Richtigkeit, gesprochen werden müssen.

Mein Neger, der gute Ali, hatte sehr unvollkommene Begriffe vom Gebet und Koran. Er machte eben mechanisch nach, was er die andern machen sah; da er jedoch nur eine einzige Sure vom ganzen Koran auswendig wußte, nämlich das bekannte Fatha, so blieb ihm nichts übrig, als dieselbe in einem und demselben Rikat zweimal herzusagen. Mit der Zeit gelang es mir jedoch, ihm noch eine andere Sure beizubringen.

Nachdem ich mit Ali der Kubba des großen Ali ben abu Thaleb meinen pflichtschuldigen Besuch abgestattet und nachdem wir noch ein Stündchen dem Betrachten des bunten Gewimmels in den Straßen el Imbus gewidmet hatten, suchten wir im Hafen unsere Kandscha wieder auf, wo wir die guten Ägypter höchst erstaunt über unsere lange Abwesenheit fanden. Da jedoch Ali viel von der Kubba zu erzählen wußte, und da wir auch gleich anfingen, das inzwischen angekündigte Gebet des Sonnenuntergangs mit einer ziemlich langen Sure herzusagen, welcher Zeremonie ich mich mit großer Natürlichkeit unterzog, so war nur eine allgemeine Erbauung die Folge unseres für fromm gehaltenen Ausfluges. Den Abend verbrachte ich im Gespräch mit meinen näheren Bekannten unter den Ägyptern. Dann begann die Respektsperson des Schiffes, der Kairener Schich Mustapha Abu Abd-Allah, eine religiöse Unterhaltung über das Glück und die Pflichten der Hedsch (Pilgerfahrt), welche, obgleich sie sich nur in den abgedroschensten Gemeinplätzen bewegte und folglich sehr langweilig war, dennoch mit pflichtschuldiger Andacht angehört werden mußte. Zum Glück wurde die fromme Rede, von der sonst kein anderes Entkommen als das Einschlafen gewesen wäre, bald unterbrochen und zwar durch etwas sonst auf Pilgerschiffen Unerhörtes, und was bei frommen Hadschadsch großen Anstoß erregte. Der junge Alexandriner, Otsman ben Nur-ed-Din, war nämlich auch in der Stadt gewesen, hatte dort in einem der berüchtigsten Kaffeehäuser den bekannten afrikanischen Hanf, welcher opiumähnliche Eigenschaften hat, geraucht, wovon er völlig berauscht zurückkehrte. Dieser Rausch wäre jedoch an und für sich noch eine verzeihliche Sünde gewesen, wenn Otsman nicht in demselben darauf bestanden hätte, eine junge Negerin, die in el Imbu das Gewerbe einer Alme (Sängerin) ausübte, mit an Bord der »Mutter des Friedens« zu nehmen, was natürlich die tugendhaften Hadschadsch nicht gestatten konnten. Eine sehr komische Prügelszene war die Folge davon, bei der Otsmans Brüder, Mohammed und Mahmud seine Partei ergriffen, so daß diese drei stämmigen Jünglinge allein einigen zwanzig Hadschadsch entgegenstanden, von denen mancher ein blaues Auge und eine rote Nase wegbekam, ehe der Streit durch das Einschreiten Schich Mustaphas endlich glücklich damit beendet wurde, daß man beschloß, die Negerin solle in die Stadt zurückgeführt werden. Dieser Beschluß war jedoch rein überflüssig, denn die Arme, welche der Gegenstand des ganzen Streites gewesen war, hatte gleich zu Anfang desselben die Flucht ergriffen und befand sich ohne Zweifel jetzt wieder in ihrem gewohnten Lokale inmitten zahlreicher Verehrer. Nun folgte eine allgemeine Versöhnungsszene, bei der sich die feindlich gewesenen Parteien zärtlich umarmten, und das

Ganze schloß mit einigen banalen Phrasen über die den Hadschadsch so nötige Versöhnlichkeit und Eintracht, von seiten des unerschöpflichen Schich Mustapha, worauf wir uns sämtlich auf der »Mutter des Friedens« schlafenlegten.

Sechstes Kapitel

Von El Imbu nach Dschedda

Am zwölften Tag des zweiten Pilgermonats 1276, d. h. am 2. Juni 1860, verließen wir el Imbu, um unsere Reise längs der Küste gen Dschedda fortzusetzen. Die ganze Reisegesellschaft war von einem frohen Mute beseelt, denn in einigen Tagen schon sollten wir ja das heilige Pilgergewand, den Ihram, anlegen, mit dem, wie ein arabisches Sprichwort sagt, sich noch keiner bekleidete, der nicht Mekka und Arafat zu sehen bekam, was natürlich nur ein Aberglaube ist, da es keineswegs selten vorkommt, daß Pilger zwischen Rabörh, wo man den Ihram anlegt, und Mekka sterben. Die Küste unmittelbar im Süden von el Imbu bot einen freundlichen, lachenden Anblick; zwar war sie flach, aber dicht mit grünen Hainen und Wäldern bewachsen, ein seltsamer Kontrast gegen die kahleren nördlicheren Küstenstrecken.

Nach zehnstündiger Fahrt langten wir am Abend im Scherm Berika an, dessen Namen das Verkleinerungswort von Baraka ist, welches »die Gesegnete« bedeutet. Dieser Name »die kleine Gesegnete« stammt wahrscheinlich daher, weil Berika als früherer Hafen von Medina, welches »die Gesegnete« vor allen anderen Städten heißt, gewissermaßen wie ein Kind der Prophetenstadt angesehen wurde und so das Prädikat derselben im verkleinerten Maßstab führte. Der Hafen von Berika ist nur sehr klein, kann höchstens 5–6 Schiffe von 50–80 Tonnen Tragkraft aufnehmen und ist überdies noch schwer zugänglich, da Korallenbänke sich auf beiden Seiten seines Eingangs hinstrecken. Am Lande waren nur elende Kemlis (offene Zelte), unter denen einige Beduinen wohnten und einen kleinen Suk für die Pilger abhielten. Einige Beduinenweiber von abschreckender Schmutzigkeit saßen auch hier unter aufgestellten Sonnenschirmen von Palmstroh und verkauften Gemüse und Obst. Ihre Kleidungsstücke waren über die Maßen

Händlerin

zerlumpt und durchlöchert, und man hätte zu ihnen, wie Mephistopheles zu den Engeln wohl sagen können:

Ihr könntet auch anständig nackter gehen,
Das lange Faltenhemd ist übersittlich.

Nur war ihr blaues, baumwollenes Faltenhemd eher unsittlich als übersittlich, denn die vielen Löcher offenbarten gerade, was sonst ein Kleidungsstück verbergen soll, so daß ein einfaches Lendentuch viel verhüllender gewesen wäre, als das große Ärmelhemd. Dagegen waren ihre Gesichter desto besser versteckt und zwar hinter einem dicken Lappen von schwarzem Baumwollstoff, in dem zwei kleine, rund geschnittene Löcher gerade Platz genug ließen, um ein Paar stechende Schakalsaugen hervorblitzen zu lassen. Alle diese Damen waren noch jung, wenigstens nach europäischen Begriffen, aber sie sahen schon überaus verrunzelt aus, ihre Hände und Beine waren von skelettartiger Magerkeit, ihre Arme glichen wahren Schwefelhölzern, ihr insektenreiches Haar war schon ziemlich dünn, und obgleich ich ihre Gesichter nicht zu sehen bekam, so konnte man doch aus dem, was man nur zu deutlich sah, schließen, daß sie keineswegs reizend ausgesehen haben mögen. Hier sollte man einen Maler, der ein Modell zu den Hexen des Macbeth sucht, hinschicken.

Am 13. Du el Kada verließ die »Mutter des Friedens« den kleinen, elenden Hafen von Berika und segelte, immer noch zwischen gefährlichen Korallenriffen, Klippen und Sandbänken, längs der Küste weiter.

Gegen Abend liefen wir im großen, aber seichten Hafen von Schich Jaja d. h. vom heiligen Johannes (nicht nach dem Täufer, welcher Sidna Jaja heißt, sondern nach irgendeinem beliebigen obskuren Heiligen so benannt) ein.

Am Morgen des 14. Du el Kada schifften wir weiter, einer gänzlich flachen Küste entlang, welche zum Teil mit Dattelbäumen und Dumpalmen (Dumus Thebaica) bewachsen war und sehr den Ufern des Nils glich. Abends erreichten wir den Hafen von Mustura, den gefährliche

Korallenklippen umgaben und der folglich einen schwierigen Eingang bot; aber einmal darinnen, befinden sich die Schiffe sehr gut und in vollkommner Sicherheit. Der Name Mustura d. h. die Verborgene, die Umschleierte, die Verhüllte, ist vortrefflich gewählt, denn der Ankerplatz liegt zwischen den Korallenriffen, die seinen Eingang zu verbergen scheinen, gleichsam versteckt. Jemand, der diese Küste nicht kennt, würde an »der Verborgenen« vorbeisegeln, ohne zu ahnen, daß hier ein Hafen befindlich sei. Der kleine Ort Mustura, wo etwa zwanzig elende, aus Korallenstein schlecht zusammengefügte Häuser liegen, ist eine halbe deutsche Meile vom Ankerplatz entfernt und noch weiter im Innern, etwa 1½ deutsche Meilen vom Strand, liegt die Pilgerstation, welche ebenfalls Mustura heißt, bei der die Straße von Medina nach Mekka vorbeiführt und die gutes Wasser besitzt. Wäre es nicht schon zu spät gewesen, so würde ich Ali zum Wasserholen dorthin geschickt haben; so mußte ich mich mit dem sehr brackigen Wasser des Hafenortes begnügen.

Der 15te Du el Kada sollte für uns Pilger ein wichtiger Tag werden, denn an ihm hofften wir, Rabörh zu erreichen, wo die von Ägypten kommenden Hadschadsch das heilige Gewand, den Ihram, anlegen müssen. Nicht ohne eine gewisse Feierlichkeit, die bei mir jedoch durch schwere Sorgen gedämpft wurde, denn ich fürchtete viel Nachteiliges, ja Gefährliches von dem entsetzlichen Ihram, betraten wir am Morgen nach vollendeten 4 Rikats die »Mutter des Friedens«. Schich Mustapha sah meine umwölkte Stirn und fragte nach der Ursache meines Kummers, die ich ihm jedoch nicht verraten durfte, um nicht für lau und schwach im Glauben zu gelten. Ich schützte deshalb ein Unwohlsein vor, wofür man mir sogleich ein Heilmittel gab, welches aus einem Papierchen, mit Koranversen beschrieben, bestand, das ich verschlucken mußte, eine Operation, die beinahe wie ein Brechmittel wirkte.

Unsere frohe Hoffnung sollte jedoch nicht erfüllt werden, da der Nordwind nachließ und wir nun außerstande waren, die zehn deutschen Meilen, welche Mustura von Raböhr trennen, in einem Tage zurückzulegen. So mußten wir nach Umseglung des Ras Wardan, d.h. des Vorgebirges der Rosen, dessen vollkommne Kahlheit seinem Namen wenig Ehre machte, abends in dem großen, aber offenen und schlechten Ankerplatz Scherm el Churar ein notdürftiges Unterkommen suchen. Dieser Scherm liegt gegenüber einer der gefürchtetsten Klippen an dieser Küste, Schab el Churar genannt. Das Wort Schab, welcher Name vielen Klippen und Korallenbänken beigelegt wird, bedeutet wörtlich »das kahle Haupt«. Der Araber nennt bekanntlich ein Vorgebirge Ras, d.h. das Haupt. In seiner blumenreichen Sprache liebt er es, die Gegensätze durch Bilder zu bezeichnen, wie auch in diesem Falle; das oft bewachsene, manchmal bewaldete Vorgebirge ist ein junges, umlocktes, blühendes Haupt, die diesem oft gegenüber aus dem Meer hervorragende nackte Klippe ist ein greiser, haarloser, kahler Scheitel. Nicht selten gibt es ein Ras (Vorgebirge) und ein ihm gegenüber liegender Schab (Klippe), die beide denselben Namen führen. So auch hier. Dem Schab Churar lag das Ras Churar gegenüber, dem kahlen Haupte das umlockte Haupt.

Am 16ten Du el Kada endlich, nach einer gefahrvollen Fahrt in dem klippenreichen Golf von Raböhr, aus dem die gefährliche Korallenbank Schab el Komsa zur Ebbezeit emporragt, sollten wir Raböhr, die Stadt, wo man den Ihram anlegt, erreichen. Der Name Schab el Komsa, d.h. die Klippe der Kleider, wurde höchstwahrscheinlich dieser Korallenbank von den Pilgern deshalb beigelegt, weil sie die letzte ist, in deren Nähe der Mekkapilger seine Kleider anbehalten darf, denn bald darauf muß er den Ihram anlegen, welcher nicht die Bezeichnung eines Kleidungsstückes verdient, sondern nur aus zwei losen viereckigen Tüchern besteht. Die Komsa ist ein mittelalterliches arabisches Kleidungsstück, welches ungefähr der antiken Tunika entspricht. Nicht ohne ein Gefühl von Wehmut sah ich diese »Klippe der Kleidungsstücke« verschwinden und das uns mit dem Ihram bedrohende Rabörh auftauchen, in dessen ziemlich guten Scherm wir schon um Mittag einlaufen sollten.

Rabörh führt einen Namen, welcher auf die Wirklichkeit der beißendste Hohn ist und ihm ohne Zweifel von irgendeinem sarkastischen Pilger, der sich im Ihram recht schlecht befand, aus Ironie beigelegt wurde. Das Wort »Rabörh« bedeutet nämlich die »höchste Bequemlichkeit des Lebens, die summa commoditas vitae«, wofür wir unbequemen Deutschen eigentlich gar kein rechtes Wort haben, was aber die bequemen Engländer recht schlagend mit ihrem Worte »Comfort« bezeichnen. Wie ein in jeder Beziehung so unbequemer Ort, wie Rabörh, zu dem Prädikat »die Komfortable« kommen konnte, läßt sich, wie gesagt, nur durch Ironie erklären. Mustapha Bei, unser Mitreisender, gab mir freilich eine andere Erklärung, nämlich die, daß in dem etwa eine deutsche Meile vom Hafenort Rabörh entfernten und im Innern gelegenen Städtchen Rabörh, das heißt in derjenigen Station auf der Pilgerstraße zwischen Medina und Mekka, wo die aus Medina kommenden Pilger den Ihram anlegen, ein so bequemes türkisches Bad und Waschanstalten, so gut eingerichtete Barbierstuben für die Ihramanleger, die sich ja baden und rasieren lassen müssen, vorhanden seien, daß jenes Rabörh den Namen »der Komfortablen« wohl verdiene.

Dieser Hafenort Rabörh, der nur aus etlichen fünfundzwanzig ärmlichen, teils aus Korallenstein, teils aus Luftziegeln erbauten Häusern besteht, an die sich einige dreißig Kemlis (Zelte) anreihen, in denen der Markt abgehalten wird, besitzt gar kein Bad und nur drei temporäre Barbierzelte, welche Tag und Nacht von mehreren hundert Pilgern umlagert werden, die sich oft um den Vorrang zanken, schelten und prügeln, welches letztere überhaupt ein dem frommen Hadschadsch gar nicht ungewöhnliches Exerzitium ist. Nicht ohne große Mühe gelangte ich zum Eingang eines dieser Barbierzelte, das jedoch so mit Menschen angefüllt war, daß ich es vorzog, wieder zum Schiff zurückzukehren und mich von einem unserer Matrosen, welche alle dieses Handwerks verständig waren, rasieren zu lassen. Dann mußten noch die Nägel an Händen und Füßen sorgfältig beschnitten werden und ich war zum Reinigungsbade bereit. Als Bad dient hier das schöne, große, offene Meer, in das die Pilger vor Anlegung des Ihrams untertauchen, was ich denn auch tun mußte. Unsere sämtliche Reisegesellschaft tat desgleichen, ebenso einige zweihundert Pilger, welche eben in vier anderen Kandschas angekommen waren, worunter leider auch etliche fünfzig Maghrebia, die ich streng vermeiden mußte, um mich nicht zu verraten, was mir jedoch nun leichter wurde, da ich ja von diesem Augenblick an für die nächsten vierzehn Tage den Ihram und folglich keine Kleider mehr tragen sollte, also auch nicht am maghrebinischen Kostüm erkannt werden konnte. Es war ein seltsamer Anblick, alle diese braunen, meist mageren, knochigen Gestalten ins Meer springen zu sehen. Schön war dieser Anblick nicht. Ich dachte unwillkürlich an eine Szene der Hölle des Dante, wo die Verdammmten in den feurigen Pfuhl springen. Wenn auch nicht feurig, so war doch das Meer heiß genug, um keine Abkühlung zu gewähren. Überhaupt hatte die Hitze in der letzten Zeit sehr an Intensität zugenommen. Ich glaube, daß die Temperatur im Schatten wohl die klassischen 37 Grad Réaumur des Burckhardt erreichte, welche Humboldt für die größte im wahren Schatten jemals mit richtigen Instrumenten beobachtete Hitze hielt. Was ich von dieser Hitze litt, brauche ich dem Leser nicht zu schildern, er wird es aus der Lage von Rabörh am Wendekreis und aus der Jahreszeit (mitten im Sommer) erraten können. Zum Glück war ich bis jetzt gesund geblieben. Nun aber drohte mir eine ernste Gefahr. Dieselbe bestand weniger darin, daß ich alle meine gewohnten Kleider und folglich auch meine hygienische, aus Vorsicht angezogene Flanelljacke (lächle nicht oh Leser!), die in heißen Ländern wegen der starken Transpiration, die sie allein absorbieren kann, nötiger ist als in kalten, verlassen mußte, nein, dies alles war unangenehm, ja ungesund, was aber noch unangenehmer, noch ungesunder, ja sogar lebensgefährlich war, das war die gezwungene völlige Entblößung des Hauptes unter der tropischen Sonne eines Landes, welches sprichwörtlich das »Land des Sonnenstichs und des Fiebers« heißt. Auf dem Haupte aber darf der Pilger nichts tragen, nichts, nicht einmal das dünnste Tuch, er pflegt keinen Schirm darüber zu halten; das einzige, was ihm der Ihram gestattet, ist, die Hände auf den Kopf zu halten, was natürlich so gut wie keinen Schutz gewährt, und wenn man bedenkt, daß man das Haupt auch noch eines natürlichen Schutzmittels, der Haare, durch völliges Abrasieren derselben berauben muß, so kann man sich leicht vorstellen, welchen Gefahren sich der Pilger aussetzt, wenn er den pflichtschuldigen Ihram anlegt.

Ich kannte die Vorschriften der Pilgerfahrt, welche bei der Einkleidung in den Ihram befolgt werden müssen, zwar schon sehr gut, denn sie hatten auf der ganzen Reise den hauptsächlichsten Gesprächsgegenstand meiner Gefährten gebildet, zum Überfluß wurden sie mir aber nun von Schich Mustapha und namentlich von dem feisten Hadsch Omar, der hierin als Autorität angesehen wurde, wiederholt. Der Koran beschäftigt sich zwar nicht mit solchen Kleinigkeiten, wie die verschiedenen äußerlichen Beobachtungsregeln und Kostümvorschriften für die Pilger, sondern er erwähnt die Pilgerfahrt nur an wenigen Stellen. Die ganze Institution der Pilgerfahrt ist bekanntlich schon uralt und bestand bereits im arabischen Heidentum. Mohammed behielt sie bei, um die Verehrung, welche der Tempel von Mekka bei fast allen Arabern genoß, für seine Religion auszubeuten und erweiterte ihre Bedeutung, indem er sie als allgemein zu befolgende Satzung vorschrieb.

Im Koran ist nicht ausdrücklich von Kostümvorschriften, von dem Ihram und der Art, denselben zu tragen, von der völligen Entblößung des Hauptes und den anderen Plackereien der Pilgerfahrt die Rede. Mohammed hielt es wahrscheinlich unter seiner Würde, sich mit solchen Details zu befassen, vielleicht nahm er auch den Ihram und die Art, ihn zu tragen, als zu bekannt an, da wie gesagt die Pilgerfahrt keine von Mohammed eingeführte, sondern eine aus dem arabischen Altertum aufgenommene Institution ist, die allen Bewohnern von Hedschas bekannt war. Erst die Ausleger des Koran haben aus der Ihramanlegung und allem, was sie begleitet, die unangenehme Förmlichkeit gemacht, die sie heutzutage ist. Mohammed wollte gewiß nie, daß die Pilgertracht für seine Jünger eine so große Unannehmlichkeit, ja eine so gefährliche Sache werden solle.

Der Leser, der nun so viel vom Ihram gehört hat, weiß vielleicht noch nicht ganz genau, aus was dieser Ihram eigentlich besteht. Als wir jetzt aus dem Meer im Hafen von Rabörh auftauchten, da sollten wir ihn anlegen, und dies scheint mir auch der beste Moment, ihn zu beschreiben. Dieses schöne Gewand besteht aus zwei viereckigen Tüchern, meist von weißem Baumwollstoff, oft mit kleinen roten Streifen, die den in Europa jetzt bekannt gewordenen türkischen Handtüchern nicht unähnlich sind. Jedes dieser Tücher ist ungefähr 5½ Fuß lang und 3½ Fuß breit. Keines der beiden darf genäht, noch zu einem Kleidungsstück verfertigt, noch selbst in der Form irgend eines Kleidungsstückes zusammengefaltet werden. Das eine Tuch wird um die Lenden geschlagen und reicht gewöhnlich bis an die Knie hinab; das andere dient als Toga, bedeckt die linke Schulter und den Rücken und läßt den rechten Arm völlig frei. An den Füßen darf man bei dieser Tracht nur eine Art von hölzernen Sandalen, gleich der antiken Solea, tragen, die jedoch bei jeder Gelegenheit, wie beim Gebet, beim Eintritt in eine Moschee oder in Häuser, wieder ausgezogen werden müssen. Das Haupt muß jedoch, wie gesagt, bei der Pilgertracht, völlig bloß und selbst seines natürlichen Schutzmittels, der Haare, beraubt getragen werden. Es durch einen Sonnenschirm zu schützen, gestattet die arabische Sitte nur einigen, sehr hochgestellten oder sehr reichen Personen. Wie erwähnt, hatte ich mich schon vor dem Bad

Baurenfeind del: I.F.Clemens Sc.

Pilger im Ihram

meines Haupthaars entledigt, und jetzt stand ich mit den zwei rötlich weißen Tüchern bekleidet (oder vielmehr behängt) mit völlig kahlem Scheitel, mit nackten Füßen (denn die Sandalen bedecken ja nur die Fußsohlen) da als ein vollkommener Pilger inmitten einiger zweihundert anderer Pilger, welche alle, wie ich, soeben den Ihram angelegt hatten. Jetzt erhoben alle diese Pilger ihre Stimme, und zum erstenmal auf unserer Pilgerfahrt brach aus all diesen Kehlen laut und donnernd der Pilgerruf: »Labik« hervor.

»Labik«, so tönte es am ganzen Strand des Meeres bei Rabörh. »Labik«, so riefen hundert und hundert Kehlen, die einen in fanatischem Eifer laut schreiend, die andern in frommer Inbrunst bedachtsam lispelnd. »Labik«, so tönte allwärts das Echo des heiligen Rufes. »Labik«, so antworteten die Pilger im Orte auf den Ruf der Pilger am Meer. Man hörte nichts als »Labik«. Es war, als gäbe es kein anderes Wort mehr in der Sprache, als dieses, das den Ruf der Pilgerscharen bildet, welchen sie vom Moment der Anlegung des Ihram täglich mit heiligem Eifer wieder und wieder ausstoßen, bis sie endlich auf Arafat das Ziel ihrer Wünsche erreichen und dort den geheiligten Ruf mit erneuerter, aufs höchste gesteigerter Energie ertönen lassen.

Labik oder Labbaika, auch Labaika, vom Verbum labia abzuleiten, bedeutet: »Morigerus adsum tibi et obsequor«, was man in freier Übersetzung und umschreibend im Deutschen etwa folgendermaßen geben könnte: »Zu Dir bin ich aus tödlicher Not geflüchtet und folge Dir.« So verstanden, drückt dieser Ruf die ganze Sehnsucht eines elenden Sterblichen nach Gott aus, das eifrige Streben, aus dem irdischen Jammertal zu ihm zu flüchten und bei ihm zu bleiben, die volle Einsicht unseres unglücklichen, irdischen Zustands, von dem nur Gott uns erretten kann. So verstanden, liegt in dem Wort Labik der Kern zu einer geistigen Auffassung der Religion, welche sonst dem Islam so sehr abgeht, der, wie unsere Theologen mit Recht sagen, vorherrschend eine Verherrlichung des Fleisches ist.

Fleischlich ist fast alles andere im Islam, nur dieser einzige Ruf Labik ist geistig. Das Fleisch verherrlichen Mohammeds, der Sinnlichkeit freies Spiel gebende Sittenlehren; der Mensch kann nach den Regeln des Islam vollkommen gerecht leben und doch zugleich in einem Sumpf der Sinnlichkeit untergehen. Aber aus diesem moralischen Sumpf, aus diesem Unflat von Harems, von Vielweiberei, von Sklavinnen, von sinnlichen Genüssen aller Art reißt er sich heraus zur Zeit der Pilgerschaft, wenn er mit Verständnis das Wort Labik sprechen kann. In diesem Worte »Labik« geißelt er sein ganzes bisheriges üppiges Leben. Sein wollüstiger Harem, seine jugendlichen reizenden Sklavinnen, seine Nächte, im Sinnentaumel zugebracht; alles dies erscheint ihm dann, wenn er das Wort Labik recht versteht, nur wie ein großes unermeßliches Elend, aus dem er sich flüchtet, um zu Gott zu kommen, um bei ihm, sei es auch nur einen Moment, zu weilen, um sich am Quell der ewigen Reinheit einen Augenblick zu laben und zu stärken, damit er in Zukunft das Elend des Fleisches ertragen könne, bis er dereinst sein letztes Labik ausruft, wenn er auf ewig dem irdischen Jammertal entflieht und für immer zu Gott kommt.

Dieser ganze Abend unserer ersten Einkleidung in das Pilgergewand verging unter frommen Gesprächen, Gebeten, Ablutionen und dem Zuhören von Predigten, womit uns Schich Mustapha und einige ägyptische Schriftgelehrte beglückten. Endlich kam die Nacht, und sie war nicht unwillkommen, denn sie sollte uns von einem Tage befreien, den wir zwar auf sehr salbungsvolle, aber auch zugleich höchst unbequeme Art zugebracht hatten.

Als ich am andern Morgen beim Erwachen mir die Augen rieb und alle diese halbnackten Gestalten, die der Ihram, der sich im Schlafe verschoben hatte, kaum noch bedeckte, um mich herum erblickte, da glaubte ich anfangs, in einem Tollhaus zu sein, denn die Züge der meisten dieser Fanatiker trugen einen gestörten Ausdruck. Erst allmählich gewöhnte ich mich wieder an diese häßliche Umgebung, die übrigens nicht nur unästhetisch, sondern mitunter auch vollendet komisch war. Besonders die beiden Türken, muskelstrotzende, behaarte Gestalten mit den schauererregenden Schnurrbärten, deren Haarreichtum sehr gegen die gänzliche Kahlheit der Häupter kontrastierte, nahmen sich höchst seltsam aus. Der dicke Hadsch Omar hatte gleichfalls ein sehr komisches Aussehen. Für seine feiste Gestalt waren die beiden Tücher des Ihram viel zu schmal; wie sehr er sich auch Mühe gab, seine umfangreichen Formen in den Falten des heiligen Gewandes zu verstecken, stets empörten sich diese, entweder kam der rebellische Schmerbauch plötzlich zum Vorschein, oder die gigantischen Schenkel arbeiteten sich beim Gehen ins Freie; glücklicherweise gestattete ihm der Ihram, die Brust frei zu tragen, die so massenhaft war, daß zwei gewöhnliche Ihram sie kaum versteckt hätten. Wie ich mich selbst in dem Pilgergewand ausgenommen haben mag, weiß ich nicht, da ich keinen Spiegel bei mir hatte, nur so viel weiß ich, daß es mir entsetzlich unbequem war, sei es beim Stehen, Sitzen oder Gehen, immer genierte mich das entsetzliche Gewand. Der Unerträglichste von allem war jedoch die gezwungene Entblößung des Hauptes, die mich der Gefahr des Sonnenstichs aussetzte. Denn, wie oben erwähnt, ein Sonnenschirm wäre bei mir sehr aufgefallen, da nur sehr vornehme Leute unter Arabern solche tragen und ich nicht für einen vornehmen Mann galt. Ein Sonnenschirm hätte mich ohne Zweifel als Ungläubigen verraten und mir das Leben gekostet. So mußte ich denn ohne jeden Schutz mich der Gefahr des Sonnenstichs aussetzen. Wie drohend diese Gefahr war, das wurde mir noch an demselben Morgen durch ein schreckliches Beispiel bewiesen, indem nämlich einer unserer Mitreisenden, der jüngere Sohn Hamed Beis von entsetzlichem Kopfweh und Fieber befallen wurde, die im Laufe von einigen Stunden so zunahmen, daß er in völliges Delirium geriet, den ganzen Tag in einem bewußtslosen Zustand zubrachte und abends starb. Sein Vater bewies bei dieser Gelegenheit seinen stoischen Fatalismus, indem er auf alle Beileidsbezeugungen mit der Formel:

»Sein Leben war kurz berechnet«, antwortete. Diese Formel: »Sein Leben ist kurz berechnet«, der banale Trost jedes Muselmanns für den Tod der Seinigen, wird oft auf die lächerlichste Weise angewendet. Wenn man sich z. B. nach der Ungesundheit einer Gegend, in der tödliche Krankheiten herrschen sollen, oder nach dem Schauplatz einer Epidemie erkundigt, und fragt, ob dort viele Leute sterben, so erhält man die Antwort: »Diejenigen, deren Leben kurz berechnet ist, sterben.«

Da für Leute, welche glauben, daß alles vorausberechnet ist, der Verlust eines Menschenlebens eine erbärmliche Kleinigkeit ist, wurde unsere Reise auch in nichts behindert und aufgehalten. Wir verließen also am Morgen des 17. Du el Kada die »Stadt der größten Bequemlichkeit des Lebens«, um unsere Reise nach Dschedda durch die Fortsetzung unserer Küstenfahrt in einigen Tagen zu dem gewünschten Ende zu führen.

Wir konnten von Glück sagen, daß nur fünf oder sechs unserer Schiffsgesellschaft auf der sechstägigen Reise von Rabörh nach Dschedda sich die Bakla (Sonnenstich) holten und auch glücklich in die andere Welt befördert wurden, wozu die ungeschickten Heilmittel, die man ihnen anriet, wohl auch ihr Teil beitrugen. Aber, wie gesagt: »Ihr Leben war nur kurz berechnet«, das von einigen Jünglingen sogar nur sehr kurz, und niemandem fiel es ein, sich über diese Berechnung Allahs zu grämen. Da ich jedoch gar nicht überzeugt war, daß mein Leben nicht auch vielleicht nach diesen Fatalisten »kurz berechnet« sein mochte, und mir eine längere Rechnung nicht unerwünscht war, so hütete ich mich sehr, dem Rechenmeister seine Aufgabe zu erleichtern und setzte mich so wenig als möglich der Sonne aus und, wenn ich es tun mußte, so hielt ich wenigstens meine Hände über den Kopf, das einzige Erleichterungsmittel, das dem Pilger gestattet ist. Auf diese Weise entging ich der allzu kurzen Berechnung.

Der Abend des 17. Du el Kada brachte uns nach Mersa Deneb, d. h. nach dem Hafen der Landspitze, welchen ich vortrefflich fand. Nicht nur war sein Ankergrund tief und von Klippen frei, sondern auch sein Eingang groß und bequem, was an der arabischen Küste eine Seltenheit ist. Am Ufer standen nur einige ärmliche Zelte, in denen schmutzige Beduinenweiber Lebensmittel, die nicht sehr appetitlich aussahen, feilboten. Im Innern erhebt sich der Dschebel Rahib, d. h. der Löwenberg, mit milden Formen von sanfter harmonischer Linienzeichnung, zwar aller Bäume beraubt, jedoch mit einigen allerdings spärlichen Gräsern bedeckt, die trotz der Hitze doch noch nicht ganz vertrocknet schienen.

Als wir am 18. Du el Kada Mersa Deneb verließen, begünstigte uns ein angenehm kühlender Nordwind, für die armen, der stechenden Sonne ausgesetzten, halbnackten Pilger eine nicht geringe Labung.

Abends fuhren wir um 7 Uhr in die schöne, große, flußartige Meeresbucht von Obhor ein, wo wir den schönsten Ankerplatz fanden, den wir noch auf dieser Fahrt gehabt hatten. Die Einfahrt zu diesem Meeresarm, der sich etwa eine deutsche Meile in nordöstlicher Richtung ins Innere erstreckt, ist zwar eng, aber doch ungefährlich, da sich zu beiden Seiten Korallentürmchen als Landmarken befinden, welche gleich Leuchttürmen die gefährlichen Stellen bezeichnen und den sicheren Eingang in den Meerbusen erkennen lassen.

Am Meeresarm von Obhor befindet sich auch jetzt keine Stadt, kein Dorf; nur einzelne Beduinen hausen daselbst in schmutzigen, zerfetzten Kemlis und halten einen Suk für die Pilger ab, auf dem ich Ali Provisionen einkaufen ließ. Die hiesigen Beduinen waren ein ganz unausstehlich rohes Volk, die z. B. einen armen buckligen Pilger grausam verhöhnten, indem sie seinen Buckel, den der Ihram nicht verbergen wollte, mit Pech anstrichen und Nesseln darauf klebten, außerdem sich hundert ähnliche »practical jokes«, wie die Engländer sagen, mit den armen Hadschadsch erlaubten. Die unglücklichen Pilger müssen jedoch alles geduldig hinnehmen, da ein Mann, den der Ihram bekleidet, keinerlei

Gegenwehr bieten darf. Ebenso darf er kein Tier töten, nicht einmal das ekelhafteste Insekt, was einen besonders rohen Beduinen von Obhor zu dem unanständigen Scherze bewog, einen armen Hadsch mit einem ganzen Heer von Läusen, die er in einer Tüte gesammelt hatte, zu überschütten, mit welchen scheußlichen Schmarotzern dieser schwer heimgesuchte Pilger nun noch bis Dschedda und Mekka wallfahrten mußte, ohne auch nur im geringsten sich Erleichterung verschaffen zu können, denn man darf die Läuse nicht einmal mit der Hand abstreifen, aus Furcht, man könnte sie verletzen.

Der Morgen des 19. Du el Kada zeigte sich, wie alle vorhergehenden Tage auf dieser Reise, in ungetrübter Heiterkeit. Ja, er war nur zu wolkenlos, was mir bei dem unbequemen Ihram durchaus nicht erwünscht war. Ein wenig Wolken wären von uns allen als eine unaussprechliche Gnade des Himmels begrüßt worden. So brachte das brennende Tagesgestirn wieder einigen armen Hadschadsch den Sonnenstich. Überhaupt befanden sich die meisten Pilger in höchst unbequemem Zustand. Selbst die, deren Gesundheit von den brennenden Strahlen nicht ernstlich angegriffen wurde, litten vielerlei kleine Unbill, wovon vielleicht die für die entfernten Beschauer komischste, für die Beteiligten jedoch unangenehmste, die massenhafte Verbreitung des Ungeziefers, namentlich der Läuse war, welche von dem in Obhor mit Läusen überschütteten Pilger ausging. Dieser vielgeplagte Hadsch war ein gewisser Smaïl Effendi, eine Art Gelehrter, dessen Körper unglücklicherweise noch sehr behaart war, so daß die ekelhaften Insekten in diesem Haar einen besonders festen Halt gewannen. Alles Schütteln, das einzige, was der von Ungeziefer geplagte Pilger zu seiner Erleichterung tun durfte, half nur dazu, die Nachbarn anzustecken, so daß die Nähe des Effendi bald wie die Pest gemieden wurde. Dennoch mußte er Nachbarn und zwar sehr dichte Nachbarn haben, da die Kandscha, auf welcher wir fuhren, mit Menschen wie vollgestopft war. Die »Mutter des Friedens« hatte nämlich von Mersa Eslam bis Obhor, an der ganzen arabischen Küste, fast überall Passagiere aufgenommen, so daß unsere Zahl auf nahezu 150 angewachsen war, und da die »Mutter des Friedens« nur für einige sechzig bequem Platz hatte, so folgte daraus eine wahre Heringsverpackung der armen Hadschadsch, welche durcheinander, aneinander, übereinander und untereinander dalagen und deren Ausdünstung keineswegs »Eau de mille fleurs« war. Aber nicht nur unter der Hitze hatten die armen Hadschadsch zu leiden, nein, so sonderbar es auch klingen mag, so ist es doch Tatsache, daß viele sich Erkältungen zuzogen, was jedem Menschen einleuchten wird, der gewohnt ist, sich von irgendeinem Teil seiner Bekleidung niemals zu trennen und der sich plötzlich dieses Kleidungsstückes beraubt sieht. So sind die meisten Muselmänner gewohnt, sich den Leib mit einer Schärpe vier- bis fünffach zu umwinden, wodurch dieser Teil ihres Körpers ganz besonders für Erkältungen empfindlich wird. Nun muß beim Ihram natürlich mit jedem anderen Kleidungsstück auch die Schärpe beseitigt werden, was auf den Unterleib der meisten einen höchst nachteiligen Einfluß ausübt, bei denen Diarrhöe, Cholera, Dysenterie, Schleimfieber und andere Annehmlichkeiten die unausbleiblichen Folgen dieser gezwungenen Entblößung des Unterleibs sind, denn der Ihram kann kaum für eine Bekleidung gelten; er ist nur eine Umhüllung und zwar eine sehr oberflächliche Umhüllung, die bei der leisesten Bewegung herunterfällt. So kam es auch, daß wir nicht wenige Leidende an Bord der »Mutter des Friedens« hatten, deren Zustand meist ekelhafter Natur war und somit zu den Greueln der Pilgerfahrt nicht wenig beitrug. Ob wohl der Prophet diese ganze greuliche Menschenquälerei so beabsichtigt hat, wie dieselbe jetzt betrieben wird?

Schon um 5 Uhr morgens setzte sich die »Mutter des Friedens« langsam und gemessen in Bewegung. Das heutige Ziel unserer Reise sollte Dschedda sein, Dschedda, der Hafenort Mekkas, für die Muselmänner das, was für die Christen Jaffa, der Hafen Jerusalems, ist. Diese frohe

Hoffnung, an dem Hafenort der heiligen Stadt heute anzulangen, hielt uns den ganzen Tag aufrecht und stärkte uns, so daß wir das Unangenehme und Ungesunde unseres körperlichen Zustands weniger empfanden.

Gegen Mittag endlich sahen wir eine im ganzen imposante Häusermasse aus dem Meer auftauchen. Kuppeln erhoben sich, Minarette ragten in die Höhe, vor ihnen eine Anzahl von Masten von Segelschiffen und auch hie und da das Rohr eines Dampfschiffs: es war der langersehnte Hafen, es war Dschedda, das Tor, welches uns Mekka erschließen, die Brücke, welche uns zur heiligen Stadt führen, der Schlüssel, der uns das Geheimnis des Islam auftun sollte. Eine allgemeine freudige Aufregung bemächtigte sich aller Pilger bei diesem Anblick. Ihr Antlitz strahlte wie verklärt, ihr Züge glühten vor Begeisterung. Da lag die Stadt, in der sich das Grab Evas befindet und von der sie ihren Namen (Dschedda heißt die Großmutter) führt, da lag Dschedda, schon durch dieses Grab heilig, unendlich viel heiliger aber dadurch, daß es die Stufe ist, über die der Pilger nach Mekka klimmt.

Ein lautdonnerndes Labik war der Gruß der Hadschadsch an dieses langersehnte Reiseziel, welches wir nun endlich erreicht hatten.

Siebtes Kapitel

Dschedda

Dschedda, Dschidda, von französischen Orientalisten Djidda, von englischen und selbst von einigen deutschen (z. B. Munzinger) Jiddah geschrieben, sind die Hauptformen, in welchen in europäischer Transkription der Name der »Ältermutter« vorkommt. Mir scheint es das einfachste, in deutscher Transkription »Dschedda« zu schreiben, weil dies Wort am besten dem Laut entspricht, welchen das Hauptwort »Ältermutter« im Arabischen annimmt. Dschedda heißt also die »Ältermutter« und zwar mit dem größten etymologischen Recht, denn hier soll Sittna Hauwa (Eva), die Ur- und Stammutter der sündigen Menschheit, ihre letzte Lebenszeit zugebracht und ihr Grab gefunden haben, welches noch jetzt gezeigt und von keinem Mekkapilger unbesucht gelassen wird. Die ganze Gegend um Mekka spielt überhaupt in der Geschichte des ersten Menschenpaares, wie die Tradition des Islam dieselbe erzählt, eine wichtige Rolle. In Mekka errichtete Adam einen Altar; auf dem nahegelegenen Berge Arafat fand er seine Ehehälfte nach 120jähriger Trennung wieder; im Weichbild der heiligen Stadt wurden seine zahlreichen Söhne und Töchter geboren, jedesmal Zwillingspaare, aus einem Sohn und einer Tochter bestehend, die sich nicht heiraten durften, während der männliche Sproß eines Zwillingspaares den weiblichen eines andern ehelichen konnte, da zu jener Zeit nur Zwillinge als Geschwister betrachtet wurden; in Dschedda endlich zog sich Mutter Eva nach ihrem tatenreichen Leben zurück, wo sie eines sehr erbaulichen Todes starb, nachdem sie vorher die sieben Umgänge um das heilige Haus in Mekka gemacht und den Monat Ramadan gefastet hatte. Solche rührende Anachronismen sind in der Tradition des Islam nicht selten. Adam freilich fand nicht für gut, in Dschedda zu sterben; kein anderer Ort konnte ihm zu diesem Zwecke genügen als die Insel Ceylon, das Taprobane der Alten, wohin er nach hundertjähriger Wallfahrt nach dem Tode Evas gelangt war, nachdem er überall umsonst eine zweite Eva gesucht und den Rat des Teufels verschmäht hatte, sich eine zweite Rippe auszureißen, aus welcher, wie aus der ersten, schnell eine Eva entstehen sollte. Diese Tradition steht mit derjenigen der orientalischen Christen in offenem Widerspruch, welche die ewige Ruhestätte des ersten Menschen in keinem geringeren Ort als in Jerusalem erblicken können und sie gerade neben das heilige Grab verlegen.

Das heutige Dschedda bildet einen auffallenden Gegensatz gegen andere muselmännische Städte, deren Los in unserem Jahrhundert fast ausnahmslos der entschiedenste Verfall ist. Außer dem einzigen Alexandrien in Ägypten hat sich in diesem Jahrhundert keine einzige Stadt des Islam zu namhafter Bedeutung aufschwingen oder auf ihrer früheren Höhe erhalten können, und Alexandrien kann man kaum eine mohammedanische Stadt nennen, da es seinen Aufschwung fast ausschließlich den europäischen Kaufleuten, die sich daselbst niederließen, verdankt. Sonst sind alle früheren Haupt- und Handelsstädte in den weiten Landen, welche der Halbmond beherrscht, während der letzten hundert Jahre auf eine so auffallende Weise zurückgegangen und in Verfall geraten, wie dieses fast beispiellos in der Geschichte ist. Der Islam war zwar schon lange unterwühlt, aber jetzt scheint er ganz im Zusammenbrechen begriffen zu sein. Alles, was früher seinen Glanz ausmachte, Wissenschaft, Gelehrsamkeit, Kunst, Industrie, Gewerbe, hat ihn schon längst verlassen, seine politische Macht ist ein Kinderspott geworden, sein Handel ist auf Null herabgesunken, nur eins ist noch geblieben und scheint das morsche Gebäude noch eine Zeit lang aufrecht halten zu wollen; der religiöse Fanatismus, die pharisäische Werkheiligkeit, welche unter anderem auch die Pilgerfahrt als eine ihrer Hauptstützen ansieht. Daher kommt es, daß Dschedda und Mekka an dem allgemeinen Verfall des Islam nicht in dem

Dschedda

Maße teilgenommen haben wie andere Städte, weil dieses einzige, den Glanz des Islam noch überlebende Prinzip, weil der religiöse Fanatismus diesen Städten alljährlich neue Nahrung und neues Leben zuführt, die ihr Dasein nicht nur fristen, sondern dasselbe sogar verhältnismäßig üppig gedeihen machen. So sticht Dschedda unter allen in das dunkle Gewand des Verfalls gehüllten arabischen Städten als ein lichter Punkt hervor, von dem die Sonne des Lebens sich noch nicht zurückgezogen hat, obgleich sie auch hier nicht mehr mit demselben Strahlenglanze scheint wie in früheren Jahrhunderten.

Ich war angenehm überrascht, als mein erster Blick von der Kandscha aus Dscheddas gewahr wurde. Es bot ein erfreuliches Bild dar, dem die Wüste in ihrer Unermeßlichkeit zum Rahmen diente. Auf einer sanften Anhöhe

gelegen, von zwei schönen, langen Quais auf der Meerseite begrenzt, auf den anderen Seiten von hohen Mauern umgeben, von welchen hie und da Wachtürme mit Zinnen und Kanonen emporragten, zeigte die Stadt längs des Landungsplatzes, der auch wieder durch eine stattliche Batterie beschützt war, eine lange Reihe schöner, weißlicher Häuser aus Korallen- und Madreporstein erbaut, über welche die zwei Hauptmoscheen mit luftigen Kuppeln und schlanken Minaretten emporragten, denen zur Seite sich hie und da eine federblättrige Acacia vera erhob und das allzu künstliche Bild durch die Grazie der Natur verbesserte. Als wir jetzt der »Mutter des Friedens« nicht ohne Rührung und ihrem hautkranken Kapitän nicht ohne Mitleid Lebewohl sagten, uns auf kleinen Kähnen mit unseren Habseligkeiten an Land rudern ließen und wir endlich an dem einen der beiden Quais landeten, da war meine Freude nicht gering, zu finden, daß Dschedda, ungleich andern muselmännischen Städten, die Hoffnungen, welche sein schönes Äußeres von weitem erweckte, nicht Lügen strafte, sondern daß sein innerer Wohlstand, die Stattlichkeit seiner Häuser, Paläste und Moscheen, das rege Leben seiner Basare und Märkte, die Lebhaftigkeit seines Seehandels, der ungeheure Verkehr der Pilger ihm eine Blüte verliehen, welche selbst das umschleiernde Gewand des dem Moslem so teuren Schmutzes hier nicht ganz zu verdecken vermochte.

Doch ehe ich zur genaueren Beschreibung der »Stadt der Ältermutter« übergehe, muß ich ein Wort dem Empfang widmen, welcher uns armen, geplagten, von jedermann geschundenen, geplünderten und ausgesogenen Pilgern hier am Zollhaus zuteil wurde. Gerade, als ob die unglücklichen Hadschadsch nicht schon genug der unsäglichen Leiden aller Art auszustehen hätten, als ob sie nicht genug von Gestank, Ungeziefer, Fieber, Sonnenstich, Erkältungen, Erhitzungen, Diarrhöe und wie alle die Greuel noch heißen mögen, geplagt würden, so hatte die türkische Regierung auch noch väterlich dafür gesorgt, daß ihnen hier in Dschedda noch die unausstehlichsten Paßplackereien und Zollhaustorturen bevorstehen sollten. Kaum gelandet, wurden wir armen Ihramträger, von denen jeder unter der meist nicht geringen Last seines Gepäcks keuchte und schwitzte, von einer Bande jener unausstehlichen, frechen, zudringlichen und gemeinen türkischen Polizisten und Zollhaussoldaten in Empfang genommen, um nun einer Reihe von physischen und moralischen Torturen ausgesetzt zu werden, deren Zweck jedesmal die Erpressung eines Trinkgeldes war. Man hatte mich schon auf dem Schiff gewarnt, mich vor den Spitzbübereien der Polizeidiener und Douaniers zu hüten, welche oft die Pilger nicht nur zur Erlegung von namhaften Bestechungssummen zu zwingen, sondern auch geradezu zu bestehlen pflegten, was namentlich für die Zollhausbeamten leicht ausführbar ist, da der Pilger sein Geld in seinem Gepäck und nicht an seinem Körper mit sich führt, indem der Ihram keine Taschen besitzt und auch keine Geldtasche mit ihm getragen werden darf. Auf diese Weise sehen die verruchten Douaniers gleich, wieviel Geld ein jeder bei sich führt, und wenn es ihnen auch nicht immer gelingt, einen Diebstahl auszuüben, so können sie doch ihre Ansprüche auf Bakschisch (Trinkgeld) nach der jeweiligen Barschaft des Pilgers höher und höher schrauben, und der arme Hadsch darf es ihnen nicht verweigern, da er sein Geld nicht verbergen oder verleugnen kann, denn sie haben es ja gesehen.

Bei meiner Landung im Hafen von Dschedda fiel also auch ich der Polizei und den Zollhausbeamten in die Hände. Zuerst kamen die Paßplackereien. Ein feister, türkischer Unteroffizier forderte mir in barschem Tone, welcher auf meine Einschüchterung und die Erpressung eines Trinkgelds berechnet war, meine Papiere ab. Mein Paß war in schönster Ordnung. Ich glaubte also, ihn nur vorzeigen zu brauchen, um gleich ungehindert meine Pfade fortsetzen zu können. Aber darin hatte ich mich geirrt. So wie er meinen französischen Paß, den ich als vermeintlicher Algerier besaß, erblickte, machte er mir zwar eine Verbeugung, welche vielleicht bedeuten konnte, daß er sich vor der Protektion eines so mächtigen Staats wie Frankreich in Demut verneige, welche aber doch zugleich einen so starken Beigeschmack von Ironie hatte, daß ich bald sah, daß er beabsichtigte, mir einen schlimmen Streich zu spielen. Nach vielem Hin- und Herreden jedoch, nach vielem Handeln und Markten kamen wir endlich dahin überein, daß er sich mit der Summe von hundert Piaster (damals in Dschedda ungefähr 22 Francs) zufriedenzustellen habe. Die anderen Pilger, welche türkische Untertanen waren, hatten alle höchstens 20 Piaster per Kopf bezahlt, nur ich verdankte meinem französischen Passe eine fünffache Gelderpressung.

Dies war jedoch nur das Vorspiel. Jetzt kam das Zollhaus, wo die Haupthandlung vor sich gehen sollte. Einige zehn Zollbeamte fielen gierig über meinen Koffer (eine rotbemalte, algerische Bretterlade, welche zum Glück nicht das geringste Europäische an sich hatte und von mir deshalb gewählt worden war) und meine drei oder vier Bündel her, in denen Kleider und Waren (denn ich gab mir das Ansehen, wie alle wohlhabenderen Pilger, auch bei Gelegenheit Handel zu treiben) eingewickelt waren. Der Koffer war im Nu von den Zollbeamten ausgepackt und meine sämtlichen Effekten auf dem Boden zerstreut, wo sie das malerischste Chaos darstellten, das man sich nur denken konnte. Damit war jedoch die Unannehmlichkeit noch nicht vorbei. Europäische Zollbeamten, die auch manchmal bestechlich sind, pflegen gewöhnlich dieses Zerstreuen und Durcheinanderwerfen des Gepäcks des Reisenden als den Gipfelpunkt der Torturen anzusehen, die sie ihrem Opfer bereiten können. Diese barbarischen Zollhäusler jedoch waren raffinierter, sie hatten noch eine andere Tortur ersonnen, um den Reisenden zur Herausgabe eines recht großen Trinkgelds zu nötigen. Kaum hatten sie nämlich mein Gepäck ausgepackt und alles durcheinander geworfen, so gaben sie sich alle das Ansehen, als hätten sie in irgend einem anderen Teil des Zollhauses etwas sehr Wichtiges zu tun, liefen sämtlich davon und ließen mich allein inmitten dieses Tohuwabohu zerstreuter Gepäcksgegenstände, die ich nicht einmal wieder einpacken durfte, um sie vor der Räuberei der mich dicht umdrängenden Pilger und Dscheddabewohner, oder wenigstens vor dem Zertretenwerden zu schützen, da mein Gepäck ja noch nicht untersucht war. Nichts war besser auf die Erpressung eines Trinkgeldes berechnet als diese Manöver. Denn natürlich muß unter solchen Umständen der Reisende nichts dringender wünschen, als seine Effekten, die bei dem langen Umherliegen auf dem Boden selbst im besten Falle ganz zertreten, im schlimmen und wahrscheinlicheren Falle jedoch gestohlen werden würden, wieder einpacken zu dürfen, was nur dann geschehen kann, wenn er die Zollbeamten, die dieselben untersuchen müssen, durch Trinkgelder wieder herbeilockt. Leider konnte ich den Zollbeamten nicht selbst nachlaufen, da ich das Gepäck vor den um dasselbe, ja auf demselben stehenden Hadschadsch hüten mußte. Zum Glück hatte ich aber Ali. Diesen sandte ich ab und befahl ihm, jedem Zollbeamten insbesondere geheime Geldversprechungen zu machen und zwar dem vornehmeren größere, den geringeren kleinere. Nach einer halben Stunde kam der Negersklave zurück und verkündete mir, daß die Zollbeamten zwar mit den erwähnten Summen zufrieden seien, sich jedoch nicht mit Versprechungen abspeisen lassen wollten. Ich gab deshalb Ali gleich die Bestechungssummen an die Zollbeamten mit, welche sich zusammen auf 200 Piaster (etwa 21 Gulden rheinisch) beliefen. Endlich kehrten diese Biedermänner zurück, warfen noch einmal mein Gepäck durcheinander, stahlen mir einen Turban, eine Schärpe, ein Paar seidene Tücher, einige Paare maurischer Pantoffeln und was sonst noch ihrer Phantasie gefallen mochte und erklärten mich endlich für frei. Nun durfte ich meine Effekten auf dem Boden zusammenlesen und wieder einpacken, wobei ich entdeckte, daß mir teils von den Douaniers, teils von den frommen Pilgern, teils auch von den anwesenden Dscheddabewohnern, zusammen für 500 Piaster Waren gestohlen worden waren, an deren Wiedererlangung natürlich nicht gedacht werden konnte, da die Würdenträger selbst sich am Diebstahl beteiligt hatten. So mußte ich froh sein mit einem Verlust von 800 Piaster (damals in Dschedda etwa 84 Gulden rheinisch) aus den Klauen der Polizei und Zollbeamten erlöst zu werden.

Endlich war ich frei. Ich atmete auf und vergaß schnell meinen schweren Verlust, auf den ich übrigens gefaßt gewesen war. Nun ließ ich von Ali meinen Koffer, von einem zerlumpten Inder, dessen Landsleute die Packträger von Dschedda sind, meine Bündel tragen, und wir bewegten uns langsam und gemessen gegen das Innere der Stadt zu, wo ich in einem der Okal (stallartigen Wirtshäusern, in denen einem nichts als die vier Wände geboten wird) Obdach zu finden hoffte.

Auf dem Wege dorthin hatte ich Gelegenheit, sowohl die

Straßen und Häuser, als überhaupt die ganze Anlage von Dschedda genauer zu beobachten. Der Plan der Stadt ist ungefähr folgender: Ihre Lage im Osten einer sandigen Bucht, aus der vier Korallenbänke hervorragen, ist von Nord nach Süd, das heißt, in dieser Richtung erstrecken sich ihre Hauptstraßen. Unter diesen Hauptstraßen sind besonders zwei nennenswert, die eine der schon erwähnte Quai, der sich in einer Länge von 1400 Schritt am Hafen hinzieht, die andere die hinter den Häusern dieses Quais gelegene Straße. Die Häuser dieser beiden Straßen sind überaus stattlich, wenigstens für arabische Städte. Sie sind teils aus Korallenstein, teils, wie ich trotz des sie bedeckenden grellweißen Anstrichs, der fast jährlich erneuert wird, zu erkennen glaubte, aus grobkörnigem Granit erbaut, haben meistens zwei Stockwerke, schöne Terrassen statt der Dächer und ziemlich große Fenster, was jedoch im Sommer den Nachteil hat, die Hitze allzusehr einzulassen.

Alle reicheren Moslems von Dschedda, welche fast ausschließlich Kaufleute sind, wohnen in den beiden genannten Hauptstraßen, in welchen sich außer ihren Häusern, deren jedes seine eigene Zisterne mit ganz trinkbarem Wasser besitzt, auch noch eine Anzahl Warenlager befinden. Diese Warenhäuser, arabisch Dschilania genannt, sind stallartige, große Gebäude, deren innerer, geräumiger Hof von gewölbten Hallen und Sälen umgeben ist, welche zur Aufbewahrung der Waren dienen und dazu auch sehr gut geeignet sind. Der große Quai längs des Hafens bietet so mit seinen Warenmagazinen und stattlichen Privathäusern, mit dem im Norden an ihn stoßenden Palast des Paschas, mit dem dicht neben letzterem gelegenen, mit Zinnen und Türmen versehenen Bab esch Scheriff (dem edlen Tor), mit einer im Süden befindlichen Batterie und (freilich verfallenem) Festungsturm ein verhältnismäßig imposantes Aussehen dar. Das Leben auf ihm ist vielbewegt und voll der mannigfaltigsten Bilder.

Auf den drei dem Lande zugekehrten Seiten ist Dschedda von stattlichen, etwa 25 Fuß hohen Mauern umgeben, an denen sich von 40 zu 40 Schritt Wachttürme von nahezu 60 Fuß Höhe mit Zinnen und Schießscharten befinden. Diese Mauern wurden im Wahabitenkriege zum Teil errichtet, zum Teil restauriert, und ihnen verdankte im Jahre 1817 die Stadt ihre Errettung, als diese wilden Barbaren der arabischen Wüste, diese plumpen vermeintlichen Reformatoren des Islam, deren vorgebliche Reformation hauptsächlich in der Zerstörung alles Bestehenden bestand, Dschedda mit einer Macht von sechzigtausend Mann belagerten, wo es dann ohne seine Mauern der sicheren Zerstörung, der schon Mekka großenteils zur Beute gefallen war, geweiht gewesen wäre. Damals, da fast alle regelmäßigen Truppen fehlten, war jeder Familie von Dschedda ein Teil der Stadtmauer zur ausschließlichen Verteidigung anvertraut worden, woran noch jetzt die vorspringenden massiven Mauersteine, welche von je zehn zu zehn Schritt an einzelnen Teilen der Stadtmauer gefunden werden, erinnern, denn von einem dieser Mauervorsprünge bis zum andern erstreckte sich das Verteidigungsgebiet einer einzelnen Familie. Mohammed Ali, der nicht genug zu rühmende Vizekönig von Ägypten, hat während seiner Herrschaft über Arabien zu den damaligen Befestigungswerken von Dschedda noch ein befestigtes Schloß am Südende der Stadt und eine den Hafen verteidigende Batterie hinzugefügt, welche jetzt, unter der seit zwanzig Jahren wieder eingeführten, nachlässigen und nichtswürdigen türkischen Herrschaft dem schönsten Verfalle entgegengehen und wohl bald zu den modernen Ruinen gezählt werden dürften, an denen jede türkische Stadt Überfluß besitzt.

Der Raum innerhalb der Stadtmauern von Dschedda mag, in runder Zahl ausgedrückt, annähernd etwa den dreizehnten Teil einer deutschen Quadratmeile betragen. Dieser bescheidene Raum ist jedoch nur zur Hälfte, oder vielmehr kaum zur Hälfte mit jenen stattlichen Steinhäusern ausgefüllt, welche ich oben geschildert habe, denn Dschedda, wenn auch eine blühende, ist eben doch keineswegs eine große Stadt, und ihre ganze Einwohnerzahl möchte ich mich kaum getrauen, höher als auf fünfzehntausend Seelen anzuschlagen.

Der übrige Raum innerhalb der Stadtmauern, wo sich keine Steinhäuser mehr befinden, wird von Hütten und Buden aus Schilf und Palmstämmen ausgefüllt, an die sich hie und da einige Kemlis (offene Zelte) reihen. In diesen wohnen die Beduinen, die Geschäfte halber in die Stadt gekommen sind, andere, welche ihren bleibenden Wohnsitz hier aufgeschlagen haben, sowie die zahlreichen Neger, welche, wenn sie nicht Sklaven sind, zu der Wildheit ihres ursprünglichen Zustands zurückkehren und mitten in der Stadt eine Art von Nomadenleben führen. In diesen elenden Buden sind dann auch die meisten Kaffeehäuser, und überhaupt alle Kramläden, außer einigen, welche wohlhabenderen Leuten angehören und sich im unteren Stockwerke der Steinhäuser der besseren Straßen befinden.

Nachdem ich mir von der Stadt ein oberflächliches Bild auf meinem Gang vom Zollhaus nach einem Okal (Wirtshaus) und, da ich in etlichen sechs Okala der Überfülltheit wegen kein Unterkommen finden konnte, auf meiner weiteren Wanderung von einem Okal zum anderen, verschafft hatte, gelangte ich endlich zu einer Herberge, in der ich mein müdes Haupt niederlegen und meinen Negersklaven sowie den gemieteten Inder des überaus schweren Gepäcks entledigen konnte, welches sie schon beinahe eine Stunde durch die Straßen, Gassen und Gäßchen Dscheddas nicht ohne Verwünschung seines entsetzlich schlechten Straßenbodens (denn an Pflaster ist hier nicht zu denken) getragen hatten. Die bevorstehende Epoche der Wallfahrt nach Arafat, welche nur einmal im Jahre und zwar am 9. Du el Hödscha vor sich gehen kann, hatte eine ungeheure Menge Pilger nach Dschedda geführt. Die Folge davon war natürlich die Überfüllung seiner Okala und die Steigerung des Preises für das Unterkommen in denselben, so daß fast alle ärmeren oder geizigeren Pilger gar nicht in den Okala wohnen konnten oder wollten, sondern es vorzogen, bei den Beduinen und Negern in den elenden Schilfhütten eine schlechte, aber wohlfeile Herberge zu suchen. Letzteres Auskunftsmittel hatten denn auch fast sämtliche Ägypter, meine Reisegefährten, gewählt, von denen ich durch die sich sehr verlängernden Paßplackereien und Zollhaustorturen, die mich vielleicht eine Stunde länger als sie zurückgehalten hatten, getrennt worden war. So stand ich nun allein mit meinem Neger und Gepäck in den Gassen Dscheddas und wurde von einem verschmitzten Inder von einem Okal zum andern geführt, bis endlich, wie erwähnt, das ersehnte Quartier gefunden werden sollte. Dieses Okal, in dem ich zuletzt ein teures und schlechtes Unterkommen fand, war eines der geringsten von Dschedda, aber da mir keine Wahl blieb, so mußte ich natürlich resignieren. Wir betraten also dieses Okal, welches zu meinem Erstaunen auffallend leer war (ich sollte später den Grund dieser Leerheit zu meinem Nachteil erfahren). Es bestand aus einem schmutzigen, verwahrlosten, mit Kamelen, Maultieren und Eseln angefüllten inneren Hof, um welchen herum im Erdgeschoß, das gewölbt war, und im ersten Stockwerk einige zwanzig größere und kleiner Stuben lagen. Eine der letzteren, d. h. der kleineren Stuben gelang es mir, nach einigem Handeln und Markten, für die Summe von 25 Piaster (ungefähr 2½ Gulden rheinisch) den Tag zu mieten; ein nach arabischen Begriffen ganz exorbitanter Preis, und nur durch die Verteuerung zur Pilgerzeit sowie dadurch erklärlich, daß ich in der Spezialität des Marktens nicht recht zu Hause war, denn ich traute mich nie, mit derselben Derbheit und Rohheit aufzutreten, mit derselben Sintflut von Schimpfworten um mich zu werfen, wie ein wirklicher Araber. Wäre ich ein echter Araber d. h. ein Bewohner Arabiens gewesen oder hätte ich für einen solchen gelten wollen, so würde mein allzu gutmütiges Nachgeben in der Geldfrage freilich auch Verdacht erweckt haben, aber ich galt ja als Maghrebi, d. h. für ein Mitglied eines Volkes, das wegen seiner sprichwörtlichen bestialischen Borniertheit (gewöhnlich wird es mit Freund Langohr verglichen, und nicht selten hörte ich beim Anblick eines Esels den Ruf: »Siehe deinen

Bruder, Maghrebi«), das wegen seiner rohen Unwissenheit, wegen seiner Leichtgläubigkeit, wegen seiner ungeschlachten Manieren und zugleich auch wegen seiner vermeintlich größeren Moralität im Rufe steht, das Böotiervolk des Islam zu sein. Bei einem Maghrebi wird man keine noch so große Dummheit unnatürlich finden. Die Maghrebiner, wenn sie nur irgendwie Geld haben, sind deshalb die besten Milchkühe aller Araber, welche vom Pilgerverkehr leben. Zum Glück also galt ich als Maghrebi und erregte einstweilen keinen Verdacht, aber zu meinem Unglück hielt man sich berechtigt, mir nicht nur einen enormen Preis für mein Unterkommen im Okal abzufordern, sondern mir auch noch eines der schlechtesten Zimmer zu geben, dessen große Nachteile ich freilich nicht gleich entdecken konnte, die sich aber schon nach einer halben Stunde aufs deutlichste zu offenbaren begannen. Vorderhand also fühlte ich davon noch nichts. Ich ließ in dieses Zimmer mein Gepäck bringen und verabschiedete den Inder, der sich zu meiner Überraschung mit einem sehr kleinen Trinkgeld zufrieden zeigte, über welche Uneigennützigkeit mein Erstaunen erst dann abnahm, als ich entdeckte, daß er sich durch den Diebstahl verschiedener, in den Bündeln enthaltener Gegenstände schon im voraus entschädigt hatte.

Endlich war ich allein in meinem gemieteten Zimmer, ein Vergnügen, was mir seit Kairo nicht mehr zuteil geworden und das für einen armen, namentlich durch die lästige Anwesenheit von hundert Augenzeugen, die ebensoviele Spione waren, geplagten Pilger keine geringe Erholung war. Ali schickte ich schnell auf den Markt fort, nachdem ich mir vorher von ihm unter dem Vorwand, trinken zu wollen, Wasser hatte holen lassen und nun schloß ich mich ein und ergab mich zwei Handlungen, welche für einen Hadsch, der den Ihram trägt, gleich strafwürdig, ja verbrecherisch sind und welche, hätte man mich bei ihnen ertappt, mich als Ketzer, ja vielleicht als Ungläubigen verraten haben würden. Diese beiden strafwürdigen Handlungen waren, erstens, daß ich auf das zahlreiche Ungeziefer, womit meine

Reisegefährten mich angesteckt hatten, die energischste Jagd machte und, dem Koran zum Hohn, dasselbe bis auf die letzte Laus vertilgte, und dann, daß ich mich von Kopf bis Fuß wusch, ein Vergnügen, was sich kein Pilger erlauben darf, da er ja bei dem Übergießen seines Körpers mit Wasser irgendein Schmarotzerinsekt ersäufen könnte, was ein entsetzliches Unglück, ja eine Sünde wäre. Wer den Reiz des Verbotenen kennt, der wird sich einen Teil des Genusses vergegenwärtigen, den ich bei diesen beiden wohltätigen, obgleich nach dem Islam in meinem Fall sündhaften Handlungen empfand. Nun gewaschen und gereinigt, mich wie neugeboren fühlend, zog ich, was gleichfalls unerlaubt ist, einen reinen Ihram an, und versteckte die beiden schmutzigen Moharem (Plural von Moharma d. h. Umschlagtuch) so gut es ging, daß niemand sie entdecken sollte; aber damit man annehmen könne, daß ich die Moharem (Umhüllungen) nicht gewechselt hatte, streute ich etwas Sand über das neue Pilgergewand, der ihm, ohne es eigentlich zu beschmutzen, doch ein mehr abgetragenes Aussehen gab.

Nun kam mein Negersklave zurück, bereitete eine einfache Mahlzeit auf meinem kleinen Kanun (Kochherd), die uns beiden gequälten Pilgern zur nicht geringen Labung diente. Ehe sie jedoch beendet war, sollte ich auf unangenehme Weise die Entdeckung machen, in welcher Nachbarschaft ich mich befand und was folglich die Nachteile dieses Okals im allgemeinen und meines Zimmers im besondern waren. Plötzlich erhob sich nämlich in meiner nächsten Nähe, und zwar, wie ich später entdeckte, in dem an das meinige stoßenden Zimmer ein solcher Lärm, daß ich anfangs meinen Ohren nicht traute und glaubte, mein Gehörorgan sei durch eine unerklärliche Überreizung in Unordnung geraten und vernehme jedes Geräusch mit zehnfacher Intensität. Es war ein Geheul, ein Geschrei, ein Geächze, ein Seufzen, Jubeln, Jammern, Poltern, ein Gewimmer, ein lautaufkreischendes Rufen, abwechselnd mit näselndem Gesang, bald in entsetzlich falschen Fisteltrillern, bald in tiefem Gebrumme unmöglich scheinender Baßstimmen. In welche Dämonenspelunke war ich geraten? Es sollte nur bald kein Rätsel mehr sein. Wie man nämlich deutlicher hinhorchte, entdeckte man, daß in diesem Chaos durcheinander tönender Laute, die man kaum für menschlich halten konnte, ein gewisser Takt lag, und als ich mir besondere Mühe gab, konnte ich sogar einzelne Worte unterscheiden, welche in allen Tonarten getrillert, gebrummt, geschrien, gekrächzt und geächzt wurden. Es waren die vielbekannten Worte »La illaha il Allah« (Es gibt keinen andern Gott, als Allah) abwechselnd mit »La scherika la« (Er hat keinen Gefährten) und mit »Mohammed er-Rasul-Allah« (Mohammed ist der Prophet Gottes). Das war es also. Es waren muselmännische Gebete, die von Fanatikern ausgestoßen wurden. Es waren »heulende Derwische«, und daß sie ihrem Prädikat »die heulenden« alle Gerechtigkeit widerfahren ließen, das hat der Leser schon aus dem eben Gesagten ersehen. Dahin also hatte mich mein Unstern geführt? Ich sollte also Tag und Nacht nun diesen gräßlichen Lärm in meiner nächsten Nähe anzuhören gezwungen sein, denn die Derwische lösten sich in ihren sogenannten Gebeten ab, ein Teil sang bei Tag, ein anderer bei Nacht und die Zwischenräume, wenn sie aßen oder tranken, waren kaum der Mühe wert, erwähnt zu werden. Das war also der Grund, warum ich dieses Okal so auffallend leer gefunden hatte! Bezeichnenderweise war es aber nicht der Lärm, der die Leute davon zurückschrecken ließ, in dieser Herberge abzusteigen, denn Lärm geniert keinen Orientalen, sondern vielmehr der schlechte Ruf, in welchem diese Derwische trotz ihrer vermeintlichen Frömmigkeit standen, und die schlechte Gesellschaft, welche ihre Gegenwart überall herbeizog. Dieser Orden der Derwische Rufai ist nämlich ein wahres »refugium peccatorum« und zwar sind es nicht immer reuige Sünder, aus denen er gebildet wird, sondern viele seiner Mitglieder glauben dadurch, daß sie zu diesem frommen Orden gehören, eine gewisse Straflosigkeit und Erlaubnis erlangt zu haben, ihren

Tanzender Derwisch

liederlichen Lebenswandel unangefochten fortzusetzen. So enthalten sie sich keines der Laster, welche Juvenal in seiner neunten Satire geißelt und welche bei diesen Derwischen ganz auffallende Proportionen erreichen, wie ich dies noch am selben Abend durch das heimliche Zusammenströmen einer Menge lasterhaften jungen Volkes in unser Okal gewahren sollte. Während die einen beteten, ergaben sich die andern den Taten der Finsternis, die sie nicht einmal die Mühe nahmen, zu verbergen.

Das heuchlerische Geschrei der heulenden Derwische war ich nun den ganzen Abend anzuhören gezwungen, denn wegen des vielen in das Okal eingedrungenen Gesindels durfte ich mein Zimmer, das nur schlecht verschließbar war, nicht verlassen, aus Furcht, meine sämtliche Habe möchte mir abhanden kommen. So brachte ich denn den Abend allein und die Nacht in wachem Zustand unter beständiger Anhörung des wahnsinnigen Geschreis dieser entsetzlichen Derwische, welches die Kamele und Esel im Hofe in schrillen Tönen begleiteten, und unter den Stichen zahlloser, springender Ungetüme zu, welche aus allen Ecken und Wänden des von mir gemieteten Zimmers hervorkrochen und zu den Qualen der Nacht nicht wenig beitrugen.

Kaum graute der Morgen, so traf ich hierzu meine Veranstaltungen, das Okal zu verlassen. Da ich leider jedoch nicht selbst die Herberge verlassen durfte, denn Ali konnte oder wollte ich die Bewachung meines Gepäcks nicht anvertrauen, so schickte ich meinen Negersklaven mit dem Auftrag aus, einen der Ägypter, meinen seitherigen Reisegefährten, und zwar womöglich den ehrwürdigen Schich Mustapha zu mir herzuführen, durch dessen Rat ich hoffte, ein anderes Quartier zu erlangen, welches, mochte es auch noch so schlecht sein, doch gewiß besser sein würde, als mein Unterkommen in dem Okal.

Es vergingen vielleicht zwei Stunden, die ich mit dem Memorieren von Koranversen zubrachte, ehe Ali wiedererschien und zwar, zu meiner nicht geringen Freude, in Gesellschaft Schich Mustaphas und seiner drei Neffen. Diese guten Leute hatten mich schon für verloren angesehen, denn Schich Mustapha hatte am Abend vorher mich in allen Kaffeebuden Dscheddas gesucht, und da es fast beispiellos ist, daß ein Pilger nicht seinen Abend in einer solchen Bude zubringt, so schloß er aus meiner Abwesenheit, daß mir ein Unglück zugestoßen sein müsse. Zu seiner Freude war dies nicht der Fall, aber zu seinem nicht geringen Schrecken fand er mich in dem Okal der türkischen Derwische, vor denen er, in seiner Eigenschaft als Araber und wegen der Eigenschaft der Derwische als Türken, jene Mischung von Ehrfurcht, Haß und Angst empfand, welche jeden Ägypter einem Türken gegenüber erfüllt. Der gute Alte fiel mir wie einem wiedergefundenen Sohne um den Hals und rief:

»In was für einer Spelunke muß ich Dich wiederfinden, mein Bruder! In was für eine Räuberhöhle bist Du geraten. Deine Heiligkeit steht hier in der größten Gefahr! Mache, daß Du schnell aus dieser Hölle herauskommst«; und so weiter...

Schich Mustapha traf auf der Stelle Anstalten zu meiner Übersiedlung nach seiner eigenen temporären Behausung. Seine drei Neffen nahmen mein Gepäck auf die Schultern, er selbst ging voran, ich folgte, Ali bildete die Nachhut, und so veranstaltete ich meinen Exodus aus diesem verwünschten Orte, in dem ein längeres Bleiben mich vielleicht wahnsinnig gemacht hätte. Wir begaben uns nach einer von einem Ägypter gehaltenen Kaffeebude, wo mein ehrwürdiger Reisegefährte sein Absteigequartier gewählt hatte. Diese Kaffeebude war von rohen Palmstämmen erbaut und somit noch etwas besser als die zahlreichen Schilfhütten, in deren Mitte sie auf dem freien Platze Dscheddas lag und welche teils auch Kaffeebuden, teils Barbierstuben, teils Kramläden vorstellten. Der Kaffeewirt, aus Kairo gebürtig, war ein alter Bekannter Schich Mustaphas, der für diesen alle möglichen Aufmerksamkeiten hatte und mich, da ich für dessen Freund galt, auch mit großer Zuvorkommenheit empfing. Seine Kaffeebude bot uns den verhältnismäßig großen Vorteil, daß er des Nachts niemand darin schlafen ließ, als den Schich, dessen Neffen und Freunde, im ganzen etliche zehn Personen, zu deren Zahl ich von heute an auch gehörte, denn bald sah ich ein, daß ich, bei der Überfüllung aller Okala, doch kein anderes Unterkommen würde finden können und mich folglich mit der freilich sehr unvollkommenen, aber im Vergleich zu dem eben Ausgestandenen dennoch verhältnismäßig großen Bequemlichkeit des Übernachtens auf einer Bank der Kaffeebude zufrieden geben müsse. Dies Nachtquartier hatte wenigstens den Vorteil, daß ich hier nicht durch ständigen Lärm belästigt wurde und, wenn die Gesellschaft auch keine feine war, so befand ich mich doch in einem Kreis von Bekannten, an die ich mich bereits gewöhnt hatte, und das hat auf der Reise seinen großen Wert, was jedermann zu schätzen weiß der sich in unzivilisierten Ländern schon allein befunden hat. Das Alleinreisen, schon in zivilisierten Ländern nicht angenehm, ist es in unzivilisierten doppelt, ja dreifach, was ich schon oft durch bittere Erfahrung erprobt hatte. Aus keinem anderen Grund, als um öffentlich keinen Augenblick allein zu sein, hatte ich auch Ali mitgenommen. Ich sage öffentlich, denn im Hause weiß ich die Einsamkeit so gut zu schätzen wie irgend jemand. Aber vor den Leuten darf der Reisende nicht allein dastehen, wenn er nicht ganz für einen Vagabunden gelten will, namentlich in Kaffeehäusern und andern öffentlichen Orten darf er sich nicht allein zeigen, wenn er Anspruch auf die Achtung seiner Mitmenschen erheben will; denn von dem Alleinstehenden hegt man fast immer eine schlechte Meinung, von ihm zieht sich jedermann zurück, er ist der Ahasverus, der freund- und freudlos die Erde durchwallt.

Nun war ich also für die drei oder vier Tage, welche ich in Dschedda noch verweilen sollte, geborgen. Ich konnte sogar mich auf Stunden dem Kaffeehaus entfernen, um mich in der Stadt umzusehen, da mein Gepäck sich hier unter guter Bewachung befand. Meinen ersten Gang mußte ich natürlich einer Moschee zuwenden und dort, als frommer Hadsch, meine Andacht verrichten. Dann trieb ich mich mit Ali und zwei der Neffen Schich Mustaphas sowohl in den regelmäßigen Straßen, als in dem Labyrinth von Schilfhütten und Palmstammbuden herum, welches den häuserlosen Teil innerhalb der Stadtmauern Dscheddas ausfüllt. Hier war es mir vergönnt, Beobachtungen über alles anzustellen, was einen Ethnologen im äußerlichen Erscheinen und Auftreten ihm bisher völlig unbekannter Völker interessiert. Die Einwohnerschaft Dscheddas ist eine bunte Musterkarte verschiedener Völker des Orients, ja, zur Zeit der Pilgerfahrt, aller Völker des Islams. Von den ursprünglichen Bewohnern dieser altarabischen Stadt ist so gut wie nichts übriggeblieben. Sie sind größtenteils während der Epoche der Wahabitenherrschaft, als die Pilgerfahrt nach Mekka beinahe aufgehört hatte und sein Hafen jahrelang fast unbenutzt blieb, ausgewandert und nur in sehr geringer Anzahl zurückgekehrt. Die Bewohnerschaft besteht jetzt

Kaffeehaus

vornehmlich aus eingewanderten Fremden, Moslems aus allen Gegenden von Arabien, von Ägypten, Nubien und nicht wenigen Indern.

Was die Schönheit der Frauen von Dschedda betrifft, so gestehe ich offen, darüber nicht urteilen zu können, da ich keine einzige anständige Frau zu Gesicht bekommen konnte und da diejenigen, welche das Prädikat »anständig« nicht verdienen und deren man allerdings bei den hier herrschenden lockeren Sitten soviel sehen kann, als man nur immer Lust hat, eben nicht aus Dschedda, sondern alle Fremde, meist Beduininnen, Negerinnen, Ägypterinnen sind. Unter diesen konnte ich wenig Schönheiten entdecken; die Beduininnen sind meist sehr mager und haben nur in der frühesten Jugend, im Alter von zwölf bis vierzehn Jahren, einen gewissen, jedoch äußerst flüchtigen Reiz, der schon oft nach dem dritten Lustrum ihres Lebens einer frühzeitigen Verwelktheit Platz macht; die Negerinnen und Abessinierinnen sind hier dieselben wie überall; die Ägypterinnen werden sehr geschätzt, zwar sind sie selten schön zu nennen, aber sie besitzen fast immer künstlerische Fertigkeiten, wie Singen, Tanzen, Musizieren, welche sie beliebt machen. Die Beduininnen und Ägypterinnen haben eigentümliche Begriffe über das, was nach ihrer Meinung ihre Schönheit erhöhen kann; sie finden es sehr reizend, schwarze Fußsohlen und Hände zu haben und färben sich dieselben deshalb mit Antimonium, aus dem sie die bekannte schwarze Schminke, welche man auch in Algier gebraucht und Khal nennt, bereiten; von den Händen färben sie jedoch nur die inneren Seiten schwarz; auf Stirne, Brust und Wangen tätowieren sie sich, und zwar hat jeder Stamm seine eigene Art, sich zu tätowieren, so daß man aus der Tätowierung des Gesichts jedesmal auf den Ursprung schließen kann. Außerdem gebrauchen sie das rotfärbende Kraut, das Henna, mit welchem sie ihren Armen und Beinen oft einen schönen orangefarbenen Ton verleihen, dessen Farbe etwa vierzehn Tage anhält.

Achtes Kapitel

Das Grab Evas

Am zweiten Tag nach meiner Übersiedlung aus dem Okal in die Kaffeebude unternahm ich mit sämtlichen mir bekannten Ägyptern die Wallfahrt nach dem Grabe der Ältermutter. Das Grab der Ur- und Stammutter des Menschengeschlechts, der nicht genug zu preisenden Um na Hauwa (Eva), liegt etwa ein Drittel einer deutschen Meile in nordöstlicher, beinahe nördlicher Richtung von Dschedda. Der Weg dahin führt durch das Bab el Dschedid (das neue Tor), welches auch Bab el Medina (von der heiligen Stadt Medina, welche in dieser Richtung liegt) genannt wird. Ein frommer Pilger, der sich zur Wanderung nach dem Grab der Hauwa mit der gehörigen Portion Andacht ausgerüstet hat und der ganz in mystische Träumereien versunken ist, wird gleich vor diesem Tor plötzlich aus seiner religiösen Stimmung herausgerüttelt, und zwar durch etwas, was er in der Nähe eines solchen Heiligtums gewiß nicht suchen würde. Dort, gerade vor dem Bab el Dschedid, sind nämlich einige fünfzig elende Schilf-, Reiser- und Bretterhütten aufgeschlagen, von denen einige Kaffeehäuser und noch schlimmeres vorstellen. Hier tönt Tag und Nacht der ohrenzerreißendste Lärm, Trommeln werden geschlagen, Flöten geblasen, Baßstimmen brüllen und schrille Weiberorgane jauchzen dazwischen. Auch uns empfing, kaum daß wir das Tor verlassen hatten, die ganze lärmende Atmosphäre und trug nicht wenig zur gänzlichen Vernichtung aller frommen Gedanken bei, welche wir etwa hätten haben können. Die Neffen des Schich Mustapha ließen es sich nicht nehmen, in einer dieser Buden den obligaten Kaffee einzuschlürfen, und zu meinem Erstaunen ließ auch der fromme Schich selbst sich ohne große Schwierigkeit dazu bewegen, ihrem Beispiel zu folgen. Dort saßen wir nun, hörten den Lärm an, welchem die Araber den euphemistischen Namen »Musik«

Ualem, die Tänzerinnen

beilegten, sowie das Geschrei, welches sie »Gesang« zu nennen für gut fanden. Die meisten der Menschen, welche in den elenden Schilf- und Reiserhütten, sowie Bretterbuden vor dem »neuen Tor« wohnten, gehörten zum Stamm der Suakim, welche die größten Vagabunden Arabiens und wohl würdig sind, mit den Zigeunern in Europa verglichen zu werden. Sie stammen von der afrikanischen Küste bei Habesch her und gleichen im ganzen den Negern des Sudan, nur daß ihre Haut nicht ganz so schwarz und ihre Züge doch etwas weniger bulldoggenartig sind. Fast in allen größeren Städten der arabischen Halbinsel gibt es solche Suakim, welche fast immer, wie hier, in elenden Geraba (Hütten) vor den Stadttoren wohnen. Sie stehen im schlechtesten Ruf und verdienen ihn, glaube ich, auch so ziemlich, denn sie ergeben sich dem liederlichsten Leben und treiben die schändlichsten Gewerbe. Was sie jedoch in den Augen aller frommen Moslems besonders gottlos erscheinen läßt, ist nicht die Prostitution ihrer Kinder, woraus sie ihren schändlichen

Erwerb ziehen, sondern ihre Vorliebe für berauschende Getränke, welche sie ganz offen und ohne Scheu an den Tag legen. Namentlich die Busa, ein sehr berauschendes Getränk, welches eine Art von Traubenbranntwein ist, erfreut sich großer Beliebtheit. Dies mag freilich nur von der wirklich beispiellosen Wohlfeilheit der Busa (eine Flasche der besten Busa kostet nur etwa 5 Kreuzer) herrühren, indem man sich für einen Piaster schon einen sehr anständigen Rausch holen kann, was vielleicht bei keinem andern Getränk in dem Maße der Fall sein möchte. Der türkische Raki (Arrak) wird zwar auch von den barbarischen Dienern des Bacchus hier gerne getrunken, aber da er in Dschedda verhältnismäßig teuer ist, so pflegen sich nur der Pascha und seine Beamten sowie die türkischen Militärs und einige fromme Pilger in ihm Räusche zu holen. Denn die armen Suakim, so schlecht sie auch sein mögen, sind keineswegs die einzigen, welche in der Stadt der Ältermutter das Gebot des Propheten übertreten. Ich sah daselbst beinahe so viel Betrunkenheit, als man nur in England und Amerika, diesen Ländern der Säufer katexochen, an dem beliebten Säufertage, dem mit Sabbatstrenge gefeierten Sonntag, erblicken kann. Beinahe alle Türken, einige fromme Mollahs und Ulema oder sonst Leute vom alten Schlag ausgenommen, sind dem Trunk ergeben. Einige ergeben sich dem sogenannten »stillen Suff«, andere jedoch machen gar kein Geheimnis aus ihrer Vorliebe für den Trunk und saufen in Gesellschaft und öffentlich.

Aber meine Reisegefährten, diese ganz besonders frommen Pilger, waren oder gaben vor, Feinde des gottlosen Getränks zu sein, und sie genierten sich nicht, mit aller Kraft ihrer Stimmen und mit ihren energischsten Schimpfworten über jene armen Teufel loszuziehen. Besonders Schich Mustapha zeichnete sich durch strenge Kritik aus und fand es für nötig, den Suakim, deren sich einige vierzig Männer und Jünglinge und einige zehn Weiber vom Stande der Ualem (Tänzerinnen) um uns gesammelt hatten, folgende Strafpredigt zu halten:

»O ihr Ausbund aller schändlichen Laster! O ihr gottlosen Vagabunden! O ihr Reisigbündel der Hölle! Schämt ihr euch, eure gottlosen Angesichter vor der Sonne zu zeigen? Ihr wohnt an der Schwelle eines der größten Heiligtümer und ihr wagt es einen so strafbaren Lebenswandel zu führen. O ihr Hunde! O ihr Schweine! Ihr seid so gut wie Ungläubige, ihr seid würdig, Christen, ja Juden genannt zu werden« und so weiter...

Das merkwürdigste bei dieser Strafpredigt war, daß sie von den Suakim ganz ruhig, ja ich möchte sagen, sogar mit einer gewissen Andacht angehört wurde. Denn es ist den Moslems eigentümlich, daß es bei ihnen keine Freigeister gibt, die ihre Sünden und Laster durch selbstgeschmiedete Grundsätze beschönigen wollen, wie in Europa, wo lasterhafte Menschen es zuweilen gar nicht für nötig halten ihre Fehltritte zu entschuldigen, sondern geradezu leugnen, daß das, was sie tun, sündhaft sei, oder die Existenz der Sünde überhaupt in Abrede stellen. Hätte Schich Mustapha einem europäischen Publikum von Säufern eine solche Strafpredigt gehalten, er wäre höchst wahrscheinlich zu Tode geprügelt worden. Jeder Säufer würde sich wenigstens gegen ihn erhoben und gesagt haben: »Was nimmt dieser alte Dummkopf sich heraus? Als ob wir Säufer wären und als ob ein Glas Wein über den Durst zu trinken, gleich Sünde wäre!«

Die Folge von Schich Mustaphas Predigt war übrigens, daß in unserer Gegenwart nun gar nichts mehr vorfiel, was für die Sitten der Suakim bezeichnend sein konnte. Die Musik in unserem Kaffeezelt verstummte, die Sängerinnen schwiegen, die Tänzerinnen rührten sich nicht.

Endlich verließen wir die Hütten der Suakim und betraten nun, auf unserem Wege nach dem Grabe Evas, das völlig öde, einsame Wüstenfeld, welches Dschedda auf allen Seiten umringt. Hier sucht man umsonst nach Gärten, nach Bäumen, nach grünen Plätzen; nur hie und da stößt man auf einige verkrüppelte Akazien, deren Gegenwart vermuten läßt, daß hier einst vielleicht Brunnen vorhanden waren.

Wir mochten in dieser Einöde etwa eine halbe Stunde gegangen sein, als wir ein Gewirr von armseligen Hütten und Kaffeezelten gewahr wurden, aus deren Mitte sich eine Kuppel erhob. Wir näherten uns diesen Hütten, und immer noch hoffte ich, jetzt den Dom und die Moschee zu erblicken, welche nach meiner Meinung das Grab der Mutter des Menschengeschlechts überwölben mußte. Aber da war nichts von stattlichen architektonischen Formen zu sehen. Je näher wir kamen, desto deutlicher wurden nur die ärmlichen Baracken und die unbedeutende Kuppel, und es blieb mir nichts übrig, als mich zuletzt darein zu finden, daß diese elenden Baulichkeiten den heiligen Ort bezeichneten, der heute das Ziel unserer Wallfahrt bildete.

Wir würden ohne Zweifel den Ort, wo sich das heilige Grab befindet, nicht entdeckt haben, wenn nicht eine Menge von Pilgern, welche alle in derselben Absicht wie wir hierher gekommen waren, uns den Weg gezeigt hätten. Einige hundert fromme Hadschadsch standen nämlich vor der Tür einer Ummauerung, die mit Reisern ausgebessert worden war, und warteten bis diese Tür sich ihnen öffnen würde.

Endlich, nachdem wir etwa eine halbe Stunde vor dem Tor des Grabes der Mutter Eva gestanden und an seine Wände geklopft hatten, um den Wächter, der uns öffnen sollte, durch dieses Getöse herbeizulocken, was übrigens der einzige klopfende Lärm war, den wir machen konnten, denn wir waren unbeschuht und konnten folglich mit den Füßen nicht viel Geräusch hervorbringen; nachdem wir von den brennenden Sonnenstrahlen beinahe einen Sonnenstich davongetragen, fiel es dem Schich ein, ein wirksameres Mittel, den schwerhörigen Wächter herbeizuführen, zu versuchen, was denn auch gelingen sollte. Er stimmte nämlich mit lauten schrillenden Fisteltönen den berühmten Pilgerruf »Labik« an, und bald tönte dieser Ruf, von zweihundert Hadschadsch wiederholt, so laut und so einstimmig, daß selbst der harthörige Ukil (Wächter) des Grabes sich ihm nicht mehr entziehen konnte.

Die Harthörigkeit dieses Biedermannes war jedoch, wie ich mir gleich gedacht hatte, nur eine gespielte und nur darauf berechnet, die Hadschadsch zur Herausgabe von Trinkgeldern zu nötigen.

Endlich also erschien der Ukil, und jetzt zeigte sich seine vermeintliche Harthörigkeit in dem komischsten Lichte. Er öffnete nämlich die Tür nicht eher, als bis jeder der anwesenden Pilger, deren Zahl über zweihundert war, ihm ein Trinkgeld, das zwischen fünf und fünfundzwanzig Piaster variierte, eingehändigt hatte. Solange ein Hadsch das Trinkgeld nur versprach, gab er sich die Miene, als hörte er nicht, denn er schenkte den frommen Hadschadsch sehr wenig Vertrauen und gar keinen Kredit. Als sie aber gezahlt hatten, dann verstand er auf einmal alles, was man ihn nur fragte.

Das Grab der Mutter Eva liegt in einer Umfriedung, von Mauern umgeben, jedoch ohne Dach. Da nur eine sehr große Moschee imstande wäre, die gigantische Tote zu überwölben, deren Oberkörper nach der Tradition des Islam ungefähr dreihundert und deren Unterkörper zweihundert Fuß lang war. Bis jetzt hat noch niemand an die Errichtung einer solchen Moschee gedacht.

Nur über dem Ssara, dem Nabel der Ältermutter befindet sich eine aus rohen Korallensteinen erbaute und grell weiß angestrichene Kapelle, etwa fünf Fuß lang und vier Fuß breit, die von einer Kuppel überwölbt wird, deren Höhe etwa zehn Fuß betragen mag. Durch die einzige Tür, welche diese Kapelle besitzt und die nach Westen gerichtet ist, drangen wir, einer nach dem andern, langsam ein. Die Wände des Heiligtums waren nackt und kahl. Überhaupt war nichts in der Kapelle zu sehen als ein viereckiger Stein in ihrer Mitte, etwa anderthalb Fuß hoch und einen halben Fuß breit. Dieser Stein soll genau die Länge der Nabelgrube der Ältermutter besitzen und gerade an der Stelle aufgestellt sein, unter der sich der wirkliche Nabel Evas befindet.

Die Ältermutter, die ihre heutigen Nachkommen um eine Kleinigkeit von 495 Fuß an Höhe überragte, unterschied sich nämlich auch durch eine ganz besonders tiefe Nabelgrube von ihnen. In der Tat soll dieser Stein gerade in die Nabelgrube hineinpassen.

Der Ssara oder Nabelstein war, wie mir schien, von Granit, und mit vielen eingemeißelten Verzierungen und Inschriften bedeckt, unter welchen ich auch, obgleich mit großer Mühe, einige kufische entdecken konnte. Jedoch ist auch dieser Stein, ähnlich wie der heilige Stein der Kaaba in Mekka, durch die vielen Küsse von fettigen Pilgerlippen im Laufe der Jahrhunderte so schmutzig geworden, daß man jetzt die eingegrabenen Verzierungen, ja die Steinart des Ssara selbst nur höchst undeutlich unterscheiden kann.

Es gehört viel fromme Phantasie dazu, um an die viereckige Nabelform und die große Vertiefung der Nabelgrube Evas zu glauben. Übrigens mögen die Physiologen entscheiden, ob eine Person, welche fünfhundert Fuß lang war, eine anderthalb Fuß tiefe Nabelgrube besitzen konnte. Diesen heiligen Stein mußten wir mit brünstigen Küssen bedecken und an ihm ein kurzes Gebet verrichten.

Nachdem ich dem Nabel der Mutter Eva den Zoll meiner Andacht gespendet hatte, galt es nun auch, an ihren anderen Gliedmaßen meine Gebete zu verrichten. Zuerst ging ich zum Kopf, der vom Nabel etwa 240 Fuß entfernt liegt. Seine Stelle wird durch eine im Boden eingelegte Steinplatte bezeichnet, die jedoch nicht die ganze Größe des Kopfes mißt. Der Umriß des Hauptes wird vielmehr durch einen von kleinen Steinen gebildeten Kreis bezeichnet, die in einiger Entfernung voneinander angebracht sind. Nach dieser Zeichnung war der Kopf der Mutter Eva beinahe kugelrund und besaß einen Durchmesser von 30 Fuß. Nachdem ich auch hier gebetet, ging ich am Körper Evas hinab, dessen Breite für seine Länge auffallend gering gewesen sein muß, denn die zwei parallel laufenden Mauern, welche die Breite bezeichnen, sind nur etwa zwölf Fuß voneinander entfernt. Daraus kann man annehmen, daß die Ältermutter verhältnismäßig mager und schmal war, da sie bei einer Länge von fünfhundert nur eine Breite von zwölf Fuß besaß.

Auf meinem Weg vom Kopf zu den Füßen, kam ich zuerst an die Schultern, auf denen man zwei Grabdenkmäler errichtet hat, welche dem Erbauer der Kapelle, die über dem Nabel Evas liegt, gewidmet sind. Das eine Grab soll das des Kalifen Osman sein, welcher der dritte Nachfolger des Propheten und einer der vier Sahab en Nebi (Freunde des Propheten) war, die von allen sunnitischen Moslems hochverehrt werden, während die Schiiten nur Ali, den vierten Kalifen, hochschätzen und die drei ersten, Abubekr, Omar und Osman verwerfen. An diesem Grab mußte ich stillstehen und ein Gebet hersagen:

Danach legte ich die 450 Fuß zurück, welche die Schultern der Mutter Eva von ihren Füßen trennen. Auf dem Weg dahin kamen wir an einem Ort vorbei, der die Stelle einer Beule bezeichnen soll, welche Eva der Sage gemäß besaß. Ich fragte Schich Mustapha, was das für eine Beule gewesen sein könne, und er versicherte mir allen Ernstes, dieselbe rühre von Prügeln her, welche die Ältermutter von Sidna Adam, ihrem Herrn und Gemahl, bekommen habe. Diese echt muselmännische Fabel zeigt, wie geheiligt im Islam die Prügel des Ehegatten sind. In der Tat sagt der Koran (Sure 4. Vers 34) ausdrücklich, daß der Mann seine Frauen schlagen soll.

Auch den heiligen Sueis (Brüsten) der Mutter Eva statteten wir im Vorbeigehen einen Besuch ab. Die heiligen Brustwarzen waren ungefähr einen Fuß lang, was im Vergleich mit der Tiefe der Nabelgrube noch mäßig ist. Die Sueis waren durch aufgestellte Steine bezeichnet. Jetzt kamen wir an einen Ort, von dem Schich Mustapha folgendes sagte:

»Hier ist die Wiege des Menschengeschlechts; die Stelle, von der alle Menschen ausgegangen sind. Bete, oh Maghrebi, bete, aber blicke nicht hin; die Scham verbietet es.«

Endlich langten wir an den heiligen Füßen an, aus deren Umrissen ich schloß, daß die Mutter auf einem ganz besonders großen Fuße gelebt haben muß. Es war ein Glück, daß es zu ihrer Zeit noch keine Schuster gab, sonst würde sie sich im Schuhwerk höchstwahrscheinlich ruiniert und Sidna Adam an den Bettelstab gebracht haben. Wir küßten die heiligen Füße, beteten an ihnen, und endlich hatten wir die ganze, fromme Zeremonie abgetan.

Das Grabmonument der Ur- und Stammutter des Menschengeschlechts soll von dem hier begrabenen Kalifen Osman ungefähr im Jahre 660 unserer Zeitrechnung restauriert worden sein. Einige skeptische Moslems wollen sogar behaupten, besagter Osman habe es erst erbaut. Jeder fromme Muselmann nimmt jedoch an, daß die Kubba (Kapelle) Evas schon vor 6000 Jahren von ihren eigenen Kindern auferbaut und nur von Noah nach der Sintflut, welche ihr einigen Schaden zugefügt hatte, etwas ausgebessert worden sei. Da ich bei jeder religiösen Meinung zwei Seiten unterscheide, nämlich die fromme und strenggläubige Meinung, welche alles, selbst die unverdaulichsten Wunder als geschehen annimmt und die gewiß auch ihre Berechtigung hat, und die andere, historische, eine gewisse Kritik übende, welche, ohne in die gottlose Freigeisterei auszuarten, es doch wagt, zu untersuchen, wann dies oder jenes Dogma, diese oder jene Tradition ihren geschichtlichen Ursprung genommen habe, so sei es mir auch gestattet, mich von der frommen Tradition, welche das Grab Evas vor 6000 Jahren von ihrem Sohne Seth erbaut sein läßt, einen Augenblick zu entfernen, und zu untersuchen, wie und wann denn eigentlich sich der Mythos vom Grabe Evas festgestellt haben mag. Bei dieser Untersuchung, entbehren wir leider aller Hilfsmittel. Im ganzen Koran ist keine Rede vom Grabe Evas, und die Traditionen, dasselbe betreffend, sind alle viel späteren Ursprungs als der Islam. Wir können deshalb über das Alter der Sage des Evagrabes nichts Glaubwürdiges entdecken, denn die Traditionen der Sunna darüber sind selbst nur verwirrende Fabeln, die nicht dazu dienen können, eine andere Fabel zu erklären. Aber im allgemeinen können wir den Zeitpunkt ungefähr feststellen, wann die biblischen Erzählungen nach Arabien gedrungen sind und dort, nach mancherlei Verdrehungen im Volksmunde, sich zuletzt zu der arabisch-mohammedanischen Version der heiligen Geschichte umgestaltet haben. Diese Epoche wird ungefähr in das dritte oder vierte Jahrhundert unserer Zeitrechnung zu verlegen sein, und zwar waren es sowohl zum Teil die Juden, welche, aus Palästina vertrieben, in Arabien ein Reich gründeten, zum Teil auch die Christen, deren Religion in einzelnen arabischen Küstenstädten (das ganz christliche »steinige« Arabien nicht zu rechnen) Anhang fand, welche die Araber mit der mosaischen Geschichte der Schöpfung und Patriarchen bekannt machten.

Im ersten oder zweiten Jahrhundert des Islam waren die frommen Gemüter wohl zu sehr mit dem Stifter und dem, was diesen unmittelbar anging, beschäftigt, um anderen Heiligen große Aufmerksamkeit zu widmen. So kommt es, daß wir aus jener Zeit keine Zeugnisse über das vermeintliche Grab Evas haben und daß erst Isstachri ums Jahr acht- oder neunhundert unserer Zeitrechnung dieses Grabmals Erwähnung tut, und selbst Isstachri erwähnt das Grab nicht ausdrücklich; da er aber den Namen »Dschedda« anführt, so kann man aus diesem Namen, der in seiner Bedeutung »die Ältermutter« eine Anspielung auf Eva enthält, schließen, daß jener Geograph das Grab gekannt habe. Bekanntlich erwähnt auch der Patriarch Euthychius den Namen »Dschedda« noch etwas früher. Ein vernünftiger Mensch, der ein wenig Kritik gebraucht, hat also keinen Grund, anzunehmen, daß das Grab älter als jene Epoche sei, da keine uns bekannte Quelle dessen früher gedenkt.

Was auch immer meine Ansicht über die Echtheit oder Unechtheit des Grabes der Mutter Eva sein mochte, wie sehr ich auch innerlich über die riesigen Proportionen ihres Leibes und über den rührenden Anachronismus lachen mußte, daß sie, wie eine echte Mohammedanerin, nach Mekka zu gerichtet liegt, so durfte ich doch äußerlich nur die größte Andacht und Ehrfurcht an den Tag legen.

Endlich hatten wir uns mit dem Grabe der Ältermutter hinlänglich beschäftigt und traten unseren Rückweg nach Dschedda an, wo wir nach fünfstündiger Abwesenheit wieder eintrafen, um alle unsere Vorbereitungen zu der uns morgen bevorstehenden Abreise nach Mekka zu treffen. Ich hatte zu diesem Zwecke drei Kamele gemietet, deren eines mich, das zweite Ali und das dritte mein Gepäck tragen sollte. Die Ägypter wollten fast alle die Wallfahrt zu Fuß machen. Nur einige wenige von ihnen mieteten kleine Eselchen. Am Abend ging ich noch mit Ali auf den Markt, um Vorräte einzukaufen, die ich in recht reichlicher Menge mitnehmen wollte, um bei Gelegenheit meinen Reisegefährten davon mitteilen und mir durch diese Spende Freunde machen zu können.

Wir gingen zuerst auf den Fischmarkt, der hier, wie in allen Hafenstädten des ganzen, fischreichen Roten Meeres sehr interessant war. Nachdem ich von den Makrelen und Karangen, welche hier die beliebtesten und zugleich teuersten Fischgattungen waren, ein paar Dutzend gekauft hatte, zog ich mich zurück. Mit den andern für einen europäischen Magen mitunter ganz unverdaulichen Fischarten, welche die Araber zuweilen auch essen, wollte ich keine Experimente machen. Nun besuchten wir noch den Buttermarkt, wo ich sowohl Sebda (süße Butter), als Ssemen (gesalzene Butter) zu dem beispiellos wohlfeilen Preis von 5 Kreuzer das Pfund der ersteren und 8 Kreuzer der andern einkaufen ließ. Dann vollendeten wir unsere Provisionen beim Metzger und Bäcker und endlich waren wir reisefertig.

Ich wußte freilich nicht, daß in diesem Lande alle Reisen nur in der Nacht gemacht werden, sonst hätte ich den Kauf von Fischen auf den nächsten Tag verschoben. Da keiner meiner Reisegefährten mir darüber Aufschluß zu geben der Mühe wert gefunden hätte, so fand ich mich nun im Besitz einer Menge frischer Substanzen, die bei der Hitze leicht verdarben. Einige Fische gelang es mir freilich durch Einsalzen zu bewahren, die andern mußte ich verschenken.

Neuntes Kapitel

Wallfahrt von Dschedda nach Mekka

Als ich am Abend des 25. Du el Kada 1276 (15. Juni 1860) vor die Tür meiner Wohnung, der Kaffeebude trat, in welcher ich eben die so nötige Siesta als Stärkung für die bevorstehende nächtliche Wallfahrt gemacht hatte, bot sich meinen Blicken ein lebhaftes, buntes Bild voll der abwechselndsten Mannigfaltigkeit dar. Da lagerten auf den öffentlichen Plätzen der Stadt, zwischen den zahlreichen Schilfhütten und Reiserbuden und dem Labyrinth von Zelten, einige tausend Hadschadsch (Pilger), Menschen von den verschiedensten Physiognomien, Hautfarben und Sprachen, von denen jeder, trotz der Abwesenheit seiner unterscheidenden Nationaltracht, denn fast alle trugen den gleichförmigen Ihram, dennoch seine Abstammung deutlich verriet. Um sie herum standen, lagen oder knieten die Kamele, von malerisch zerlumpten, sonnenverbrannten Beduinen begleitet, dazwischen kleine, flinke Eselchen, die den Augenblick der Abreise ungeduldig zu erwarten schienen, hie und da ein reichbeladenes Maultier und zuweilen, wenn auch selten, irgendein edles, arabisches Roß vom reinsten Blute des Nedsched, dem Vaterlande der schönsten Pferde, mit dem feinen, zartgebauten Kopfe, mit dem schlanken, gelenkigen Körper, mit hoher, wallender Mähne, mit den dünnen, sehnigen Beinen und dem langen, dichtbehaarten Schweif. Einige dieser Pferde trugen die schönsten goldgestickten arabischen Sättel mit buntverzierten Zäumen und Steigbügeln und schienen nur den Beduinenchef, ihren Reiter, zu erwarten, um im wahnsinnigen Galopp mit ihm davonzufliegen.

Alle diese Hadschadsch sollten jedoch nicht heute die Reise mit uns antreten, denn viele zogen es vor noch einige Tage in Dschedda zu verweilen, wo sie bequemer als in dem überfüllten Mekka leben konnten. Es war nämlich noch früh in der Pilgerjahreszeit; der neunte Tag des Monats Du el Hödscha, an welchem jeder Hadsch in Mekka und Arafat sein muß, lag noch vierzehn Tage fern, und auch ich hätte in aller Muße noch eine Woche in der Stadt der Ältermutter weilen können, wenn ich nicht vorgezogen hätte, dem Rat und der Gesellschaft Schich Mustaphas zu folgen, der mir mit Recht vorgestellt hatte, daß es wünschenswert sei, in Mekka früher als die Mehrzahl der Pilger, namentlich vor Ankunft der beiden großen Pilgerkarawanen aus Damaskus und Bagdad anzukommen, natürlich deshalb, um desto leichter in der heiligen Stadt ein Unterkommen zu finden, was zur Pilgerzeit immer seine Schwierigkeiten hat.

Die Karawane, welche am 25. Du el Hödscha (gewöhnlich Dulhidscha geschrieben) Dschedda verlassen und auch uns, nämlich meine Reisegefährten, die Ägypter und mich, mitnehmen sollte, bestand aus einigen fünfhundert Hadschadsch, von denen ungefähr hundert Kamele, einige hundertundfünfzig kleine Eselchen ritten und die übrigen per pedes apostolorum gingen: jedenfalls die frömmste, wenn auch in diesem heißen Klima eine beinahe aufreibende Art, die Pilgerfahrt zu machen. Diese Karawane war jedoch weit entfernt davon, eine regelmäßig gebildete und geordnete zu sein. Sie hatte keinen Häuptling, ja sie besaß eigentlich gar keinen Zusammenhang. Sie war, wenn man will, eigentlich gar keine rechte Karawane, wie solche sich im Orient oft für mehrmonatliche Reisen regelmäßig zu organisieren pflegen und deren Hauptzweck ist, durch Zusammenhalten der Reisenden sich gegenseitig Schutz zu gewähren, was besonders dann sehr nötig wird, wenn man durch die Gebiete räuberischer Beduinenstämme kommt. Aber auf dem vielbesuchten Weg von Dschedda nach der heiligen Stadt war in diesem Jahre alles sicher, und die Abwesenheit der Gefahr machte auch die Organisation einer Karawane unnötig. So war unsere Karawane denn auch nichts als ein unregelmäßiger Zug von Reisenden, die in der größten Unordnung marschierten oder ritten, die, da jeder nach seinem Belieben aufbrach und ausruhte, nur in großen Zwischenräumen aufeinander folgten und sich oft auf die Länge einer deutschen Meile verteilten. Hier kam eine Gruppe von Reitern auf Kamelen, von einem Pferd, einem halben Dutzend Eseln und etlichen dreißig Hadschadsch zu Fuße begleitet; dort eine andere, in deren Mitte zwei reichverzierte Kamele eine schöne, große, viereckige Sänfte mit abgerundetem Dache trugen, durch deren offenes Fenster man die seltsamen, gespensterartig verhüllten Gestalten von Frauen erblicken konnte, welche den Ihram trugen, der beim weiblichen Geschlecht besonders häßlich ist und nur aus einem kolossalen, vom Kopf herabhängenden, den ganzen Körper bauschig umhüllenden weißen Baumwolltuch und einem viereckigen Pflaster von gestärktem, dicken Baumwollstoff fürs Gesicht besteht; da wandelte zu Fuß ein Häuflein halbnackter Fanatiker, Derwische von irgendeinem Orden, mit sehr schmutzigen und durchlöcherten Ihrams, welche ihre ungewaschenen Glieder deutlich gewahren ließen; hier folgte eine Anzahl triefäugiger Ägypter; dort wackelten langsam und gemessen einige zwanzig, von Hadschadsch gerittene Wüstenschiffe einher, nach ihrer beliebten Art mit den zwei Füßen auf einer Seite stets zugleich ansetzend, was ihren Höcker, auf welchem der Pilger saß, bald von vorn nach hinten, bald von hinten nach vorn schleuderte und so den Reiter zwang, stets im Schweben begriffen zu sein und mit dem Vorderkörper, wie ein umgekehrtes Pendel, unaufhörlich auf- und abzuschwingen, ich möchte fast sagen auf- und abzuläuten. Nicht umsonst hat man das Kamel das Schiff der Wüste genannt; denn, außer so vielen anderen Eigenschaften, welche diesen Vergleich rechtfertigen, besitzt es auch die, daß es stets, gleich einem Schiff auf dem Meer, regelmäßig auf- und niederschwebt und schwankt und daß es nebenbei seinem Reiter die allerschönste Seekrankheit bereiten kann. Zwischen dieser Masse von Pilgern ritt auch wohl hie und da irgend ein stolzer arabischer Häuptling einher, der kühn zu Pferde auf einem edlen, sich hochbäumenden Araberhengst des Nedsched saß und der in seinem schönen Kostüm, denn

Wasserverkäufer

er war kein Pilger und trug nicht den entsetzlichen Ihram, in seinem Kostüm, bestehend aus der langen weißen Dschebba, der weiten, bunten Oeba, dem roten, seidenen Kopftuch, von Kamelhaaren umwunden, mit seinen glänzenden, phantastisch geformten Waffen, die er im Ledergürtel um den Leib geschnallt trug, einen lebhaften Kontrast gegen die einförmig gekleideten, waffenlosen Hadschadsch darbot.

Die Gruppe von Pilgern, zu welcher ich gehörte, bestand, so wollte es der Zufall, fast ganz aus denselben Leuten, welche die Seefahrt auf der »Mutter des Friedens« von Kosseir bis nach Dschedda mit mir zusammen gemacht hatten. Es mochten etwa fünfzig sein, fast alle Ägypter, nur mich, den vermeintlichen Maghrebi, die zwei Türken und die beiden Kritzli oder Candianer ausgenommen. Von dieser Schar saßen etwa zehn hoch zu Kamel, zwanzig auf Eselchen, und die übrigen liefen auf ihren nackten Fußsohlen, denn nur wenige hatten in Dschedda, wo überhaupt Schuhwerk als der allergrößte Luxusartikel betrachtet und teuer verkauft wird, den sumptuösen Ankauf von Sandalen gemacht.

Schich Mustapha ritt als echter Ägypter ein kleines Eselchen; seine drei Neffen gingen zu Fuß; Hassan Effendi hatte ein Kamel bestiegen, und der kugelrunde Haggi Omar, der zum Gehen wie zum Reiten viel zu faul war, saß in einer Sänfte, welche von zwei Kamelen, deren eins vorn, das andere hinten ging, auf einer Art von Doppeldeichsel getragen wurde. Sidi Mansur, Sidi Abd-Allah und Hamed Effendi hatten jeder ebenfalls ein Schiff der Wüste bestiegen.

Die beiden rohen, ungeschlachten Türken waren ebenfalls wieder mit uns. Sie hatten zu zweien nur ein Kamel gemietet und bildeten sich ein, dasselbe würde sie vereinigt tragen, worin sie sich jedoch irrten, denn sowie sie sich beide auf das kniende Kamel setzten (die Kamele knien wenn sie beladen werden), war dieses nie zum Aufstehen zu bringen. Stieg der eine vom knienden Kamel herab, so stand es jedoch gleich auf. Auf diese Weise waren sie genötigt, sich im Reiten abzulösen. Die beiden Kritzli, die schon im Ihram lange nicht so stattlich als in ihrem theatralischen Kostüm aussahen, verloren noch mehr an Effekt durch das Reiten auf zwei Eseln, welche sie zur Reise nach Mekka gemietet hatten. Eselreiter werden überhaupt von den echten Arabern sehr verachtet; und die Beduinen, die als Eigentümer der Tiere, welche wir ritten, uns begleiteten, konnten sich nicht höhnisch genug über diejenigen unter uns aussprechen, welche das langohrige Tier bestiegen hatten. Esel gab es nämlich früher in Dschedda nur sehr wenige. Erst seit einigen Jahren ist Freund Langohr daselbst heimisch geworden und erfreut sich jetzt bei vielen Pilgern, namentlich Ägyptern, großer Beliebtheit. Der echte Araber aber, der Beduine, selbst viele Türken, kurz jeder, der einen Anspruch darauf macht, ein Krieger zu sein, hegt die größte Verachtung für das friedliche Tier und seine Reiter.

Der Weg von Dschedda nach der heiligen Stadt mag ungefähr neun deutsche oder geographische Meilen betragen. Da nun eine gewöhnliche Karawane volle zwei Stunden braucht, um eine deutsche Meile zurückzulegen, so mußten wir uns darauf gefaßt machen, achtzehn Stunden hoch zu Kamel oder zu Esel zuzubringen. Dies in einer einzigen Tour zu machen, war für uns nicht gut möglich, obgleich es sehr viele Pilger zu tun pflegen, die aber dann gewöhnlich allein oder in kleineren Gruppen, deren Mitglieder sämtlich flinke Eselchen reiten, und nicht in Begleitung von langsamen Fußgängern oder von noch langsameren Wüstenschiffen karawanenartig vorrücken. Unser Ziel sollte deshalb für die heutige Nachtreise (die Nacht vom 15. auf 16. Juni) nur die Mittelstation zwischen Dschedda und Mekka bilden, welche den Namen Hadda führt und ungefähr halbwegs zwischen beiden Städten gelegen ist.

Um 7 Uhr abends, gerade als die letzten Strahlen des Abendrots dem Roten Meer eine Farbe verliehen, welche seinen Namen, wenigstens für diesen Augenblick als gerechtfertigt erscheinen ließ, verließen wir Dschedda durch das stattliche Bab el Mekka, das Tor der heiligen Stadt, welches direkt gegen Osten gelegen ist.

Da es die Nacht des 25. Du el Kada war und alle arabischen Monate Mondmonate sind, so hatten wir das letzte Mondviertel schon hinter uns und folglich erst einige Stunden nach Mitternacht den Mondaufgang zu erwarten. Unsere nächtliche Reise vollendete sich deshalb fast ganz in der Dunkelheit, was allerdings ein großer Übelstand war.

Gleich hinter dem Tor von Mekka liegt ein wirres Durcheinander von Kaffeezelten und Buden, in deren Nähe sich gewöhnlich die Karawanen zu sammeln pflegen. Hier gruppierte sich auch die kleine Schar, zu welcher ich gehörte, und nach eingenommenen Kaffee (vielleicht zum zwanzigsten Male an diesem Tag) setzten wir uns langsam und gemessen in Bewegung.

Bald traten wir in eine unzweifelhafte Einöde, in der, soweit ich in der Dunkelheit unterscheiden konnte, nichts, gar nichts zu wachsen schien. Hier ruhte die Natur, in unermeßliches Schweigen gehüllt, tatenlos und lebensarm, kein Laut eines Nachtvogels ließ sich vernehmen, kein Abendschwärmer summte dahin, kein Leuchtkäfer fackelte durch die Nachtluft. Das einzige Leben in diesem nächtlichen, melancholischen Gemälde war das, welches die Pilger hineinbrachten.

Nach dreistündigem Ritt, währenddessen wir zwar unmerklich, aber doch immer gestiegen waren, langte unsere Karawane bei Aïn Rarhama an, wo sich wie der Name Aïn andeutet ein Brunnen befindet. Dort rasteten wir einen Augenblick; dann ging es weiter, und gegen elf Uhr gelangten wir nach Kawua el Turki, welches, wie sein Name andeutet, ein Kaffeehaus von einem Türken ist. Hier wurde ebenfalls wieder gerastet und zwar in aller Gemütsruhe. Die Ägypter, von denen viele zu Fuße gingen, waren hungrig und durstig geworden, namentlich letzteres, denn die Hitze war ganz bedeutend. Meine Reisegefährten erquickten sich durch Wasser und genossen ihr hartes, schwarzes Durrabrod, wozu ich ihnen einige eingesalzene Fische schenkte, was mir manchen zum Freunde machte. Den Schich, seine drei Neffen, Mustapha Bei, den Mekkawi und noch ein halbes Dutzend anderer traktierte ich mit Kaffee und schlürfte selbst dieses hier trefflich bereitete Getränk mit Wohllust ein.

Von einem Türken, übrigens einem rohen ungeschlachten Kerl, und dessen zwei Söhnen wurde, wie gesagt, dieses Kawua el Turki gehalten. Die zwei Söhne dieses barbarischen Kaffeewirts waren zwei höchst freche, unausstehliche Bürschchen, die sich durch ihre türkische Abkunft berechtigt fühlten, über alle Araber, namentlich über die sanfteren Ägypter, mit den gemeinsten Schimpfwörtern loszuziehen, unter denen »Sohn eines Hundes« oder »Sohn eines gewissen Frauenzimmers«, das mir der Anstand zu nennen verbietet, die gewöhnlichsten waren.

Unsere beiden türkischen Mitreisenden ließen sich mit dem Kaffeewirt, seinen hoffnungsvollen Sprößlingen und einigen türkischen Soldaten, welche hier die Wache hatten, in ein trauliches Gespräch ein und wurden von diesen als Landsleute mit großer Freundlichkeit behandelt. Ja bald sah ich, wie einer der beiden schimpflustigen Jünglinge eine große Schüssel voll Pilaff, das bekannte türkische Nationalgericht aus Reis, Butter und Hammelfleisch bestehend, herbeibrachte und mitten unter die türkische Gesellschaft setzte, welche sogleich in einem unmäßigen Fressen begriffen war. Das unanständigste bei diesem Fressen war jedoch nicht die Gier, mit welcher sie den Reis verschlangen, sondern das Nachspiel der Mahlzeit, welches ein wahres Konzert von Rülpsereien genannt werden konnte. Ich wußte wohl, daß es bei den Türken für den höchsten guten Ton gilt, nach vollendeter Mahlzeit mit großem Getöse zu rülpsen, aber ein solches Gerülpse, wie das, welches diese rohen ungeschlachten Türken, welche meist aus Kleinasien stammten und noch nicht von konstantinopolitanischer Feinheit und Kultur beleckt waren, anstimmten, ein solch unanständiger Lärm war mir noch selten auf meinen Reisen vorgekommen.

Zum Glück dauerte dies jedoch nicht lange und unser baldiger Aufbruch raubte uns noch den Schlußakt des häßlichen Schauspiels. Nach einem weiteren Ritt von anderthalb Stunden gelangten wir nun nach el Bejadija, wo ebenfalls Kaffeezelte und ein Brunnen sind. Hier rasteten wir jedoch nicht, sondern setzten unseren Weg, der immer in die Höhe strebte, weiter fort, bis wir gegen vier Uhr morgens einen kleinen Ort namens Bahra erreichten.

In Bahra ruhten wir in einer Kaffeebude, kauften saure Milch ein, von der die Pilger in besonderer Quantität zu trinken und sich damit den Magen zu verderben pflegen, aßen einige Datteln und zündeten ein Feuer an, was uns trotz der Jahreszeit sehr erwünscht vorkam. Denn je mehr wir uns von dem Tehama (Tiefland) entfernten, desto auffallender wurde die nächtliche Kühle, für welche wir jetzt ganz besonders empfindlich waren, einmal weil wir nackt, oder so gut wie nackt (denn der Ihram ist kein wärmendes Kleidungsstück) zu gehen gezwungen, dann weil wir durch die Hitze in der Küstenregion verwöhnt waren. Es war ein seltsamer Anblick, alle diese halbnackten, mehr oder weniger hinfälligen Gestalten um das Feuer herumhocken zu sehen. Schön war dieser Anblick eben nicht. Einige Pilger waren am Leibe dicht behaart und sahen aus wie ebenso viele Orang-Utan. Andere mit ihren schmächtigen Formen, ihrer schlaffen, gelben Haut hatten auffallende Ähnlichkeit mit Gespenstern. Der dicke Haggi Omar dagegen glich einem Silen, dem nur das Faß fehlte, um ganz in seiner Rolle zu bleiben.

Von Bahra war der Weg gen Osten hin eben und ziemlich leicht gangbar. Nach weiterem zweistündigen Ritt erreichten wir Hadda, die Mittelstation zwischen Dschedda und Mekka, und zwar gerade zur Stunde des Sonnenaufgangs, welcher ein herrliches Schauspiel und mir doppelt willkommen war, denn er sollte mir ein Land offenbaren, das noch so wenige Europäer gesehen und das mir immer im Geiste als ein unerreichbares Fabelreich vorgeschwebt hatte.

El Hadda mochte etwa zweihundert Wohnungen zählen,

wovon ein Drittel Bretterbuden, die übrigen Reisighütten und einige Zelte waren. Die Reisighütten hatten ein ganz eigentümliches Aussehen. Sie bestanden aus sehr soliden Zweigen verschiedener Straucharten, welche korbartig ineinander geflochten waren. Die Form dieser Hütten glich der der Biberzellen, und man hätte ohne großen Aufwand von Phantasie diese Vierfüßler sich hierher versetzt denken können. Die kuppelartig oben abgerundeten Hütten lagen in größeren oder kleineren Gruppen dicht beisammen, was anzudeuten schien, daß außerhalb der Pilgerzeit, wenn diese Zellen ja nicht als Wirtshäuser dienen, die Mitglieder je einer Familie sich in einer solchen Gruppe abzusondern pflegten.

Von diesen Zellen und Hütten waren jedoch temporär die meisten als Kaffeebuden eingerichtet, welche hier die Stelle von Wirtshäusern als Herbergen vertraten und in deren einer wir nicht ohne Mühe und nur für schweres Geld ein Unterkommen fanden. Zum Glück jedoch fanden wir dieses Unterkommen und waren nicht, wie so viele andere arme Hadschadsch, genötigt, in den Straßen der armseligen Hüttenstadt auf der nackten Erde unser Tagesquartier aufzuschlagen; denn in El Hadda, das war ausgemacht, mußte der Tag zugebracht werden. Ich hatte zwar große Lust, gleich den Weg nach Mekka fortzusetzen, denn meine Ungeduld, die heilige Stadt zu erreichen, war groß; aber selbst, wenn ich einen Beduinen gefunden hätte, der mich bei Tage dahin hätte führen wollen, so würde ich es doch nicht haben annehmen können, denn ich wäre dann eben ganz von meiner Reisegesellschaft getrennt worden und vielleicht dann später auch getrennt geblieben, was ich sehr vermeiden mußte. So tröstete ich mich mit der Aussicht auf den morgigen Tag und zog mich in das von uns gemietete Kaffeezelt zurück, wo ich bald einem sechs- bis siebenstündigen Schlummer in die Arme sank.

Als ich aufwachte, stand die Sonne schon gen Westen, die erste Stunde des Nachmittags war bereits angebrochen, welche der Moslem das Dohor nennt und an dem jeder fromme Pilger seine vier Rikats beten muß, was ich denn auch tat.

Nach vollzogener Andacht und darauf abgehaltener Mahlzeit, ging ich ein wenig in den Gassen von El Hadda auf und ab. El Hadda bot durch die Art und Weise, wie seine Hütten gebaut und wie sie gruppiert waren, ein so eigentümliches Schauspiel dar, wie es mir noch nie auf meinen Reisen in drei Weltteilen vorgekommen war. Schön war dieses Schauspiel freilich nicht, aber originell und im höchsten Grade charakteristisch. Man hätte sich in ein Negerdorf mitten im Sudan versetzt glauben können. Diese kleinen Gruppen von riesigen Bienenkörben oder Biberzellen, wie man nun diese seltsamen, kaum menschlichen Wohnungen nennen mochte, wurden jetzt von einem dichten Heer halbnackter Hadschadsch durchschwärmt, die wie Wilde aussahen und sich zum Teil wie Tolle gebärdeten. Nur hie und da unter diesen schmutzigen Pilgern, von denen die meisten sich seit Rabörh, wo sie das Pilgergewand angelegt, nicht mehr rasiert, ordentlich gewaschen noch ihre Nägel geschnitten hatten und die folglich von Schmutz, Ungeziefer und Lumpen starrten, sahen wir einen Menschen, der ein Kleidungsstück anhatte, welches diesen Namen verdiente, denn, wie gesagt, der Ihram kann kein Kleidungsstück genannt werden.

Um sieben Uhr abends war wieder alles zum Aufbruch bereit. Ich fand mich bei meinen Reisegefährten ein und begann nun mit ihnen das letzte Stück der Wallfahrt, den Weg durch das Hedud el Haram. Schich Mustapha glaubte, mir etwas recht Erbauliches zu sagen, indem er mir erzählte, daß es unmöglich sei, daß ein Christ das Hedud el Haram betrete, ohne gleich tot niederzufallen. Ich hätte ihn leicht von der Nichtigkeit dieser frommen Fabel überzeugen können, denn ich befand mich, seit ich das schreckliche, unnahbare Gebiet betreten hatte, um kein Haar schlechter als vorher und, wenn ich auch schwach und fast krank vor Erschöpfung von den Strapazen der Pilgerfahrt und namentlich durch das Tragen des entsetzlichen Ihram angegriffen war, so war ich doch noch weit entfernt davon, auf der Stelle tot niederzusinken. Aber natürlich hütete ich mich wohl vor der Tollkühnheit, mich als Kafir (Ungläubigen) zu verraten.

Hier sei übrigens noch bemerkt, daß es zwei Umgrenzungen für das berühmte Hedud el Haram gibt, eine äußere und eine innere, welche die Umgegend von Mekka gleichsam in ein Heiliges und ein Allerheiligstes teilen, dieses direkt um die Stadt gelegen, jenes einen größeren Umkreis beschreibend. El Hadda, welches ungefähr vier deutsche Meilen von Mekka entfernt liegt, ist der westliche Grenzpunkt dieses äußeren Hedud el Haram, welches man das »Heilige« nennen kann, während der Grenzpunkt des inneren Hedud el Haram, des »Allerheiligsten«, erst zwei Meilen östlich von Hadda, bei einem Ort, welchen man Sebil Agha el Alem nennt, angetroffen wird.

Da es stockfinster war, so konnte ich von der Gegend und selbst von der Straße so gut wie nichts sehen. Nur hie und da, jede halbe Meile ungefähr, kamen wir an eine Aneinanderreihung von Kaffeebuden, welche von türkischen Soldaten bewacht wurde. Es war ein sonderbarer Anblick, welchen diese Kaffeebuden und namentlich die vor ihnen sitzenden Pilger bei dem spärlichen Licht der Öllämpchen, welche sie erhellten, darboten. Da wir von El Hadda an ziemlich hoch aufwärts gestiegen waren und die Nächte auf der Hochebene, welche wir jetzt erklommen hatten, sich trotz der Jahreszeit durch ihre Kühle empfindlich fühlbar machten, so kam es, daß viele der frommen Hadschadsch vor Kälte wie Espenlaub zitterten; denn der Ihram gestattet weder einen Mantel noch anderen Überwurf, und die meisten waren durch den Aufenthalt in dem heißen Küstenland, wo man im Sommer fast beständig in Transpiration gebadet ist, für alle thermischen Einflüsse noch besonders empfindlich gemacht worden. Dazu wußte ich, daß fast die Hälfte der Pilger, wenn nicht mehr, bereits an Erkältungen, sei es der Brust, des Halses oder, was noch schlimmer, des Unterleibs litten, so daß sie natürlich die verhältnismäßige Kühle in ihrem nackten oder halbnackten Zustande desto unangenehmer empfanden. Da saßen nun diese zitternden Jammergestalten und klapperten mit den Zähnen, mich lebhaft an die Hölle des Dante erinnernd, wo es ja auch eine kalte Region der Leiden und Qualen gibt. Ich selbst befand mich zwar nicht besser; auch ich litt schon seit einigen Tagen viel durch das letztere Übel; aber ein Gedanke hielt mich aufrecht, der, morgen mit dem frühesten Hahnenschrei die Stadt zu betreten, welche erst zwölf Europäer seit sie existiert, gesehen, dort meinen Pilgerstab hinzusetzen, wo vor mir noch so wenige den ihren hingetragen hatten. Diese frohe Hoffnung richtete mich auf, jedesmal, wenn mein unbequemer, ja ungesunder Zustand mich einen Augenblick zu entmutigen drohte.

Um zwei Uhr morgens also, am 27. Du el Kada, sollten wir das letzte, wichtigste Stück unserer Pilgerfahrt zurückzulegen beginnen. Unser Aufbruch erfolgte unter lautem und anhaltenden Ausstoßen des Pilgerrufes »Labik«. Labik, so rief unsere ganze Karawane; Labik, so tönte es von allen Felsen, Bergen und Hügeln zurück; Labik, so antworteten uns die Pilger hinter und vor uns; es war ein enthusiastisches, ja fanatisches Wetteifern und Sichüberbieten aller Kehlen, welche am lautesten den geheiligten Ruf ausstoßen könnten.

Als der Mond aufging und die bisherige vollkommene Dunkelheit mit seiner am Ende des letzten Viertels sehr zusammengeschrumpften Sichel matt erhellte, da konnte ich erst die Gegend, in welcher wir uns befanden, einigermaßen gewahren. Halb Wüste, halb Hochebene mit Steppencharakter, so bot sich diese Gegend unseren Blicken dar. Hie und da kamen wir durch eine kleine Wildnis von niederem Gesträuch; hie und da auch erblickten wir in nächster Nähe einen einsamen Baum schwermütig in die Höhe ragen; Felsen und Sand wechselten auf dem Boden, den wir betraten, ab; zuweilen führten uns unsere Pfade durch eine steinige Schlucht, deren Wände uns senkrecht überragten; dann kam wieder ein Stück Ebene oder auch ein Tal mit dem

In der Wüste

Bett eines ausgetrockneten, nur im Winter Wasser führenden Gießbaches in seinem tiefsten Grunde; manchmal auch wieder ritten wir durch eine Gegend, welche mir wie ein unzweifelhaftes Stück Wüste vorkam, in der nichts, nichts zu wachsen schien, außer die trockene Mariendistel, deren Blüten jedoch schon längst verwelkt waren. In der Ferne offenbarte uns der undeutliche Mondesschimmer gebirgige Massen, rechts die Granitberge von Taif, links die Gebirgskette, durch welche der Weg nach Medina führt. Fast immer strebte unser Weg in die Höhe, und die Morgenluft wehte uns frischer und immer frischer an.

So ritten wir ungefähr drittehalb Stunden in dem Halblicht dahin, als plötzlich ein zarter, rosiger Schein am östlichen Himmel sichtbar wurde. Es war das Sahör, die erste Tagesdämmerung, jene Zeit, welche, nach dem Dafürhalten der Moslems, nicht mehr Nacht und noch nicht Tag ist, jener Zeitabschnitt, in dem man noch imstande sein soll, einen weißen Faden von einem schwarzen zu unterscheiden und in dem man im Ramadan noch essen darf. Dieses matte, rosige Licht, das doch noch keine eigentliche Morgenröte, sondern nur ein Vorläufer derselben war, dauerte vielleicht nur eine Minute. Aber diese Minute genügte uns, um auf seinem zarten, mattgefärbten Hintergrund eine graue Masse mit undeutlichen Umrissen sich abzeichnen zu sehen. Beim Anblick dieser grauen Masse, die beim ersten Gewahren fast mehr wie eine Aneinanderreihung von Felsen, als wie ein Häusermeer aussah, brach auf einmal ein fürchterlicher, unaussprechlicher Jubel aus allen Kehlen los. Ein tausendfaches »Labik« begrüßte die Erscheinung, welche nichts anderes war als Mekka, Mekka, die neunmalheilige Stadt, Mekka, die freudige Sehnsucht aller Muselmanen, Mekka, in dem jeder Stein heilig ist, Mekka, in dem die Kaaba liegt, die Kaaba, das Heiligste auf Erden, die Kaaba, das Heiligtum der Heiligtümer, die Fußstapfen des Propheten, die Wiege des Islam, die feste Burg Gottes auf Erden! Wie einst die Kreuzfahrer, welche Tasso feierte, Jerusalem begrüßten:

Da mille voci unanimamente
Gerusalemme salutar si sente,

so begrüßten auch diese Hadschadsch einstimmig und eintönig und zugleich doch tausendstimmig und tausendtönig ihr Jerusalem, das Jerusalem des Islam, die heilige Stadt Mekka, welche für den Islam eine fast noch höhere Bedeutung hat als Jerusalem für die Christenwelt. Da war keiner, keiner, der nicht das »Labik« mit der vollen Kraft seiner Lungenflügel ausstieß. Ein Enthusiasmus, wie ich ihn noch nie in meinem Leben gesehen hatte, gab sich kund. Viele Pilger fielen auf den Boden nieder, entweder in kniender Stellung und streckten die Arme sehnsüchtig nach der schwarzen Häusermasse aus, oder sie warfen sich in voller Adoration auf die Erde hin und bedeckten den Wüstensand mit brünstigen Küssen. Die meisten weinten. Viele schluchzten und seufzten in lauten, gellenden Tönen. Kurz, alle gaben ihre tiefe Rührung, ihren mächtigen Enthusiasmus auf jede nur denkbare Art zu erkennen, nur nicht auf die Art, wie Europäer, wenn sie eine Freude mächtig beseelt, dieselbe oft kundzugeben pflegen, nämlich durch gegenseitige Umarmungen; eine solche Art, seinen Enthusiasmus zu bekunden, ist dem Moslem völlig fremd. In einem so heiligen Augenblick, wie der ist, wenn er zum ersten Male Mekka erblickt, pflegt der Muselmann die ganze Welt um sich her und folglich auch seine Mitmenschen zu vergessen und denkt nur an den Ewigen, Unsichtbaren und sein sichtbares Heiligtum, das vor ihm steht.

Mit der im Tropenklima gewöhnlichen Schnelligkeit verschwand das Sahör in einer Minute, dann kam das Fedscher, die eigentliche Morgendämmerung. Die Gegend erhellt sich immer mehr und mehr, und endlich sahen wir Mekka deutlich vor uns liegen. Ich suchte den Enthusiasmus, der auch mich angesteckt, welcher aber einen ganz andern Grund hatte, als der der Muselmänner, einigermaßen zu bewältigen, um meine Sinne und meinen Geist ganz der Beobachtung der vor mir liegenden Stadt zu widmen, jener Stadt, die schon seit Jahren den Gegenstand meiner heißesten Sehnsucht gebildet hatte und die ich nun endlich, nach Überwindung von nicht geringen Schwierigkeiten und Strapazen vor mir sah.

In solche Betrachtungen vertieft, war ich endlich bei dem Haupteingang von Mekka im Westen der Stadt angekommen, um welchen herum sich ein Lager von Beduinen, meist vom Stamm der Harb, hinstreckte, welches für eine Vorstadt von Mekka gelten kann und den Namen el Dscharual führt. Am westlichen Ende dieser Vorstadt liegen zwei runde Wachttürme, welche zu Ende des vorigen Jahrhunderts erbaut wurden, um die aller Mauern entbehrende Stadt gegen die Überfälle der fanatischen Wahabiten zu schützen. Am östlichen Ende dieser Vorstadt betraten wir dann die Hara el Bab, d. h. die Straße des Tores, welcher Name darauf hinzudeuten scheint, daß Mekka auf dieser Seite einst ein Tor besessen habe, von dem jetzt selbst die letzten Spuren, welche noch Burckhardt zu Anfang dieses Jahrhunderts sah, verschwunden sind.

Hier sah ich die ersten eigentlichen Stadthäuser von Mekka, meist ansehnliche, zwei- bis dreistöckige, mit Terrassen gedeckte und mit Fenstern nach europäischer Art, d. h. mit großen und luftigen Fenstern versehene Steingebäude. Die Hara el Bab durchschreitend, welche sich anfangs von Nordwest nach Südost, dann direkt von West nach Ost und zuletzt von Südwest nach Nordost wendet, kamen wir an den öffentlichen Bädern vorbei und gelangten darauf durch eine lange, winklige, vielgewundene Straße, Ssaka el Hammanat oder die Bäderstraße genannt, die sich von Südwest nach Nordost zieht, in die Quartiere es Suika und Schamija. Am Ende desselben, nahm uns eine schöne, weite Straße, El Emsa genannt, auf, in welcher wir uns nach Süden wenden mußten, um die Moschee zu erreichen.

Noch einige siebzig Schritte und wir standen an einem der Haupttore der großen Moschee, am Tor des Friedens oder des Grußes, arabisch Bab ess Ssalam genannt, welches uns nun unter seine schönen Arkaden aufnehmen sollte, denn der erste Besuch des in Mekka ankommenden Pilgers muß immer der Moschee und dem Tempel der Kaaba gelten. Ehe wir also daran denken durften, uns ein Quartier auszusuchen, ehe wir unser Gepäck in Sicherheit bringen, ehe wir das geringste genießen, oder unsere müden Glieder von den Strapazen der nächtlichen Reise etwas ausruhen durften, mußten wir in das Heiligtum eindringen und damit anfangen, sehr ermüdende und langweilige Andachtsübungen abzuhalten. Wir stiegen also hier von unseren Kamelen ab und schickten uns an, der Pflicht jedes frommen Hadsch gerecht zu werden, welche ihm auferlegt, gleich bei seiner Ankunft in der heiligen Stadt den siebenmaligen Umgang um die Kaaba zu machen, ehe er an irgend etwas anderes denken, oder irgend etwas anderes vornehmen darf.

Zehntes Kapitel

Mekka

Erster Besuch der Moschee.

Hassan ben Ssadak, welcher bisher keinen Augenblick von meiner Seite gewichen war, war zu gleicher Zeit wie ich und Ali im Quartier del Dscharual von seinem Kamel gestiegen und hatte mit uns beiden den Weg zu Fuß durch die Straßen seiner Vaterstadt gemacht, während unsere Satteltiere bei den Harbbeduinen, denen sie gehörten, blieben und nur das mit Gepäck beladene Kamel uns bis in die Nähe des Tempels folgte. Groß war die Verwirrung und der Menschenandrang, welche selbst in dieser frühen Stunde vor der Moschee herrschten. Außer den zahlreichen Pilgern, welche ihr Gepäck und ihre Tiere hier vor der Moschee gelassen hatten, waren am Tor des Grußes auch noch einige hundert Mekkawia (Mekkaner) zusammengeströmt, von denen die meisten Metuafin waren.

Der Metuaf (Singular von Metuafin) bildet eine ausschließlich mekkanische Spezialität. Er ist eine Art von geistlichem Cicerone, eine religiöser Lohnbedienter, welcher ein Geschäft daraus macht, die Pilger für Geld an die heiligen Orte zu führen und der ihnen bei jeder Stelle, die sie pflichtschuldigst besuchen müssen, das sagt und zuweilen auch vormacht, was sie nun an religiösen Handlungen zu vollziehen haben.

Unter der Schar dieser am Tor aufgestellten religiösen Lohnbedienten, welche ich nun mit Genauigkeit musterte, um mir einen von ihnen zu meinem Begleiter auszuwählen, befand sich auch ein spindeldürres, kleines Männchen von greisenhaftem Aussehen und hinfälliger Gestalt, ein wandelndes Knochengerippe mit etwas pergamentartiger gelblicher Haut überzogen, dessen strohfarbene Wangen ein spärlicher, dünner, weißer Bart schlecht bedeckte und dessen kleine, schwarze Äuglein im Hintergrunde zweier tiefer Höhlen mit unheimlichem Feuer dämonisch funkelten. Kaum bekam Hassan den alten hinfälligen Metuaf zu Gesicht, als er plötzlich mit kräftigen Armen und Fäusten die unverschämte Menge zerteilte, rechts und links um sich hieb, sich einen Weg zu dem Greise bahnte und diesem mit kindlicher Zärtlichkeit um den Hals fiel. Dann stellte mir Hassan ben Ssadak den Alten vor und zwar als seinen Vater, Ssadak ben Hanifa, das heißt Ssadak (der Gerechte), Sohn der Hanifa, welche letztere, wie ihr Enkel nicht ohne Stolz erzählte, eine Dame von ganz besonderer Heiligkeit gewesen war. Jetzt war Hanifa verstorben, nachdem sie beinahe hundert Jahre zur Erbauung der sündigen Menschheit einen höchst exemplarischen Lebenswandel geführt hatte. Aber ihre Tugenden waren nicht verlorengegangen. Dieselben hatte Ssadak geerbt, der kleine hinfällige Greis, der jetzt vor mir stand und sich mir als Metuaf anbot, in welcher Eigenschaft ich ihn auch gelten ließ.

Vor dem Eintritt in die Moschee hatte ich noch eine lächerliche Erörterung wegen meines Negers Ali. Denselben wollte, ja mußte ich unterdessen am Tor zur Bewachung meines Gepäcks zurücklassen, da ich nur so verhindern konnte, daß dasselbe gestohlen wurde. Ali fand dies jedoch sehr ungerecht von mir, da jeder Ankömmling in Mekka gleich den Tuaf machen müßte. Aber trotzdem mußte er seine Andacht auf später aufschieben.

Hassan nahm nun schnell von seinem Vater Ssadak Abschied, versprach jedoch, uns nach zwei oder drei Stunden wieder in der großen Hauptstraße von Mekka, el Emsa, im Kaffeehause eines gewissen Omar el Homsi aufzusuchen, um mich von da nach beendeter Andacht in mein Absteigequartier bei dem vielgerühmten Hamdan ben Hamidu zu führen.

Wir traten nun in das Innere der Moschee ein, in die erste Moschee des Islam, in die weltberühmte Mesdschid el Haram, in deren Namen allein sich das Wort Mesdschid, von dem das spanische Mesquita, das französische Mosquée und auch unser deutsches »Moschee« ursprünglich abstammen, noch erhalten hat, während es sonst in allen andern Moscheenamen längst verschwunden ist und dem üblichen Dschema (eigentlich Versammlung) Platz gemacht hat.

Manche Moslems hatten mir den Eindruck, welchen diese Moschee auf den, der sie zum erstenmal sieht, hervorzubringen pflegt, als einen wahrhaft überwältigenden geschildert. Aller Übertreibung, die in ihren Schilderungen liegen mochte, Rechnung tragend, hatte ich mir doch immer etwas Großartiges unter diesem vornehmsten Heiligtum des Islam vorgestellt. Auch darin sollte ich enttäuscht werden, wie ich beim Anblick von Mekka enttäuscht worden war; denn die Moschee entspricht eigentlich gar nicht dem Begriff dessen, was wir uns unter einem Gebäude von tempelartigen Formen und gottesdienstlicher Bedeutung vorstellen. Sie ist eigentlich, wenn man will, gar keine Moschee, wenigstens im architektonischen Sinne dieses Wortes, wie andere Tempel des Islam, wie z. B. die Sulimanija oder die Bajasidija (von der ursprünglich-christlichen Aja Sophia gar nicht zu reden) in Konstantinopel oder wie die Dschema Jaja in Damaskus und die Dschema Omar in Jerusalem, von denen jede einen in seinen künstlerischen Formen zu einem harmonischen Ganzen gestalteten Zentralbau bildet. Die Moschee von Mekka kann man zwar auch ein Ganzes nennen, aber dieses Ganze wird erst durch den sie umgebenden Porticus geschaffen, welcher den freien Raum, in dem die verschiedenen Heiligtümer und Wallfahrtsorte zerstreut liegen, umgrenzt. Auf den ersten Blick sieht man die vollständige Abwesenheit eines Plans. Die ganze Moschee ist ein Werk des Zufalls und ein Erzeugnis der verschiedensten Jahrhunderte und der Launen muselmännischer Fürsten, welche einzelne Teile bauen ließen. Nichts ist ursprünglich in ihr als ihr Zentrum, die Kaaba, das Gebetshaus des Islam, alles andere sind nur Accessoirien. So unterscheidet sich also die Mesdschid el Haram auf's auffallendste von allen andern religiösen Gebäuden der Welt, welche fast ausnahmslos nach einem Plan entstanden, während die Mekka-Moschee planlos sich gleichsam von selbst gestaltete und erst durch den Zufall zu einem Ganzen wurde.

Der größte Raum der sogenannten Moschee von Mekka wird von einem großen viereckigen, nach oben völlig offenen Hofe von ungefähr siebenhundert Fuß Länge und nicht ganz fünfhundert Fuß Breite eingenommen, in welchem die zehn oder zwölf Heiligtümer des Islam befindlich sind, welche neben der Kaaba die Zentralpunkte des Islam bilden und zu denen alle Pilger wallfahrten müssen. Der Hof gewinnt erst durch den auf allen vier Seiten umgebenden Portikus eine Form und ein zusammenhängendes Ganze. Dieser Portikus ist zwar kein großes Kunstwerk; so vermißt man an ihm beinahe jeden Geschmack in den Anordnungen der Einzelheiten; er ist ein Werk des Zufalls, wie alles in dieser Moschee ein Werk des Zufalls scheint; aber dennoch ist er imstande, einem architektonischen Forscher, namentlich einem Archäologen, einen großen Genuß zu gewähren; so altertümlich und seltsam, launisch und phantastisch, wie wohl kaum ein Bauwerk auf Erden, offenbart er sich dem forschenden Auge. In seiner Unordnung, in seinem architektonischen Chaos liegt etwas Poetisches. Ja, ich möchte fast den etwas paradox scheinenden Satz aufstellen, daß gerade diese Unordnung reizender ist als die steife Regelmäßigkeit einer künstlerisch geordneten Säulenhalle.

An den vielen Säulen dieses Portikus läßt sich eine ganze Geschichte der Architektur ablesen. Sie sind von der größten Mannigfaltigkeit in ihren Formen, ihrem Material und der Art ihrer Aufstellung. Einzelne korinthische Kapitäle aus der schönsten Zeit des hellenischen Kunstgeschmacks mit ihren feinen zarten Akanthusblätterformen zeigen sich neben den feingewundenen jonischen Widderhörnern, denen zur Seite, freilich in viel größerer Anzahl, die phantastisch gebildeten byzantinischen oder die zwar im ganzen plumpen und unförmigen, aber trotz alledem doch nicht eines gewissen Reizes ermangelnden sarazenischen Formen der Säulenhäupter sich darbieten. Wie so viele Tempel des Islam, namentlich die ältesten, die in einer Zeit entstanden, als die Araber noch keine selbständige Architektur besaßen, so wurde auch dieser aus all dem verlorenen Material, welches der griechische Götterdienst oder der byzantinische Kultus an den Küstenpunkten oder in angrenzenden Strichen (z. B. in Arabia petraea) aufgehäuft hatten, ohne Wahl zusammengewürfelt, und man bediente sich, wenn man der Säulen überhaupt bedurfte, der ersten besten, welche man in den Ruinen der Heidentempel fand oder in den Kirchen unterjochter Völker raubte.

Der ursprüngliche Tempel entstand, wie man annimmt, nicht sehr lange nach dem Tod des Propheten, im Jahre 685 unserer Ära, auf Befehl des Emir el Hadschadsch ben Jusuf, eines Generals des jesidischen Kalifen Abd-ul-Malech, also zu einer Zeit, da sich noch keine selbständige arabische Kunst ausgebildet hatte, obgleich der Portikus in seiner jetzigen Gestalt erst dem Jahre 1630 unserer Zeitrechnung seine Erbauung verdankt. Im wesentlichen trägt aber die Moschee noch jetzt die Form, welche ihr der Emir el Hadschadsch ben Jusuf verlieh. Warum bei den häufigen Umbauten und Restaurierungen die Mesdschid el Haram nicht in reinerem Kunstgeschmack neu erbaut wurde, da doch zur Zeit dieser Verbesserungen die Kunst des Islam schon eine hohe Blüte erreicht hatte, das ist nicht schwer zu erklären: Hier in Mekka war nämlich von jeher ausschließlich der Sitz des Alten. Jede Neuerung schien den Fanatikern der heiligen Stadt ein Verbrechen, und selbst die verfeinertere Kunst anderer mohammedanischer Länder kam ihnen nur wie Ketzerei vor, da sie sich ja mitunter nach ungläubigen Mustern ausgebildet hatte.

Für die äußerliche Begünstigung der Andacht scheint mir diese Säulenhalle ganz besonders geschaffen: man fühlt, daß man in einem Heiligtum ist, man hat ein noch größeres Heiligtum (die Kaaba) vor sich und man ist doch zugleich in freier Luft, man genießt Gottes Himmel und Erde, man ist nicht in einer kerkerartigen Mauermasse mit Kellerluft, was doch so viele Kirchen und Moscheen sind, gleichsam gefangen. Je mehr ich mir die Moschee und ihre architektonischen Formen ansah, um so mehr ward ich inne, daß alle Vorwürfe, welche man ihrer Anlage gemacht hat, unbegründet sind und daß es eigentlich für den speziellen Zweck gar nichts Geeigneteres geben könne, als eben diese Mesdschid el Haram. Ein großartiger Zentralbau, wie er bei anderen Moscheen vorkommt, würde die hier befindlichen Heiligtümer erdrückt und, da man wahrscheinlich versucht haben würde, das Zentrum mit einer Kuppel zu überwölben, die Pilger des Anblicks des Himmels beraubt haben, welchen Anblick der Moslem mit Recht, als einem Beförderungsmittel der Andacht, einen besondern Wert in seinen gottesdienstlichen Handlungen beilegt. Was braucht man auch in einem Klima, wie dem von Mekka, eigentlich einen anderen Tempel, als Erde und Himmel? Die Mesdschid el Haram ist nicht viel anderes als eine Warte, welche aus der einen in den andern blickt.

Was das Material betrifft, aus dem die Säulen des Portikus gebildet sind, so ist dieses ebenso mannigfaltig, wie die Form ihrer Kapitäle. Ein Fünftel der Säulen besteht aus gewöhnlichem Granit, welcher in der Gegend von Taif, selbst in der nächsten Umgebung von Mekka gebrochen wird. Ungefähr zwanzig sind von schönem ägyptischen Porphyr. Alle anderen sind von Marmor, meist von weißem.

Die Schäfte der Säulen sind teils kanneliert, teils gewunden, teils glatt. Ihre Piedestale sind auch wieder von allen verschiedenen Baustilen und bunt ohne Wahl nebeneinandergestellt. Einige Sockel stehen verkehrt.

Wo sich jedoch die Launenhaftigkeit des Baustils der Mesdschid el Haram am deutlichsten offenbart, das ist in der Anlage der Minarette, deren die Moschee sieben zählt, welche mit der größten Unregelmäßigkeit aufgestellt sind und von denen keines dem andern, was seine Höhe oder seine Form betrifft, völlig gleicht. Von diesen sieben Minaretten stehen auf der nordwestlichen Seite allein vier, wenn man die beiden Eckminarette mitrechnet.

Auf allen sieben stehen vergoldete Halbmonde, und außerdem wird noch auf ihnen zu jeder der fünf Gebetsstunden die weiße, am Freitag eine Stunde lang die grüne heilige Fahne aufgezogen, zu welcher Zeit auch die Muezzin, die Gebetsausrufer, die Balkone besteigen und, je nach der Sekte zu welcher sie gehören, in mehr oder weniger singendem Tone, in mehr oder weniger psalmodierender Weise das Glaubensbekenntnis des Islam ertönen lassen. Hier kann natürlich nur von den vier orthodoxen Sekten, Hanefi, Maleki, Hanbeli und Schafei die Rede sein, da andere nicht zum Dienst der Moschee zugelassen werden. Die Hanefi, meist Türken, psalmodieren das Glaubensbekenntnis mit weit mehr Variationen als die drei anderen Sekten; sie machen einen wahren Gesang daraus, während die Maleki sich durch die Einfachheit ihres Gebetsrufes auszeichnen. Es bringt einen höchst eigentümlichen Eindruck hervor, wenn man zu einer der fünf Gebetszeiten im Hof der großen Moschee steht und plötzlich, wie mit einem Schlage, die sieben weißen Fähnchen auf die Turmspitzen fliegen, die zahlreichen Muezzin auf den Balkonen erscheinen sieht und alle diese verschiedenartigen Weisen durcheinander hört, in welchen die vier Sekten den Gebetsruf ergehen lassen. Oft ging ich in die Moschee nur um diesem Schauspiel beizuwohnen, welches in seiner Art einzig ist.

Umgang um die Kaaba

Nur einen Augenblick war es mir bei meinem ersten Eintritt in die Mesdschid el Haram vergönnt, im Anblicken der Moschee zu verweilen, denn das im vorigen Kapitel Geschilderte ist keineswegs das Resultat meiner ersten, sondern vielmehr dasjenige aller nachfolgenden Beobachtungen des Gebäudes, welche ich bei meinen späteren Besuchen anstellen konnte.

Ehe ich jedoch weiter in den Tempelhof, wo sich die Kaaba und die anderen Heiligtümer befinden, vordringen durfte, mußte ich mich noch der Pflicht entledigen, zwei Rikats zu beten, welche gewissermaßen der erste Gruß des

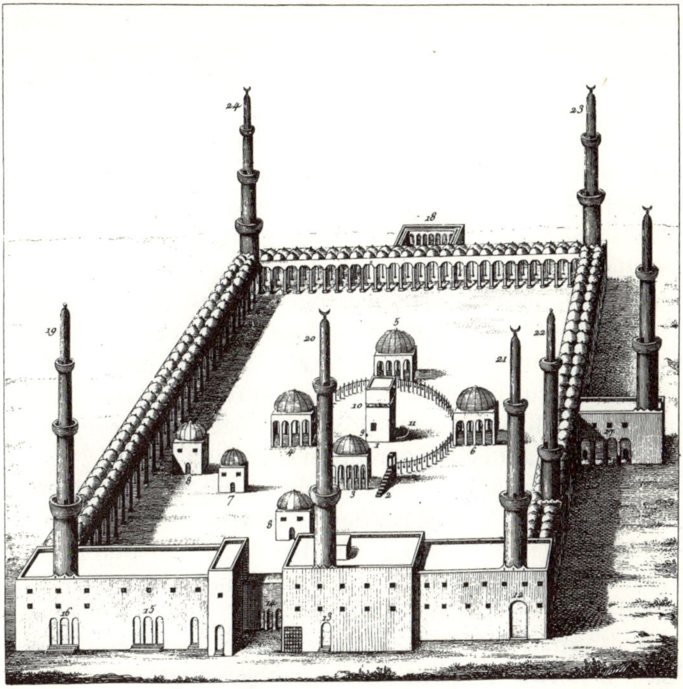

Die große Moschee

Pilgers an die Moschee im allgemeinen sind, während man die Kaaba im besondern nachhher an einem hierzu festgesetzten Ort noch durch zwei Verbeugungen begrüßen muß, ehe man in ihre nächste Nähe gehen darf. Dann nahm mich mein Metuaf, Ssadak ben Hanifa, bei der rechten Hand, der dicke Haggi Omar begleitete mich zur linken, und beide führten mich nun schnurstracks nach der Mitte des Moscheehofs, wo das wunderliche Heiligtum des Islam, die Kaaba, thronte.

Da lag sie, eine finstere, schwermütige Masse, von schlecht zubehauenen Steinen erbaut. Ein viereckiges, schwerfälliges Monstrum der Kunst, plump und roh in seiner Anlage und Ausführung, wie es das Kindheitsalter barbarischer Tempelarchitektur erzeugt hatte. Da lag die Kaaba, das Ziel meiner Wallfahrt, das Zentrum des Islam. Sie ragte über alles was sie umgab empor, höher als der die Moschee umgrenzende Portikus, höher, als alle das Gebäude umringenden Heiligtümer. Obgleich an und für sich eigentlich nicht sehr hoch, denn die Höhe der Kaaba beträgt nur vierzig Fuß; so nahm sie sich doch, wegen der absichtlich niedrig gehaltenen Bauten neben ihr und um sie herum, imposant aus und schien dem Pilger, der keine Mühe und Qual gescheut hatte, um zu ihr zu gelangen, einen stolzen Willkomm zuzurufen und ihn aufzufordern, niederzufallen und ihrer schwerfälligen Masse in tiefster Verehrung seine abgöttische Huldigung darzubringen.

Die Kaaba, welche zwar Kubus oder Würfel genannt wird, aber kein Würfel ist, denn ihre Höhe beträgt beinahe das doppelte ihrer Länge und Breite, erregt durch diese einfache, aber dennoch seltsame Form beim ersten Anblick unserer Überraschung. Der Umstand, daß sie bei einer verhältnismäßig kurzen und schmalen Basis eine Höhe besitzt, welche man mit der eines abgeschnittenen Turmes vergleichen möchte, unterscheidet sie auffallend von anderen barbarischen Heiligtümern alter Zeiten, welche gewöhnlich von einer erdrückenden Niedrigkeit sind. Die Seltsamkeit dieser Form des Gebäudes, dazu sein finsteres Aussehen, seine bevorzugte Lage mitten im Tempelhof, die Heiligtümer, welche es umringen, die Scharen und Scharen halbnackter Fanatiker, welche in wahnsinnigem Enthusiasmus bald vor ihr niedersinken, bald aufspringen, um sie und ihre Heiligtümer an Herz und Mund zu drücken, bald im verrücktesten Rennen um sie herumlaufen; dies alles verfehlt nicht, einen in seiner Seltsamkeit mächtigen, ich möchte sagen grauenerregenden Eindruck hervorzubringen. Auch bei mir war dieser Eindruck nicht von Grauen frei. Ich war von dem Schauspiel, welches ich vor mir hatte, tief ergriffen. In diesem Augenblick vergaß ich mein eigenes

Ich gänzlich, ich dachte nicht im geringsten daran, mir Glück zu wünschen, daß ich nun am Ziel meiner Wünsche stand, daß ich einer der wenigen Europäer geworden war, welche dies Heiligtum sehen durften. Nein! Meine Sinne und mein Geist waren ganz von dem vor mir liegenden, in seiner Art einzigen Schauspiel in Anspruch genommen, ich möchte sagen, überwältigt. Eine finstere Dämonenburg erschien mir diese Kaaba, die wie ein koboldartiger Alp auf der Religion des Islam lastet und jeden freieren Aufschwung in ihr verhindert. Auf einmal wurde mir, wie durch Intuition, die düstere Bedeutung dieses einstigen Götzentempels klar. Alles, was die Kaaba und ihren Pilgerdienst betrifft, ist so ganz dem reineren Monotheismus fremd, alles dies ist so durchaus und so unzweifelhaft heidnisch, daß man deutlich erkennt, daß Mohammed, welcher dieses götzendienerische Element, um seiner Lehre unter dem fanatisch-heidnischen Arabern mehr Anhänger zu verschaffen, in seine Religion mit aufnahm, dadurch sie für ewig zu einem Kultus von barbarischer Rohheit gestempelt hat.

Aber, was auch meine Betrachtungen beim Anblick des größten Heiligtums des Islam sein mochten, äußerlich war ich genötigt, davor die größte Ehrfurcht an den Tag zu legen. Mein Metuaf rüttelte mich bald aus dem Nachdenken auf, in welchem er mich einen Augenblick unbehelligt gelassen, und mahnte mich an die Pflichten der Pilgerschaft, welche ich jetzt zu erfüllen hatte. Die erste dieser Pflichten war, daß ich bei dem zweiten »Tor des Grußes« (denn es gibt eines am Eingang und ein anderes mitten im Hof der Moschee) die zweimalige Verbeugung zur Ehren der Kaaba machen mußte. Dann schritt ich durch dies zweite Tor des Grußes, welches ein gänzlich freistehender, runder, etwa zwanzig Fuß hoher Bogen ist, nach den sogenannten »Fußstapfen Abrahamas«, welche direkt auf dem Wege vom Tor des Grußes nach der Kaaba liegen. Dort mußte ich das »Allahu Akbar« (Gott ist groß), welches man kurzweg das Takbir nennt, und das »La Illaha il Allah« (Es gibt keinen Gott außer Gott) das sogenannte Tahalil sprechen.

Kaum hatte ich diese Formeln gesprochen, als zwei Diener der Moschee mit Krügen voll Wasser, aus dem links von Abrahams Fußstapfen gelegenen Semsembrunnen, auf mich zukamen und mir von der heiligen Flüssigkeit zu trinken gaben, wofür sie natürlich eine Vergütung erhielten, denn nichts ist in der Mesdschid el Haram umsonst, selbst für die Luft, die man einatmet, muß gewissermaßen gezahlt werden. Dieses Wasser, welches sehr viel wunderbare Eigenschaften haben mag, besitzt jedoch nicht die dem Trinker willkommenere Eigenschaft, genießbar oder verdaulich zu sein. Es ist bitter, liegt einem schwer im Magen und hat viel mineralische Bestandteile, die ein gutes Trinkwasser nicht zu haben pflegt. Aber es ist ein Wunderwasser; wer es trinkt, der ist des Paradieses gewiß und genießt auch auf Erden schon eine Menge von Vorzügen, die mir nun alle zuteil werden sollten, von denen ich jedoch leider nicht viel zu spüren bekam. Den Frauen verleiht es eine Verlängerung ihrer Jugend und größere Dauer ihrer Schönheit.

Indes, dem Semsembrunnen selbst durfte mein Besuch jetzt noch nicht gelten. Zuerst mußte ich den schwarzen Stein küssen und den Tuaf, den Umlauf um die Kaaba, machen. Wir näherten uns also der Kaaba und zwar ihrer östlichen Ecke, wo der berühmte Hadschar el assuad, d. h. der schwarze Stein, sich eingemauert befindet. Anfangs konnte ich ihn jedoch wegen des dichten Gedränges von Pilgern, das ihn umringte, nicht sehen und mußte Ssadak aufs Wort glauben, daß er hier vorhanden sei. Da dieser Stein aber einige fünf Fuß über dem Boden eingemauert ist, und die ihn umringenden Hadschadsch meist klein waren, so bekam ich ihn nach kurzem Warten doch von Zeit zu Zeit zu Gesicht, wenn gerade ein besonders kleiner Pilger vor ihm stand. Soviel ich jetzt unterscheiden konnte, war er nur etwa acht Zoll lang, etwa ebenso breit, seine Farbe ein schmutziges Schwarzbraun, außerdem schien er mit einem schwarzen Zement überzogen.

Zu ihm zu gelangen, war jedoch wegen der ihn umlagernden, ihn umknienden und ihn küssenden Pilgerscharen vorderhand nicht möglich. Wie eine Mauer unbeweglich, so standen die Leiber dieser Hadschadsch da. Da ihre Gesichter alle dem schwarzen Stein zugekehrt waren, so sah man nichts, als die knochigen Schultern, die kahlen Scheitel und die schmutzigen Lumpen des Ihram dieser Pilger. Man fühlte freilich desto mehr. Denn der schwarze Stein ist nicht nur ein Sammelpunkt der Mohammedaner aus allen Weltteilen, sondern leider auch dessen, was sie mitbringen, nämlich des Ungeziefers aus allen Himmelsgegenden. Hier geben sich die Springer unter den Insekten mit den kriechenden und hüpfenden Ungetümen Rendezvous. Hier fehlt weder jenes grünliche Tierchen von großer Lebhaftigkeit, das kein anständiger Europäer ohne Not nennt, noch das verwandte weißliche Insekt, noch auch das runde, braune Stechungeheuer, welches man bei uns in den Betten unreinlicher Gasthöfe zuweilen kennenlernt. Hier feiert namentlich der Culex annulatus, das ägyptische Stechinsekt, seine glänzendsten Siege, und verschiedene Gattungen von Simulia versuchen sich am eisenarmen Blut der hinfälligen Hadschadsch, aus dem sie gewiß nur eine höchst dürftige Nahrung ziehen.

Da es vorderhand ganz unmöglich schien, in die Nähe des schwarzen Steines zu gelangen, so fragte ich den Metuaf, ob wir nicht das Küssen desselben für später aufschieben und jetzt gleich mit dem Tuaf, dem Umgang um die Kaaba, beginnen könnten. Ssadak bemerkte mir jedoch mit vielem Recht, daß wir später ja eben dieselbe, vielleicht noch mehr Mühe haben würden als jetzt, um das schwarze Monstrum zu erreichen, und daß es wünschenswerter sei, gleich jetzt den Augenblick abzuwarten, wenn die Menge sich einigermaßen gelichtet und einen Zugang gestattet haben würde. Wir warteten also inmitten des Insektenkampfes, in dem wir leider, wegen des Pilgergelübdes, eine ganz passive Rolle spielen mußten, in der Nähe des Hadschar el assuad. Diese Zeit benutzte der Metuaf, um mir folgendes Gebet vorzusprechen, welches ich wiederholen mußte:

»O Gott! Es gibt keinen Gott außer Dir! Deine Versprechungen gehen sicher in Erfüllung. Wer Dir dienet, der wird den Sieg erringen. Es gibt keinen Gott außer Dir, Du bist der alleinige Gott, der keine Nebengötter hat. Gottes Gewalt ist die höchste Gewalt. Gelobt sei Er! der Herr aller Kreaturen.«

Nachdem ich etwa eine Viertelstunde umsonst gewartet hatte, daß sich das Pilgerheer verlaufen oder doch etwas lichten möge, fing die Geduld an, mir endlich ein wenig auszugehen. Ich verwünschte die fanatische Beharrlichkeit, mit welcher diese Pilger den Stein umlagerten und gleichsam von ihm Besitz genommen hatten, als ob er eine Schüssel voll Pilaff oder Kusskussu wäre, die sie verspeisen wollten. In meiner Ungeduld fragte ich den Metuaf, ob es denn kein Mittel gebe, um die Hadschadsch zum Aufstehen zu bringen. Ssadak erwiderte mir zu meiner Freude, es gebe allerdings ein solches Mittel, sogar zwei Mittel, das eine ein gewaltsames, das andre eine List. Das gewaltsame Mittel, nämlich das, die Pilger vom Heiligtum fortzustoßen, könnten wir freilich nicht in Anwendung bringen, meinte Ssadak und deutete dabei auf seine abgemagerten, altersschwachen Ärmchen. Aber da bliebe noch die List übrig.

»Welche List?« fragte ich.

»Oh«, erwiderte Ssadak, »eine sehr unschuldige List. Sie wird dich jedoch einen Rial (spanischen Taler) kosten, wenn du sie anwenden willst.«

Neugierig, die versprochene List kennenzulernen, gab ich dem Metuaf den Rial, und nun ging er, mich einen Augenblick allein lassend, nach dem etwa zwanzig Schritt entfernten Semsembrunnen und erschien bald darauf wieder und zwar diesmal in Gesellschaft von vier kräftigen Kerlen, worunter zwei Mulatten, welche er dicht hinter die den schwarzen Stein umringende Pilgerschar führte und daselbst aufstellte.

Auf ein Zeichen von Ssadak begannen nun diese vier Burschen mit der vollen Kraft ihrer tieftönenden Baßstimmen folgendes zu rufen:

»Oh ihr Pilger! Ein frommer Hadsch, den Gott segnen möge, hat dem Heiligtum ein Opfer dargebracht, damit ihr alle vom Wasser des geweihten Semsembrunnen umsonst trinken möchtet! Kommt herzu, ihr Pilger! Wer Wasser des heiligen Brunnens trinken will, der komme! Allah hat es Euch gespendet!« und so weiter.

Das war die List, welche mir Ssadak vorgeschlagen hatte, und diese List gelang vollkommen. Denn die meisten der hier anwesenden und den Stein umlagernden Hadschadsch waren arme Leute, ja nach europäischen Begriffen halbe Bettler. Diese wollten natürlich eine so schöne Gelegenheit, um das Semsemwasser, für welches man sonst immer zahlen muß, unentgeltlich zu trinken, nicht unbenutzt vorübergehen lassen. Deshalb konnte ich nun zu meiner großen Freude sehen, wie die meisten von ihnen aufsprangen und den Dienern des Brunnens folgten, die sie mit dem heiligen Naß tränken sollten. Es waren zwar noch Scharen anderer Pilger da, welche alle ebenfalls des Augenblicks harrten, wenn sich die Menge lichten würde und die nun auf den schwarzen Stein zuströmten, aber da ich im Vordergrund der Reihen, welche die ersten Andächtigen umringt hatten, stand, so kam ich nun fast ohne mein eignes Zutun, lediglich durch das Vorschieben der hinter mir Stehenden, zu einem Platz dicht vor dem Stein, indem mich der drängende Schwarm gerade in die erste Reihe derjenigen schob, welche den Hadschar el assuad nun umlagerten.

Ich befand mich jetzt also in unmittelbarer Berührung mit dem Kernpunkt des größten Heiligtums des Islam, dessen Sagen und Geschichte jahrelang vorher mein Studium gebildet hatten. Ich wußte fast alles, was die Fabel, diesen Stein betreffend, überliefert hatte: daß er im Anfang der Welt kein Stein, sondern ein lebendes Wesen und zwar ein bewachender Engel im Paradies gewesen war, daß er mit Adam, und zwar diesmal als Stein, jenen Ort der Freuden verlassen und seinen Platz im heiligen Hause der Kaaba gefunden hatte, wo er bis zur Zerstörung des Tempels durch die Sintflut verehrt wurde. Dann verschwand das schwarze

Ungetüm für eine Zeit lang gänzlich, bis endlich, als Abraham mit seinem Sohne Ismael die Kaaba wieder aufbaute, der Erzengel Dschibrail (Gabriel) ihn wieder vom Himmel, wohin er sich, wie es scheint, den Gesetzen der Schwere zum Trotz, zurückgezogen hatte, herunterholte, um ihn in demjenigen Winkel des Tempels, welcher gegen die Stadt Bassora zugerichtet ist, einzufügen, wohin er nach einigen schicksalsvollen Wanderungen im Gefolge von karmathischen Ketzern, die ihn geraubt hatten, zurückkehrte und wo er sich noch heute befindet. Ursprünglich, das ist bei allen frommen Moslems ausgemacht, war dieser Stein weiß wie Milch, aber vor Grauen über die Sünden der Menschheit hat er seine Farbe gewechselt und ist jetzt schwarz wie Tinte.

Die fromme Sage von dem himmlischen Aufenthalt des Hadschar el assuad während der Periode von der Sintflut bis zu Abraham erhält jedoch einen entschiedenen Stoß durch den gelehrten Ausleger des Koran Sanhadschar, welcher in seinem Kommentar zur zweiten Sure ausdrücklich behauptet, daß der Stein auf dem Dschebel Kubis bei Mekka gefunden und von dort dem Abraham zum Bau der Kaaba gebracht worden sei.

Es gibt wenig Wunder, welche von diesem Stein nicht behauptet werden. Sollte z. B. der Hadschar el assuad jemals verlorengehen, so hat man ein untrügliches, wunderbares Zeichen, woran man ihn wieder erkennen kann. Derselbe besitzt nämlich unter vielen wunderbaren Eigenschaften auch die, daß er niemals im Wasser untergehen kann, sondern vielmehr auf demselben oben schwimmt. An diesem Merkmal erkannte man ihn als den echten wieder, nachdem ihn die Karmathen geraubt, die Mekkaner aber wieder erbeutet hatten.

Der schwarze Stein hat jedoch nicht für immer auf seine Persönlichkeit, wie er sie einst im Paradiese als Engel besaß, verzichtet. Er hat sich nur resigniert, während der kurzen Dauer der Erde, zum Trost der Gläubigen, ein Stein zu bleiben. Am Jüngsten Tag aber, das ist bei allen Moslems ausgemacht, wird er seine Persönlichkeit wiedererlangen, mit Nase, Mund, Ohren, Augen, Händen und Füßen versehen, auftreten und am Thron des Weltenrichters Zeugnis für diejenigen ablegen, welche während ihrer irdischen Laufbahn zu ihm gewallfahrtet sind, ihn mit brünstigen Küssen bedeckt und ihm mit der tiefsten Verehrung gehuldigt haben.

Soweit die Fabel. Was nun die Geschichte betrifft, so scheint es allerdings eine ausgemachte Sache, daß dieser Stein sich schon seit alter Zeit hier befunden hat. Man würde, glaube ich, jedoch irren, wenn man das Alter seines Kultus viele Jahrhunderte vor Mohammed zurückverlegen wollte. Daß natürlich die Sage von Abrahams Aufenthalt in Mekka, von der Errichtung der Kaaba und des schwarzen Steines durch ihn jedem Historiker nichts als ein mitleidiges Achselzucken ablocken kann, versteht sich von selbst. Was aber ist das Alter dieses Kultus? Wir wissen allerdings nichts streng Historisches darüber. Die mohammedanischen Schriftsteller, welche uns die Geschichte der Araber vor Mohammed überliefert haben, sind alle darin einig, daß der Hadschar el assuad schon in alter Zeit götzendienerisch verehrt wurde, aber sie sind über das Datum der Entstehung dieses Götzendienstes sehr im unklaren und voll Widerspruch untereinander. Ebensowenig Klarheit erhalten wir aus der Lektüre der christlichen Schriftsteller, welche in den nächsten Jahrhunderten nach der Hedschra über den Mohammedanismus schrieben.

Diesen berühmten Hadschar el assuad, oder wie er auch wohl in der Feminalform genannt wird, die Hadschra ess ssauda, sah ich also jetzt dicht vor mir. Der Stein war von schwarzbrauner Farbe, von einem gleichfarbigen Zement überzogen, der jedoch vorne durch eine Lücke den Stein selbst gewahren ließ; seine Form schien elliptisch, seine größte Längenausdehnung mag vielleicht neun, seine größte Breite vielleicht sechs Zoll betragen. Offenbar besteht er aus mehreren Stücken. Aber alle diese Stücke sind sorgfältig durch Kitt, durch den sie bedeckenden, einige Zoll dicken

Zement und außerdem noch durch einen soliden silbernen Rahmen zu einem Ganzen vereinigt. Die Oberfläche des Steines ist durch das viele Küssen von schmutzigen Pilgerlippen und das Daranreiben ihrer Hände ganz poliert und mit einer glänzenden Fettkruste überzogen, so daß er jetzt fast wie schön polierter schwarzer oder schwarzbrauner Marmor aussieht.

So ekelhaft es mir auch vorkommen mochte, so mußte ich doch dieses schwarze Monstrum küssen, was ich nicht ohne großen Widerwillen tat. Dann mußte ich beide Hände daran reiben, ihn mit der Stirn, mit den Wangen und dem Kinn berühren, was alles Ssadak mir vormachte, wobei ich ein kurzes Gebet sprach:

»O Gott! Ich begehe diesen heiligen Brauch im Vertrauen auf deine Hilfe, gemäß deinem heiligen Koran und nach dem Beispiel deines Gesandten (des Propheten), dessen Gott sich erbarmen möge. O Allah, meine Rechte streckt sich nach dir aus, und ich bin voller Sehnsucht, zu dir zu kommen. Erhöre meine Gebete, erlöse mich vom Übel, habe Mitleid mit meiner Zerknirschung und verzeihe mir meine Sünden!«

Nach Verrichtung dieses Gebetes küßten wir noch einmal den Hadschar el assuad, rieben nochmals Stirn und Hände daran und verließen ihn endlich, um den Tuaf zu machen, indem wir nicht ohne große Mühe uns aus dem Gedränge herauswanden, welches den heiligen Stein umgab.

Mein Metuaf führte mich auf einen mit Granit gepflasterten Weg, der rings um das heilige Haus herumläuft und Matef (der Gang des Tuaf) heißt. Um diesen Matef herum zieht sich äußerlich, und in einiger Entfernung, das heißt, zwischen ihm und dem äußeren Moscheehof und der Kaaba abgewandt, eine ein Halbrund um das heilige Haus beschreibende Reihe von zweiunddreißig vergoldeten Bronzesäulen, zwischen denen abends Lampen aufgehängt werden. Wer mit dem in Europa bekannten Plan der Mesdschid el Haram vertraut ist, der ist versucht zu glauben, daß dieses Halbrund den Weg des Tuaf bezeichnet. Dem ist jedoch nicht so. Der Matef oder Weg des Tuaf geht beinahe immer dicht an der Kaaba selbst hin und entfernt sich nur an einzelnen Stellen, aber auch nur unbedeutend, von ihr.

Zuerst mußte ich ein Gebet sprechen, welches ich hier nicht wiedergebe, da es beinahe wörtlich eine Wiederholung des oben erwähnten, bei dem schwarzen Stein gesprochenen Gebetes war. Dann gelangten wir an eine Stelle, welche el Madschan heißt, und zwischen dem schwarzen Stein und dem Eingang in die Kaaba liegt. Hier befindet sich ein Stein, auf welchem der Sage nach Abraham stand, als er am Bau der Kaaba arbeitete. Auch soll er hier den Mörtel zum Bau des heiligen Hauses bereitet haben, wobei ihm sein Sohn Ismael behilflich war. Am Madschan mußte wieder ein kurzes Gebet gesprochen werden:

»O Gott, du hast uns deine wahre Lehre geoffenbart. Vergib, wenn ich jemals eines deiner Gebote verletzt habe.«

Nun kamen wir an die Tür der Kaaba, welche so hoch über dem Fußboden angebracht ist, daß ich ihre Schwelle kaum mit der ausgestreckten Hand erreichen konnte. Sie liegt ungefähr sieben Fuß über dem Boden, hat aber keine Treppe, sondern man bedient sich, um in sie einzudringen einer Leiter, die in der Nähe des Semsembrunnens aufgestellt ist und nur bei sehr seltenen Gelegenheiten herbeigeholt wird. Denn sonderbarerweise gehört der Besuch des Heiligtums selbst gar nicht zu den Pflichten eines Pilgers. Der Pilger läuft siebenmal um die Kaaba herum, er küßt den Stein in ihrer Mauer, er verehrt sie und ihre Heiligtümer auf alle nur mögliche Weise von außen, aber, in das Allerheiligste einzudringen, das ist für ihn gar nicht nötig. Überhaupt findet der Begriff eines Allerheiligsten streng genommen hier nicht seine Anwendung. Das Innere der Kaaba ist als Wallfahrtsort nicht heiliger, als jedes beliebige Grab eines Marabut und viel weniger heilig als der schwarze Stein und die anderen Stellen, welche der Pilger berühren muß. Wenn dennoch an den Öffnungstagen viele Pilger sich in die Kaaba hineindrängen, so geschieht das mehr der Neugierde wegen als aus Andacht. Die Kaaba ist nur dreimal des Jahres dem

Publikum zugänglich, und außer dieser Zeit ihr Inneres zu besuchen ist unmöglich und wird vielleicht nur souveränen Fürsten gestattet, wenn sie es verlangen sollten, was übrigens noch nie geschah.

An der Tür der Kaaba sprach mir Ssadak ein für diesen speziellen Fall vorgeschriebenes Gebet vor, das ich wiederholte:

»O Gott! Diese Hütte ist deine Hütte! Dieses Heiligtum ist dein Heiligtum, der Ort der Zuflucht der Gerechten, hier ist der Ort, zu dem alle herbeiströmen müssen, welche der ewigen Verdammnis entrinnen wollen.«

Darauf kamen wir nochmals an Abrahams Fußstapfen vorbei, welche etwa zehn Schritte von der nordöstlichen Wand der Kaaba entfernt liegen. Hier wurde ein anderes Gebet gesprochen:

»O Gott, hier ist der Ort, wo Sidna Brahim (Abraham) zu dir flüchtete, um dem ewigen Feuer zu entrinnen. Auch ich flüchte zu dir. Errette mein Fleisch, mein Blut, meine Gebeine und meine Haut vor den Flammen der Hölle.«

Abrahams Fußstapfen sind ein höchst sonderbarer Gegenstand der Verehrung. Man nennt nämlich so eine fabelhaft große Vertiefung, welche, wie gesagt, etwa zehn Schritt nördlich von der Kaaba in einer dort befindlichen Kapelle im Boden existieren soll. Man behauptet, sie sei mehrere Fuß tief, einige sechs Fuß lang und drei Fuß breit. Wenigstens versicherte mir Ssadak, daß dies die Dimensionen des Abdrucks des Fußes Abrahams seien. Dieses außerordentlich große Loch im Boden ist nichts geringeres, als die getreue Darstellung der Fußsohle des Patriarchen, und zwar geschah es durch ein Wunder, daß der Stein nachgab und den Abdruck dieses riesigen Fußes empfing, als Abraham von der beabsichtigten Opferung Ismaels und der wirklichen Opferung eines Widders zurückgekehrt war, welches Opfer nach einigen auch vor der Kaaba stattfand, während andere es nach dem Tal des Wadi Menaa bei dem Berge Arafat verlegen.

So wird den Gläubigen noch in spätester Zeit das Glück

zuteil, Abrahams Fußmaß anzustaunen, welches dasjenige eines Nilpferdes noch bei weitem an Größe übertraf. Aber die guten Moslems müssen dies leider auf Treu und Glauben bewundern, denn das Loch im Boden ist stets mit einem erhabenen hölzernen Deckel, auf dem ein rotseidener Teppich liegt, bedeckt, und die Pilger dürfen auch nicht in die Kapelle hineingehen, sondern müssen an dem Gitter, das die Kubba beinahe ganz umgibt, in welcher der heilige Fußabdruck aufbewahrt wird, außen stehenbleiben.

Die Kapelle der heiligen Fußstapfen ist ein schöner, offener Pavillon, dessen Dach von sechs zehn Fuß hohen Marmorsäulen gestützt wird. An dem auf der Mitte der Kubba angebrachten, geschmackvoll gearbeiteten Eisengitter pflegen die Pilger sich aufzuhalten, um nach den heiligen Fußstapfen, oder vielmehr nach dem dieselben bedeckenden Teppich zu schauen, bei welcher Gelegenheit sie ihre Andacht verrichten. Die Araber nennen diesen Ort den Makam Sidna Brahim d. h. die Stelle oder den Ort Abrahams.

Von den Fußstapfen des Patriarchen bis zum sogenannten Irakwinkel, das heißt derjenigen Ecke der Kaaba, welche nach Irak (dem Land um Bagdad) zugekehrt ist, sind nur wenige Schritte. Es ist dies die nordwestliche Ecke des heiligen Hauses. Hier waren, der Tradition gemäß, die Hörner des Widders aufgehängt, welchen Abraham statt seines Sohnes Ismael opferte. Dieselben wurden als götzendienerisch von Mohammed entfernt, auf welchen Umstand das Gebet gegen Götzendienerei, das man hier halten muß, anzuspielen scheint:

»O Gott!« so lautet dieses Gebet, »ich flüchte zu dir, bewahre mich vor Götzendienerei, Scheinheiligkeit, schlimmen Gedanken, vor Diebstahl, vor Verunglimpfung der Kinder und Grausamkeit gegen sie.«

Die letzten Worte scheinen mir eine Anspielung auf den Gebrauch der heidnischen Araber, ihre neugeborenen Töchter zu töten, zu enthalten. Kinder umzubringen, galt bei ihnen für keine Sünde, und erst der Koran hat diesen grausamen Gebrauch abgeschafft.

Nun waren wir bei der westlichen, oder genau genommen, westnordwestlichen Seite der Kaaba angelangt, wo eine halbrunde Mauer eine Art von kleinem Vorhof beschreibt. Diese Mauer steht vier Fuß von der Wand des heiligen Hauses ab und heißt el Hatim. Der Raum zwischen ihr und der Kaaba wird der Hadschar Sidna Smaïl, d. h. der Stein des Patriarchen Isamël genannt. Einige Araber behaupten, die Kaaba habe sich früher bis zum Hatim ausgedehnt; doch scheint dies, wenn überhaupt, nur sehr kurze Zeit, nämlich in der Periode von Abd-Allah ben Sobir bis zu dem Emir el Hadschadsch Mohammed ben Jusuf, den beiden Erbauern der Kaaba, der Fall gewesen zu sein. Denn einige Jahre nachdem der Ursurpator, Ben Sobir, den Hatim mit der Kaaba vereinigt hatte, ward er schon wieder vom Emir el Hadschadsch ben Jusuf ausgeschlossen und das heilige Haus auf seine früheren Verhältnisse zurückgeführt, die es seitdem immer behalten hat. Es ist deshalb durchaus falsch, wenn man behauptet, der Hatim sei ein Rest der ältesten Kaaba. Er ist nur ein Rest der Kaaba Sobirs.

Die Mauer des Hatim ist nicht ganz fünf Fuß hoch und etwa ebenso breit. Auf dem sie bekleidenden Marmor sind eine Menge arabischer Inschriften eingemeißelt, die ich zum Teil gelesen habe. Sie enthalten jedoch nichts als Gebetsformeln und Anrufungen. Der arabische Geschichtsschreiber Kutbeddin oder richtiger Katab ed Din, d. h. der Schreiber des Glaubens, welcher in Mekka lebte, behauptet, daß die Marmorbekleidung und die Inschriften auf Befehl des ägyptischen Sultans Mohammed el Rhuri (im Jahre 1539 unserer Ära) verfertigt worden seien.

Im Hadschar Sidna Smaïl sind zwei oder, wie einige annehmen, sogar drei Heiligtümer, bei denen der Pilger sich aufhalten und beten muß.

Das erste dieser Heiligtümer ist der Misab, die goldene Dachrinne, welche das Regenwasser vom Dach der Kaaba herunterleitet. Sie ist nur fünf Fuß lang, so daß sie das

Wasser aus einer Höhe von fünfunddreißig Fuß (die Kaaba ist vierzig Fuß hoch) herunterplätschern läßt. An ihrem unteren Ende befindet sich die Lahiat' el Misab, auch Daknu el Misab genannt, welche Worte der »Kinnbart der Dachrinne« bedeuten. Dieser »Kinnbart der Dachrinne« ist übrigens nur eine vergoldete Metallplatte. Der Misab, in seiner heutigen Form, soll im Jahre 1615 aus Konstantinopel gebracht worden sein. Ob er wirklich Gold ist und mit welcher Beimischung anderer Metalle, darüber habe ich nicht die geringste Ahnung. Die Mekkaner behaupten fast alle natürlich, daß er vom reinsten Deheb (Gold) sei. Aber in einem unbewachten Augenblick gestand mir einmal Hamdan ben Hamidu, mein Wirt in Mekka, ein, und dasselbe wurde mir von Ssadak ben Hanifa, meinem Metuaf bestätigt, daß der jetzige Misab gar nicht mehr der echte, goldene Misab vom Jahre 1615 sei. Diesen hätten vielmehr die Wahabia, die sogenannten Reformatoren des Islam und Entheiliger aller seiner geweihten Stätten, zu Anfang dieses Jahrhunderts gestohlen. Aber der Diebstahl sei von den meisten Leuten, selbst von vielen Mekkawia, ignoriert worden, denn noch in derselben Nacht habe der Sheriff Rhaleb (Ghaleb) eine andere Dachrinne, jedoch nur eine vergoldete, welche übrigens der ersteren goldenen durchaus glich, verfertigen und an der leer gewordenen Stelle des Daches befestigen lassen. Dies sei so geheim bewerkstelligt worden, daß heutzutage nur die wenigsten Mekkawia von dieser vor sechzig Jahren stattgefundenen Substitution einer falschen, an Stelle der goldenen, geraubten Dachrinne, eine Ahnung hätten.

Gerade unter dem Misab befindet sich ein Stein, unter welchem die Moslems den Patriarchen Ismael begraben sein lassen. Einige wollen sogar in einem anderen danebenliegenden Stein das Grabdenkmal der Hagar erblicken. Ersteres Denkmal heißt Kebber Sidna Smaïl, das Grab unseres Herrn Ismaels. Abraham, der Vater Ismaels, liegt, selbst nach der Annahme der Moslems, in Hebron, in Palästina, begraben, wie es auch die heilige Schrift aussagt.

Seinen Sohn Ismael dagegen, dessen Begräbnisort die Bibel nicht erwähnt, konnte der Stifter des Islam überall, wo es ihm beliebte und wo es seinen propagandistischen Zwecken entsprach, begraben sein lassen. Er hatte schon die Geschichte der Erbauung der Kaaba durch Abraham und alles, was damit zusammenhängt, für die Verbreitung seiner Lehre ausgebeutet, indem er dem alten Götzentempel, von dessen Verehrung er die Araber nicht abbringen konnte, durch geschickte Anwendung dieser Erzählungen und Verlegung des Schauplatzes der Jugendbegebenheiten im Leben Ismaels an diese Stelle, eine biblische Weihe zu geben versuchte. Da Ismaels Grab sonst nirgends genannt wird, und alle Araber eine große Verehrung für diesen vermeintlichen Patriarchen haben, der so ganz speziell ein Patriarch der Araber und Mohammedaner geworden ist, der in alle muselmännischen Sagenkreise verwebt erscheint und von dem sich ganze Stämme von Arabern abzustammen einbilden, so war dem Propheten eine schöne Gelegenheit gegeben, der Kaaba eine neue biblische Weihe zu verleihen, indem er auch das Grab des Sohnes Abrahams hierher verlegte.

Der Grabstein hat in der Mitte ein Loch, durch welches das vom Misab niederplätschernde Wasser abfließt, und somit hat der Patriarch Ismael eine höchst feuchte ewige Ruhestätte, worüber ihn, wenn er überhaupt hier begraben wäre, die Gebete der Gläubigen nur höchst unvollkommen trösten möchten. Auch ich mußte hier dem Metuaf ein Gebet nachsprechen.

Vom Grabe Ismaels gelangten wir zum Schamiwinkel, oder der syrischen Ecke der Kaaba, welche nach Südwest zugekehrt ist. Auch hier wurde ein Gebet gesprochen:

»O Gott! laß diese Wallfahrt Dir wohlgefällig sein! Nimm sie von mir als eine heilige Handlung an, als ein sicheres Mittel, um der Versuchung zu entrinnen. Ruhm und Lob sei Dir, Du Herr der Barmherzigkeit!«

Dieses Gebet nennt man im speziellen das Pilgergebet, es

ist gleichsam eine Besiegelung der Wallfahrt und muß wegen seiner Heiligkeit dreimal wiederholt werden.

Nun kamen wir an die südliche, oder vielleicht richtiger gesagt, südsüdwestliche Seite der Kaaba, wo kein besonderes Heiligtum sich befindet. Dagegen bildet die Ecke der südlichen und östlichen Seite wieder einen Wallfahrtsort. Dies ist der sogenannte Ruchen el Jamani oder Jemenwinkel, die südöstliche Ecke des heiligen Hauses. An ihm befindet sich auch ein heiliger Stein, welcher von einigen, weil er von grauer und nicht von schwarzer Farbe ist, im Gegensatz zum schwarzen Steine, Hadschar el abiad d. h. der weiße Stein genannt wird. Er ist in gleicher Höhe wie der schwarze Stein eingemauert, steht aufrecht, ist etwa ein Fuß lang und einen halben breit, besteht übrigens aus demselben Material, wie alle Häuser Mekkas.

Die Moslems selbst scheinen nicht recht einig über die Bedeutung des Steines am Jemenwinkel zu sein. Nach einigen soll, als Mohammed aus Medina, wo er seinen Prophetensitz aufgeschlagen, zum ersten Male wieder nach langer Abwesenheit in seine Vaterstadt Mekka zurückgekehrt war, um den Umgang um die Kaaba zu machen, und seine Feinde behaupteten, daß er alle seine Kräfte verloren habe, da soll der Prophet, um seine Widersacher Lügen zu strafen, die drei ersten Umgänge laufend zurückgelegt, und in diesem Augenblick soll dieser Stein plötzlich gesprochen haben, und zwar legte er ein Zeugnis davon ab, daß Mohammed der Prophet Gottes sei und daß alle seine Feinde zuschanden werden sollten. Andere wollen seine Geschichte mit der Abrahams in Verbindung bringen und behaupten, der Patriarch habe an dem Stein ein Kamel angebunden, als er sich anschickte, seinen Sohn Ismael (nicht Isaak) zu opfern.

Dieser Stein erfreut sich übrigens einer weit geringeren Verehrung als sein schwarzer Kollege, der berühmte Hadschar el assuad. Man berührt ihn nur mit der rechten Hand und küßt dann seine eigenen Fingerspitzen an den Stellen, welche mit dem Stein in Berührung gekommen sind.

Nachdem ich diese Zeremonie meinem Metuaf nachgemacht hatte, mußte ich noch ein Gebet sprechen:

»O Gott! Zu dir bin ich geflüchtet aus Furcht vor Elend und Tod, hilf mir gegen die Qualen des Lebens und des Todes. Schütze mich in der Zeit und Ewigkeit! Vergib meine Sünden jetzt und immerdar! Laß mich in diesem und in jenem Leben Ruhe finden und dem ewigen Feuer entrinnen.«

Jetzt kehrten wir, nach vollendetem ersten Rundgang um die Kaaba, zum schwarzen Stein zurück, den wir ebenso umlagert fanden wie das erstemal. Damit hatten wir den ersten Tuaf, den ersten Umlauf um die Kaaba vollendet. Es müssen aber im ganzen sieben Umläufe um das heilige Haus gemacht werden, und zwar die ersten drei in schnellem, beinahe laufendem Schritte, die andern vier mit gemessener, bedächtiger Langsamkeit. Die Beschleunigung der drei ersten Umläufe geschieht zum Andenken an Mohammed und seine Gefährten, von welchen man, wie schon soeben angedeutet, erzählt, daß sie, nach mehrjährigem Aufenthalt in Medina von dort nach Mekka zurückgekehrt und, von der langen Reise ermüdet, hinfällig und schwach aussehend, von den Mekkanern für krank gehalten und als kraftlos verspottet wurden, weshalb der Prophet, um zu beweisen, daß es ihm nicht an Kraft fehle und daß er sich folglich seinen Feinden noch immer widersetzen könne, den Umlauf die drei ersten Male rasch zurücklegte, worauf sich viele seiner Widersacher bekehrten und erkannten, daß Gott ihn stark mache, selbst wenn sein Körper hinfällig aussehe.

Es genügt übrigens nicht, daß man bei diesen drei ersten Umgängen schnell gehe, man muß auch noch die Schultern auf- und abbewegen und dadurch anzeigen, daß man sich der größten Aktivität und Lebenskraft erfreut, ähnlich wie es der Prophet getan haben soll, um seine Feinde Lügen zu strafen!

Auch ich legte den siebenmaligen, pflichtschuldigen Umgang zurück und war nun endlich von einer großen Last frei. Jetzt galt es noch, einige Heiligtümer im Moscheehofe zu besuchen, und dann sollte ich endlich dem heiligen Hause den Rücken kehren dürfen.

Das heilige Haus und seine Geschichte

Ein glücklicher Zufall wollte, daß ich die Kaaba gleich das erstemal so sehen sollte, wie sie wirklich ist, das heißt, entblößt von dem Kesua, der schwarzen Umhüllung, welche sie das ganze Jahr hindurch mit Ausnahme von vierzehn Tagen bedeckt. Diese vierzehn Tage beginnen am 25. Du el Kada und dauern bis zum 10. Du el Hödscha.

Die Araber sagen in ihrer bilderreichen Sprache, daß die Kaaba während dieser Zeit »Orian«, d. h. »nackt« ist. Wenn sie am zehnten Du el Hödscha wieder bedeckt wird, so heißt es, »der Schneider hat ihr einen Kaftan geschickt«. Auch gebraucht man von der Bekleidung und Entkleidung des Tempels das Bild des Ihram. Hat die Kaaba ihr Kesua abgelegt, so sagt man, sie hat ihre Kleider ausgezogen und den Ihram angenommen. Der Ihram ist freilich bei Menschen noch immer eine Art von Bekleidung. Die Kaaba hat jedoch nicht nötig, schamhaft zu sein, sondern zeigt sich völlig »Orian« (nackt).

Da ich Mekka am siebenundzwanzigsten Du el Kada zum ersten Mal betrat, so hatte die Kaaba bei meiner Ankunft schon seit zwei Tagen den Ihram genommen. Jetzt sollte ich also das Bit Allah (Haus Gottes, wie die Kaaba auch heißt) während zwölf Tagen völlig frei erblicken können, bis nach meiner Wallfahrt nach Arafat, während welcher sie bestimmt war, ihren Schleier wieder anzunehmen. Dies war zwar für meine Neugierde eine gewisse Befriedigung, aber auch sonst nichts, gewiß kein Kunstgenuß, denn als ein Gebäude ist die Kaaba sehr weit entfernt, ein Kunstwerk zu sein. Sie ist ein schwerfälliges, viereckiges Haus, dessen Dimensionen (40 Fuß Höhe, 18 Länge und 13 Breite) schon erwähnt wurden. In dieser Berechnung der Höhe ist auch die Höhe der drittehalb Fuß hohen und ziemlich schiefen Basis, auf der das Haus ruht, mit einbegriffen.

Die Kaaba ist von ganz gewöhnlichem grauen Stein, wie man ihn an allen Bauten Mekkas sieht, aufgeführt und somit auch nicht durch ihr Material ausgezeichnet. Die Werksteine, wenn man so roh behauene Steine überhaupt Werksteine nennen kann, sind von allen möglichen Formen und Größen, meist plumpe, unregelmäßige Vierecke, welche bald aufrecht, bald der Länge nach gestellt sind. Ein grober Mörtel verbindet schlecht die einzelnen Steine. Hie und da sind auf diesen Steinen Spuren von Inschriften zu erblicken, sie sind indes so undeutlich, daß ich keine derselben unterscheiden konnte, ja nicht einmal insofern, um sagen zu können, ob es kufische (ältere) oder neuarabische Schriftzeichen sind.

Wenn die Kaaba das Kesua (den Schleier) anhat, dann sieht sie ungleich stattlicher, aber zugleich auch viel düsterer, ich möchte sagen, grauenerregend aus. Man denke sich ein vierzig Fuß hohes Gebäude, das wie ein immenser Katafalk ganz schwarz überzogen ist. Das Kesua ist von schwarzer Seide; schwarz war die Farbe der Abbasiden, der Kalifen von Bagdad, der letzten eigentlichen Kalifen, die es gab, als deren Nachfolger heutzutage sich die türkischen Sultane, welche von der letzten ägyptischen Dynastie ihr Recht ableiten wollen, ansehen, obgleich sie, was ihren Stammbaum betrifft, eigentlich gar keinen Anspruch darauf haben. Von jeher galt es für ein Privilegium der Beschützer und Oberherren von Mekka, den schwarzen Schleier für die Kaaba zu schenken. Zur Heidenzeit schon wurde die Kaaba mit Stoffen überdeckt, aber nicht mit schwarzen, sondern bunten von allen verschiedenen Farben.

Dieser Schleier hat zu einem seltsamen Aberglauben Anlaß gegeben. Zuweilen gefällt es dem Kesua, in Bewegung zu geraten, was freilich die gewöhnlichen Sterblichen dem Winde zuschreiben würden, was aber nach Ansicht aller frommen Moslems einen viel wunderbareren Grund hat. Die siebzigtausend Engel nämlich, welche die Kaaba bewachen, feiern bei, in und auf dem Schleier ihre Geister-Feste, religiöse Zeremonien und Tänze, wobei sie mit ihren Flügelpaaren so heftige Bewegungen machen, daß das Kesua in Schwingung gerät.

Die Geschichte des heiligen Hauses ist in das geheimnisvollste Dunkel gehüllt. Aber je weniger wir aus sicheren Quellen darüber wissen, desto mehr hat uns die Sage über ihre Vergangenheit geoffenbart.

Nach dem Tarich Montecheb stand bereits zu Adams Zeit genau an derselben Stelle, wo sich heute das Haus der Kaaba befindet, ein Zelt, in welchem der Ältervater und seine nächsten Nachkommen ihre Gebete verrichteten. Es braucht wohl kaum gesagt zu werden, daß von Adam angenommen wird, er habe nur den einigen Gott, Allahu akbar, d. h. den großen Gott, den Gott des Islam angebetet, und nicht jenen später hier verehrten oder vorgeblich verehrten Doppelgott Allah U akbar, d. h. Allah und die Kabar, wie die christlich-sarazenischen Schriftsteller diese Worte auslegen, welche durchaus in dem Namen Allahu akbar oder Allah U Akbar eine heidnische Bedeutung erkennen wollen. Dieses Gebetszelt des Adam war nicht von Menschenhänden errichtet. Es kam vielmehr direkt vom Himmel herunter, damit die Menschen in ihm den einzigen Tempel Gottes auf Erden erkennen sollten.

Der Patriarch Seth, Adams dritter Sohn, erlaubte sich jedoch, wie derselbe Tarich Montecheb sagt, an der Stelle dieses vom Himmel heruntergekommenen Gebetszeltes einen steinernen Tempel zu errichten, in welchem von nun an bis zur Sintflut alle Kinder Adams den einigen Gott anbeteten.

Die Sintflut zerstörte die erste, von Seth errichtete Kaaba, welche nun bis zur Zeit Abrahams in Trümmern liegen blieb, so daß während dieser Zeit kein Tempel des einigen Gottes auf Erden bestand.

Abraham oder Ibrahim, wie ihn die Moslems nennen, der Chalil Allah, der Vertraute Gottes, erhielt eine neue Offenbarung, die nötig geworden war, da Noahs Nachkommen sich dem Götzendienst ergeben hatten. Der Patriarch hatte schwere Kämpfe zu bestehen, als er die Einigkeit Gottes bekannte; er wurde zum Feuertod verurteilt, weil er die Familiengötzen zerstört und seinen Vater zu bekehren versucht hatte. Schließlich zur Auswanderung gezwungen, kam er nach Mekka, wo er seine neue Laufbahn begann. Ehe er jedoch zum Rassul, d. h. Religionsstifter erkoren wurde, sollte er an eben dieser Stelle einer schweren Prüfung unterworfen werden. Allah befahl ihm seinen Sohn zu opfern (die bekannte Erzählung der Genesis). Die Moslems behaupten jedoch, daß dieser Sohn nicht Isaak oder Ishak, sondern Ismael (arabisch Smail) gewesen sei, vor welchem sie eine ungemein größere Ehrfurcht haben als vor seinem Bruder, denn von Ismael behaupten eine große Menge Araber, ja der Religionsstifter Mohammed selbst, abzustammen, eine Fabel, deren Nichtigkeit jedem einleuchten muß, der mit der wahren Geschichte der Araber vertraut ist. Die 37. Sure des Korans, welche die Geschichte von der beabsichtigten Opferung des Sohnes Abrahams durch diesen Patriarchen selbst erzählt, sagt zwar kein Wort davon, daß dieser Sohn Ismael und nicht Isaak gewesen sei. Aber die Muselmanen haben eine Tradition, wonach Mohammed behauptete, daß zwei seiner Vorfahren durch Gelübde ihrer Älteren dem Opfertode geweiht waren und nur durch die besondere Dazwischenkunft Gottes gerettet wurden.

Übrigens, wer auch immer von beiden, Ismael oder Isaak, jener Sohn Abrahams sein mag, welchen die 37. Sure des Korans meint, eines steht bei allen Moslems fest, daß das Opfer entweder in oder in der Nähe von Mekka stattfinden sollte und daß das stellvertretende Opfer des Widders hier auch wirklich stattfand. Die zwei Orte, welche sich um die Ehre streiten, Schauplatz dieses Opfers gewesen zu sein, sind nach den Arabern Mekka selbst und das nahe dabei gelegene Tal Menaa, während die Isrealiten bekanntlich annehmen, Abraham habe seinen Sohn auf dem Berg Morija bei Jerusalem opfern wollen.

Die Hörner des Widders, welchen Abraham statt seines Sohnes opferte, soll er zum ewigen Andenken an Gottes wunderbare Hilfe an der Kaaba befestigt haben, eine Sage, die an einem komischen Anachronismus leidet, denn Abraham erbaute ja, nach allen Traditionen des Islam, die Kaaba erst, als sein Sohn Ismael bereits erwachsen war, da ihm dieser beim Bau Hilfe leistete, während er doch den Widder opferte, als Ismael noch im Kindesalter stand. Jedenfalls wurden diese Hörner oder vielmehr ein beliebiges Paar Widderhörner, welches man für das von Abraham hier befestigte Hörnerpaar ausgab, in vergoldetem und reichverziertem Zustand lange aufbewahrt und verehrt, selbst bis zur Zeit des Stifters des Islam, der sie in seiner Jugend noch hier sah. Die Hörner des Widders sind freilich als götzendienerisch entfernt worden, aber andere an dieser Stelle befindliche Andenken an Abraham und seinen Sohn hält der Islam noch heute in hoher Verehrung, wie den Mokam Sidna Brahim, d. h. den im Stein abgeprägten Fußstapfen Abrahams, dann die Stelle, wo der Patriarch und sein Sohn Ismael den Mörtel für die Kaaba bereiteten (den Madschen), ferner den Brunnen Semsem, der zwischen den Beinen des auf dem Boden sitzenden Kindes Ismael wunderbarerweise aus der Erde hervorsprudelte, und endlich das Grab des Patriarchen Ismael, alle vier entweder an die Kaaba stoßend, oder doch in ihrer Nähe gelegen.

Sonderbar ist ferner, daß der arabische Name des schwarzen Steins, der in die Kaaba eingemauert und so ziemlich das Sanctum sanctorum des Islam ist, das heißt »Hadschar el assuad«, oder kurzweg wohl auch »Hadschar« genannt, genau der Name der Mutter Ismaels ist. Denn Hagar und Hadschar ist offenbar dasselbe Wort, da der hebräische Gimel dem arabischen Dschim durchaus entspricht. Zum Adenken an das Herumirren der Hagar, die ihren Sohn Ismael lange umsonst suchte, bis sie ihn endlich, mit dem Brunnen Semsem zwischen den Beinen, wiederfand, wird auch der siebenfache Lauf zwischen Ssafa und Meruan gehalten.

Abraham und Ismael also erbauten die Kaaba, so lautet die allgemeine Sage des Islam, und selbst der Koran bestätigt in seiner 22. Sure diese Fabel. Die Kaaba des Abraham soll noch die heutige sein, sie wurde seit seiner Zeit nur ausgebessert, nie neuerbaut, so behaupten die orthodoxen Moslems, die alle Umbauten, Restaurierungen und Neubauten nicht gelten lassen, damit ihre Fabel keinen Stoß erleide.

Wenn wir über die Zeit der Erbauung der ursprünglichen heidnischen Kaaba auch im unklaren sind, so kennen wir doch genau die Epoche, wann sie zum letztenmal als Götzentempel errichtet wurde. Dies geschah zur Jugendzeit des Propheten. Damals waren die Koreischiten Herren von Mekka, anstelle der früheren Beni Kossai, vom Stamme der Dschorhamiten, welche von den sogenannten Ismaeliten oder Ismaeliern, die sich der Abstammung von Ismael rühmten, vertrieben wurden. Der letzte dschorhamitische Herrscher von Mekka hatte, als er die Stadt verlassen mußte, den schwarzen Stein in den Brunnen Semsem geworfen. Der Brunnen selbst war verschüttet worden, und erst Mohammeds Großvater entdeckte ihn wieder, indem er ein Gelübde tat, seinen eigenen Sohn zu opfern, wenn Gott ihm den Semsem offenbaren würde. Die Kaaba selbst brannte zur Jugendzeit des Propheten gänzlich ab und mit ihr eine Menge Götzenbilder, von denen die meisten von Holz waren.

Die Koreischen erbauten die Kaaba wieder und zwar von Holz, in kleineren Verhältnissen als die Kaaba der Dschorhamiten, welche bedeutende Dimensionen besaß, die wir jedoch nicht genau kennen. Sechs Säulen trugen das Dach des neuen Tempels, auf dessen höchster Spitze Hobal, der Sonnengott, aufgestellt wurde. Bei dieser Gelegenheit wurden höchstwahrscheinlich eine Menge neuer Götzen, worunter namentlich viele Engelsfiguren, in die Kaaba aufgenommen. Auch ist anzunehmen, daß damals der Abrahamkultus eine erhöhte Bedeutung erhielt, da ja die Koreischiten in dem Patriarchen ihren vermeintlichen

Stammvater verehrten. Diese Leichtigkeit, mit welcher sich die Heiden jeden neuen fremden Götterkultus assimilierten, mag Mohammed die erste Idee gegeben haben, eine eigene Religion zu stiften, welche freilich, weil sie in ihrer Eigenschaft als monotheistische Lehre exklusiv war, auf große Schwierigkeiten in ihrer Verbreitung stoßen mußte.

Die Geschichte vom Prophetentum Mohammeds ist natürlich den meisten meiner Leser bekannt. Da wir es hier nur mit der Geschichte der Kaaba zu tun haben, so will ich aus derjenigen des Stifters des Islam bloß das erwähnen, was das heilige Haus im besonderen betrifft.

Als acht Jahre nach seiner Flucht von Mekka nach Medina der Prophet die heilige Stadt eroberte und siegreich in die Kaaba eindrang, fand er in derselben eine Menge Engelsfiguren und Bilder von Menschen und Tieren, unter anderen auch die »Hamam el ailan«, das heißt die heilige Taube, eine Figur von Holz, welche für die Abbildung derjenigen Taube galt, die Noah aus der Arche losgelassen hatte (wieder eine heidnische Anwendung einer biblischen

Erzählung). Nachdem er dieselbe mit eigener Hand zertrümmert und seine Jünger mit den anderen Götzenbildern dasselbe getan hatten, befahl er seinem bevorzugten Lehrling und späteren Schwiegersohn Ali, auf das Dach der Kaaba hinaufzusteigen und den dort aufgestellten Götzen herunterzuwerfen. Der Prophet bot Ali seine eigene Schulter als Stütze dar, damit derselbe auf das Dach hinaufklimmen möge, woraus man schließen kann, daß die damalige Kaaba viel niedriger als die jetzige gewesen sein muß.

Die Geschichte der Kaaba als eines Götzentempels endet im achten Jahr der Hedschra, im Jahr 630 unserer Zeitrechnung. Von nun an wurde das heilige Haus als der Kernpunkt des Islam auf Erden angesehen, ähnlich wie die Juden den Tempel von Jerusalem verehrt hatten. Die Kaaba wurde die Kebla, das heißt der Zentralpunkt der Gebetsrichtung.

Mohammed ließ die Kaaba als Gebäude in dem Zustand, in welchem er sie getroffen hatte. Auch unter seinen nächsten Nachfolgern erfuhr das heilige Haus selbst keine wesentlichen Veränderungen. Diese begnügten sich, ihre Umgebungen zu verschönern. Omar ben Katab baute zuerst eine Moschee herum und Osman ben Affan, der dritte Kalif, vergrößerte dieselbe.

In dieser Form blieb die Kaaba im wesentlichen bis auf den heutigen Tag. Obgleich sie oft durch Krieg, Feuersbrunst und Wassernot litt, so wurde sie doch stets wieder in ihrer alten Gestalt restauriert oder neu aufgeführt. Die Geschichte berichtet uns nur von einer einzigen gänzlichen Zerstörung des heiligen Hauses. Diese fand im Jahre 1626 unserer Zeitrechnung statt, als eine große Überschwemmung Mekka heimsuchte. Ein durch Wolkenbrüche angeschwollener Gießbach, der vom Dschebel Nur, dem »Berg der Blumen«, herniederstürzte, erfüllte im Nu den ganzen Moscheehof, ertränkte fünfhundert Pilger, welche gerade darin ihre Andacht verrichteten, und strömte mit solcher Gewalt weiter, daß er drei Seiten der Mauern der Kaaba mit sich fortriß. Hierdurch war auch die vierte Wand so beschädigt worden, daß man nötig fand, auch sie niederzureißen, ehe man zur Aufbauung der neuen Kaaba schritt, welche übrigens ganz in den Verhältnissen blieb, welche sie gehabt hatte.

Seitdem ist die Kaaba unverändert geblieben. Ihrem alten Namen Bit Allah d. h. Haus Gottes fügte man im ersten Jahrhundert nach Mohammed noch denjenigen bei, welchen sie jetzt führt, den Namen »Kaaba«, das heißt »der Würfel«.

Schon im Altertum liebte man es nicht, das Bit Allah unverhüllt zu lassen. Zur Heidenzeit wurde ihm zweimal jährlich eine neue Umhüllung von buntem Stoffe gegeben, jedoch ließ man damals die alte stets darunter liegen, so daß mit der Zeit die Bedeckungen bis zu einer beträchtlichen Dicke anwuchsen. Selbst noch in den ersten Jahrhunderten des Islam wurde diese Sitte beibehalten. Im Jahre 782 unserer Zeitrechnung ließ jedoch der Kalif el Mehedi von Bagdad, aus Furcht, die vielen Decken könnten das Dach der Kaaba allmählich zum Einsturz bringen, alle alten Umhüllungen wegnehmen, und seitdem trägt die Kaaba immer nur ein einziges Kesua (Schleier), welches jedoch in seiner Form seit Mohammed nie gewechselt hat. Was seine Farbe betrifft, so war dieselbe nicht immer schwarz. Die Heiden hatten hierzu die verschiedensten buntesten Farben gewählt. Damals besaß die Kaaba ein Frühlingskleid und ein Wintergewand, beide von den buntesten Stoffen. Die ersten Kalifen, die vier großen Imama, Abu-Bekr, Omar, Osman und der unglückliche Ali, der nur ein Jahr herrschte, ließen das Bit Allah mit einem weißen Tuch bedecken. Die Kalifen vom Geschlecht der Ommiaden, welche in Damaskus residierten, pflegten alljährlich ein scharlachrotes Kesua zu senden, denn das Schenken des Kesua war von jeher das Privilegium der Oberherren von Mekka. Als im Anfang des achten Jahrhunderts die Abbasiden Kalifen wurden, wählten sie für das Kesua die Farbe ihres Banners, welche schwarz war und welche auch alle nachfolgenden Oberherren von Mekka, die ägyptischen Sultane und die türkischen Großherren beibehalten haben.

Weitere Heiligtümer der Moschee

Außer der Kaaba enthält der Hof der großen Moschee noch folgende Heiligtümer, denen die Pilger ihre pflichtschuldige Verehrung beweisen müssen.

1) Der Makam Sidna Brahim, die schon öfters erwähnten Fußstapfen des Abraham. Nach Echeliensis (in Saracenis a Sylburgo editis) war der hier befindliche Stein, in welchem man den außerordentlich tiefen und großen Fußabdruck des Abraham sehen soll, derjenige Stein, »in quo Abrahamus cum Agare coivit«. Nach andern war es der schwarze Stein der Kaaba, auf dem Ismael gezeugt wurde.

2) Der Membar, die sogenannte Kanzel Mohammeds, auf welcher der Prophet gepredigt haben soll.

3) Die Pforte der Begrüßung, ein freistehender Bogen, unter welchem der Pilger hindurchgehen muß, wenn er das erste Mal die Kaaba besucht.

4) El Derudsch, die leiterartige, bewegliche Treppe, welche dazu dient in die Kaaba einzudringen und die gewöhnlich neben der Pforte der Begrüßung, einige zwanzig Schritte von der Kaaba, aufgestellt ist. Bei den seltenen Gelegenheiten, wann die Kaaba eröffnet wird, holt man die Derudsch herbei und lehnt sie an die nördliche Wand des Bit-Allah unter dem Bab el Haram, der Tür des Heiligtums, an.

5) Der Brunnen Semsem.

Außer diesen Heiligtümern im engeren Sinn des Wortes gibt es noch eine Anzahl religiöser Gebäude im Moscheehof, zu denen man nicht zu wallfahrten braucht, da sie keine besonderen Heiligtümer oder Reliquien enthalten.

Nachdem ich unter Anleitung meines Metuaf, Ssadak ben Hanifa, die sieben Umgänge um die Kaaba glücklich beendet und alle an den einzelnen Stellen vorgeschriebenen Gebete ihm nachgesprochen hatte, galt es noch, den andern Heiligtümern im Moscheehof meinen Besuch abzustatten. Ehe ich jedoch von der Kaaba ganz Abschied nahm, mußte ich noch einmal an den Madschan zurück und dort den Stein, el Moltasem genannt, berühren, welcher im speziellen als derjenige gilt, auf dem Abraham stand, als er den Bau der Kaaba leitete. Dort wurden Magen, Brust und Wange gegen die Wand gedrückt, dann kehrten wir zu den Fußstapfen des Abraham zurück, beteten um Vergebung unserer Sünden, und zuletzt noch zwei Rikats, welche stets am Ende des Tuaf dargebracht werden müssen.

Hierauf führte mich Ssadak an den Semsembrunnen, dessen Gebäude ich bisher noch nicht betreten hatte, da das Wasser desselben, welches ich beim Eintritt in die Moschee trank, mir bis an die Fußstapfen Abrahams gebracht worden war. Das Gebäude, welches sich über dem Semsembrunnen erhebt, ist viereckig und von massiger Bauart. Die Steine, aus denen es erbaut ist, sind die gewöhnlichen Mekkasteine, welche auf dem Dschebel Abu Kubis im Osten der heiligen Stadt gebrochen werden. Doch finden sich außerhalb des Gebäudes auch noch hie und da Marmorplatten angebracht, während das Innere ganz mit Marmor ausgelegt ist. Der Brunnen, welchen das Gebäude bedeckt und zu dem man durch eine im Nordosten gelegene Tür gelangt, ist von einer vier bis fünf Fuß hohen Mauer umgeben, deren außerordentliche große Breite gestattet, daß die Tempeldiener, welche das Privilegium des Wasserschöpfens haben, sich auf ihr aufhalten können.

Von der Mauerbrüstung aus ziehen sie das Wasser in ledernen Eimern aus dem Brunnen herauf und reichen es den Pilgern, welche dafür, je nach ihren Mitteln und ihrem wirklichen oder vermeintlichen Stand, mehr oder weniger zahlen müssen. Da es früher mehrmals vorgekommen sein soll, daß Wasserschöpfer in den Brunnen hineinfielen, woraus man sie nur mit der größten Mühe retten konnte, so hat man auf der Mauer zum Schutz der dort stehenden Brunnendiener ein eisernes Geländer angebracht.

Als ich von dem Tuaf, dem siebenmaligen Umgang um die Kaaba, bis zum Hinsinken ermüdet, von den Sonnenstrahlen, denen ich mein nacktes Haupt und meinen beinahe nackten Körper über eine Stunde aussetzen mußte, bis zum

Fieber erhitzt, mit ausgetrockneter Kehle und mit einem durch die vielen Gebetshersagungen beinahe gänzlich ausgedörrten Gaumen und Zunge, dürstend nach Wasser und lechzend nach Schatten, an den Semsembrunnen trat, da empfing mich unendlich wohltuend die kühlere Atmosphäre, welche den Raum seines Gebäudes erfüllte. Ein junger, stämmiger Mekkawi, wahrscheinlich ein angehender Heiliger, aber durchaus wie ein roher Bauer aussehend, stand gerade vor mir auf der Mauer, die den Ziehbrunnen umgibt, und fühlte sich, vielleicht durch meinen hinfälligen Zustand zum Mitleid erregt, bewogen, mir einige Aufmerksamkeit zu schenken. Er fragte mich, ob ich Wasser aus dem heiligen Brunnen trinken wolle, was ich natürlich bejahte. Nachdem ich von diesem von den Moslems so gelobten, aber in Wirklichkeit schlecht schmeckenden Wasser wegen meines großen Durstes eine beträchtliche Menge getrunken hatte, wollte mir mein Mekkawi, durch das gespendete Trinkgeld günstig gestimmt, noch eine besondere Freude machen. Er holte nämlich Eimer auf Eimer aus dem Ziehbrunnen hervor und schüttete mir ohne weiteres und ohne zu fragen, ob es mir angenehm sei oder nicht, einen nach dem anderen über den Kopf, so daß ich hier ein so gründliches Bad nahm, als nur immer wünschenswert sein konnte, was übrigens auf meine Gesundheit einen sehr wohltuenden Effekt hervorbrachte und vielleicht verhinderte, daß ich (infolge der steten Insolation, der ich eine Stunde ausgesetzt gewesen war) Fieber oder Sonnenstich davontrug. Ich sah zwar, wie man auch andern Pilgern dasselbe Sturzbad zukommen ließ, aber das meinige zeichnete sich vor allen anderen durch Reichlichkeit aus, denn ich bekam wenigstens zehn Eimer über den Kopf geschüttet, während die anderen mit zwei zufrieden sein mußten. Was nicht ein zu gehöriger Zeit gespendetes Trinkgeld alles vermag?

Die Geschichte des Semsembrunnens hängt begreiflicherweise mit der Geschichte von Mekka und der Kaaba aufs engste zusammen. Es kann nicht fehlen, daß derselbe auch einen biblischen Ursprung haben muß wie die Kaaba, wie der schwarze Stein, der Madschan, das Grab Ismaels, die Fußstapfen des Abraham und Gott weiß, wie viele Heiligtümer noch! Die Entstehungsgeschichte dieses Brunnens ist sehr rührend und von einer kindlichen Naivität. Als nämlich Abraham, der grausame Patriarch, die Hagar, mit welcher er (nach einigen auf dem schwarzen Stein, nach anderen auf den sogenannten Fußstapfen Abrahams) seinen Sohn Sidna Smaïl (Ismael) gezeugt, verstoßen hatte, wurde diese vermeintliche Stammutter der Araber von den Engeln nach Mekka getragen. Denn, sonderbarer Weise, obgleich der Zeugungsakt in Mekka stattgefunden zu haben scheint, so kam doch Hagar an einem von der heiligen Stadt sehr entfernt gelegenen Orte, in irgendeinem obskuren Nest von Palästina, nieder und brachte Sidna Smaïl zur Welt. Aber Sara, die eifersüchtige, konnte die junge und schöne Hagar, welche dem Patriarchen besser gefiel als die neunzigjährigen Reize der Mutter Isaaks, nicht ausstehen und sagte zu Abraham: »Schicke die Verfluchte in eine Wüste ohne Wasser!« Der Patriarch war jedoch weit entfernt davon, der Sara nachgeben zu wollen, ihm gefiel die Hagar weit besser, und wenn es auf ihn angekommen wäre, so hätte er vielleicht die Sara in die bewußte Wüste geschickt. Auch wäre er gewiß nicht dazu zu bewegen gewesen, sich der Hagar zu entledigen, wenn nicht der Engel Gabriel der Sara zu Hilfe gekommen wäre. Der Erzengel nahm die Partei der Eifersüchtigen und sprach zu Abraham: »Schicke die Mutter Ismaels mit ihrem Sohn fort. Ich selbst werde ihnen eine wasserlose Wüste aufsuchen.« Abraham verstieß also seine Nebengattin Hagar und seinen Sohn Ismael. Da jedoch, wie es scheint, in der Nähe vom Wohnorte Abrahams keine anständige Wüste ohne alles Wasser, wie sie die gute Sara ihrer Nebenbuhlerin wünschte, vorhanden war, so gab sich der Erzengel selbst die Mühe, Mutter und Kind weit hinweg durch die Lüfte, nach dem Tal von Mekka, zu tragen, wo sie übrigens unversehrt anlangten. Damals war an eine Stadt an dieser Stelle natürlich nicht zu denken, weit und breit wuchs nichts, und kein Bächlein, keine Oase, keine

Quelle war zu erblicken. Es war eine wahre, unzweifelhafte Wüste, und Sara konnte zufrieden sein, denn der Engel Gabriel hatte ihre Nebenbuhlerin an einen Ort gebracht, wo sie höchstwahrscheinlich hätte verschmachten müssen, wenn nicht ein Wunder ihr zu Hilfe gekommen wäre. Natürlich suchte Hagar nach einem Brunnen, fand ihn aber nicht. Um sich die Zeit zu verkürzen, machte sie dann den Umgang um die Kaaba, welche freilich noch nicht existierte; ein sehr unbedeutendes Hindernis! Darauf fand sie für gut, den religiösen Brauch des Sai, des siebenmaligen, wahnsinnigen Rennens zwischen den Hügeln Ssafa und Merua, in der Straße El Emsa von Mekka, zu stiften, indem sie sieben Mal verzweiflungsvoll auf und ab lief und zwar gerade an dem Ort, welcher jetzt die Hauptstraße von Mekka bildet, wo nun die Pilger das fromme Rennen abhalten. Nachdem sie den Sai gemacht und so zu einem der verrücktesten, fanatischsten Gebräuche des Islam den Grund gelegt hatte, kehrte sie zu ihrem Söhnchen Ismael zurück, welches sie inzwischen auf dem Boden unweit der späterhin zu erbauenden Kaaba hatte sitzen lassen. Als sie zu dem Knäblein hinzukam, wollte ihr scheinen, als ob dasselbe gerade ein natürliches Bedürfnis befriedige. Ein Wasserstrahl sprudelte zwischen seinen Beinen hervor, aber zu Hagars Erstaunen wollte er kein Ende nehmen. Sie hob ihr Söhnchen auf und jetzt erst sah sie, daß dasselbe nicht die Wasservergießung verursacht hatte, sondern daß eine Quelle aus dem Boden hervorsprudelte. O Wunder! O Glück! Hagar, die Verstoßene, die Ausgesetzte, hatte in der vermeintlichen wasserlosen Wüste eine Quelle gefunden und was für eine Quelle! Keine andere, als den hochberühmten Brunnen Semsem, oder Samsama, das heißt, den lieblich rauschenden, sanft murmelnden, denn das Wasser im Semsem ist ein fließendes Wasser, wie, glaube ich, Burckhardt von allen Reisenden zuerst entdeckt hat.

Man kann sich denken, daß Sara, als sie die Kunde von der Entstehung des Semsembrunnens in der vermeintlich wasserlosen Wüste vernahm, dem Erzengel die bittersten

Vorwürfe machte. »Warum, oh treuloser Gabriel, hast Du die Verfluchte nicht verschmachten lassen? Aber Gabriel antwortete ihr mit der gewöhnlichen, muselmännischen Glaubensformel: »Oh Sara! Es war vorausberechnet. Denn aus Hagar soll der Prophet Gottes kommen. Wie konnte ich Hagar verschmachten lassen, da sie die Stammutter Mohammeds werden soll?« Als dies Sara vernahm, war sie sehr traurig und rief: »Also die Schändliche soll noch eine Prophetenmutter werden? Und was werden denn meine Kinder sein?« Aber der Engel tröstete sie und sprach: »Alle Propheten, und ihre Zahl ist groß, werden aus Sara kommen, nur ein einziger, der größte und letzte, wird ein Nachkomme Hagars sein.« Die Geschichte sagt uns nicht, ob Sara sich mit diesem Trost zufrieden gab. Nur eines wissen wir, daß sie ihren Eheherrn, welcher immer eine Sehnsucht nach Hagar hegte, soviel es in ihrer Macht lag, davon abzuhalten suchte, der Mutter Ismaels nachzueilen. Aber die Sehnsucht Abrahams war zu groß und eines Tages verließ er Sara, wanderte schnurstracks nach dem glücklichen Arabien, besuchte seine geliebte Hagar wieder und freute sich an den Spielen seines Sohnes Ismael. Seitdem scheint Abraham sich hauptsächlich in Mekka aufgehalten zu haben, wo er die Kaaba baute und den Abdruck seiner Fußstapfen zurückließ. Nur einmal verließ er wieder Mekka, wanderte nordwärts, weit, weit hinweg, bis er wieder in Palästina ankam und zwar an einem Ort, namens Hebron, wo er beschlossen hatte, seine Gebeine zu lassen.

So entstand der Semsembrunnen nach Ansicht aller frommen Moslems. Wie er freilich nach Ansicht profaner Geschichtschreiber entstand, das ist eine ganz andere Sache. Diese ungläubigen Menschen wissen gar nichts von seinem wunderbaren Ursprung, sondern erblicken in ihm eine Quelle, wie eine andere auch, welche die Wüstenstämme Mittelarabiens bestimmte, sich in ihrer Nähe anzusiedeln. Zuerst kamen die Dschorhamiten und zwar die Beni Kossai, ein Stamm derselben, welche bis zum sechsten Jahrhundert unserer Zeitrechnung den Raum um den Semsem innehatten, die Kaaba und die Stadt Mekka erbauten, die ihnen jedoch von den sogenannten Ismaeliten, vermeintlichen Nachkommen Ismaels, unter welchen auch die Koreischen waren, genommen werden sollte. Der letzte Dschorhamite, verschüttete, als er Mekka verlassen mußte, den Semsem, welchen Mohammeds Großvater wieder auf die bereits oben beschriebene Weise entdecken sollte. Die Karmathen, jene verruchten Ketzer, welche den schwarzen Stein raubten, warfen so viele Leichen von frommen Pilgern, die sie erschlagen hatten, in den Semsem, daß es eines ganz besonderen Wunders bedurfte, um ihn wieder aufzudecken. Seitdem ist jedoch dem Brunnen kein weiteres Unglück begegnet. Im Gegenteil wurde er immer mehr und mehr ein Kultgegenstand, und viele fromme Fürsten verschönerten das Gebäude, welches ihn bedeckt, das übrigens in seiner jetzigen Form aus dem Jahre 1694 unserer Zeitrechnung stammt.

Ssadak ben Hanifa führte mich nun nach der Kanzel Mohammeds, dem Membar, auf welchem der Prophet gepredigt haben soll. Die ursprüngliche Kanzel Mohammeds, die von Holz war, ist übrigens schon längst durch Brand verunglückt. Die jetzige soll vom Kalifen von Bagdad, Al Moktadi, dem einunddreißigsten Abassiden, gestiftet worden sein, welcher sich der Moschee dafür dankbar zeigen wollte, daß man ihm gestattet hatte, die ursprüngliche Tür der Kaaba wegzunehmen, aus der er seinen Sarg verfertigen ließ. Natürlich schenkte er der Kaaba eine andere Tür und der Moschee diese Kanzel, welche von Holz, wie die ursprüngliche und mit kunstvollen Schnitzereien versehen ist.

An der Kanzel wurde zwar nur ein kurzes Gebet gesprochen, aber dies Gebet war von meiner Seite das aufrichtigste, welches ich bisher gehalten hatte, denn es war mein Dankgebet dafür, daß nun der entsetzliche Tuaf und alle die ermüdenden, angreifenden Zeremonien beendet waren.

Jetzt endlich war ich frei. Ich atmete auf und folgte mit

freudebelebtem Schritte meinem Metuaf, welcher mich nun schnell in den höher gelegenen Moscheehof führte, denn die Kaaba und die sie umgebenden Heiligtümer liegen alle einige sechs Fuß tiefer, als der Moscheehof, und dieser wieder tiefer, als die darangrenzenden Straßen von Mekka. Wir stiegen nun durch das Tor des Propheten aus der Moschee und fanden uns bald in der schönen, großen Hauptstraße El Emsa, in welcher die Pilger den Sai, das siebenmalige Rennen, abhalten. Ich hätte diesen frommen Galopp strenggenommen nun auch zurücklegen müssen, da ich aber zu müde und angegriffen war, so entschuldigte ich mich durch Krankheit und gelobte, für den jetzt unterlassenen Sai einen Hammel zu schlachten, das unvermeidliche Sühnopfer, welches der Pilger für jede, selbst die geringste Übertretung darbringen muß. Dann ging ich mit Ssadak nach dem Kaffeehaus, in welchem uns Hassan, Ssadaks Sohn, erwartete, um mich von da nach meiner Herberge zu führen.

Meine Wohnung und Umgebung in der heiligen Stadt

Das Kaffeehaus, in welchem uns Hassan ben Ssadak der Verabredung gemäß erwartete und wo sich auch mein Neger Ali mit einem Teil meines Gepäcks einfand, war zugleich ein Barbierladen, welchen ein gewisser Omar el Homsi in Compagnie mit einem Mekkaner namens Babali el Babutschi hielt.

Da ich nicht die große Wallfahrt, sondern die Wallfahrt bel Omra, die sogenannte kleine Wallfahrt, gelobt hatte, so konnte ich jetzt, nach zurückgelegtem Tuaf, mich rasieren, baden, kleiden, kurz den entsetzlichen Ihram ablegen und aufhören, wie ein wildes Tier nackt und voll Schmutz und Ungeziefer herumzugehen; ich durfte endlich wieder ein Mensch sein und ein menschliches Aussehen annehmen. Streng genommen hätte ich den Ihram erst nach dem Gang nach der Moschee el Omra ablegen dürfen, aber da fast alle Pilger es nach dem Tuaf sogleich tun und dieser Mißbrauch beinahe die Regel geworden ist, so verschob ich den Omra, ebenso wie ich den Sai verschoben hatte, auf spätere Tage, und niemand fand dies auch nur im geringsten auffallend oder ketzerisch.

Nachdem Omar mich rasiert und gewaschen hatte, ließ ich von meinem Neger ein vollständiges Kostüm auspacken und kleidete mich mit Wonne wieder in eine menschliche Tracht, in das bequeme, zweckmäßige algerische Kostüm, welches, wie die elenden Schmeichler Ssadak und Sohn sagten, mir wie einem Pascha so schön stand. Natürlich; denn ich galt bei diesen Leuten für einen »Prinzen von Algier« und für kolossal reich, und im Orient ist jeder Reiche, sei er auch noch so alt und häßlich, mit ewiger Jugend und Anmut ausgestattet.

Nachdem ich nun den Ihram völlig beseitigt und mich durch eine zweistündige Ruhe im Laden Omars von den Strapazen des Umgangs um die Kaaba erholt hatte, sehnte ich mich endlich danach, mit dem Vagabundenleben, wenigstens vorderhand zu brechen und eine regelmäßige Herberge aufzusuchen. Da ich völlig fremd in Mekka war und außer meinen ägyptischen Mitreisenden, welche armen Teufel selbst kaum wußten, wo ihr Haupt niederlegen, auch unter den Pilgern niemand kannte, so blieb mir nichts übrig, als mich der Familie Ssadak anzuvertrauen, die freilich geldgierig, verschmitzt und spitzbübisch genug war, aber doch nicht geradezu offenen Raub oder Diebstahl beging, was immerhin ein Vorteil war.

Wir verließen also die Kaffeebude und schlugen unseren Weg nach dem Quartier el Solimanija ein. Zuerst mußten wir durch einen Teil der schönen, breiten Hauptstraße von Mekka, El Emsa genannt, schreiten. Dies war jedoch nicht ohne Schwierigkeit zu bewerkstelligen. Denn eben hielten einige hundert Fanatiker hier den Sai ab, das heißt das siebenmalige Rennen von einem Ende der Straße zum anderen. Es war ein Anblick, wie man ihn außerhalb

Mekkas wohl nur in einem Tollhaus zu sehen bekommen möchte. Alle diese halbnackten, staub- und schmutzbedeckten, keuchenden, schwitzenden, stöhnenden Wesen, von der Sonnenhitze, der ihr nackter Scheitel stundenlang ausgesetzt gewesen war, fieberhaft erhitzt, von den religiösen Zeremonien zu Tode ermüdet und doch zugleich fanatisch aufgeregt, alle diese von einem religiösen Wahnsinn wie tobsüchtig gemachten Menschen liefen, rannten, keuchend und dabei laut schreiend die Straße auf und ab. Daß sie den zufällig durch die Straße gehenden Leuten ausgewichen wären, daran war natürlich nicht zu denken. Vielmehr war es die Sache der Passanten, den Fanatikern auszuweichen. Aber wie sehr wir uns auch Mühe gaben, ihnen aus dem Wege zu gehen, so konnten doch einige Zusammenstöße nicht vermieden werden. Ali, mein Neger, gab sich die größte Mühe, den Läufern des Sai auszuweichen, und es gelang ihm auch im ganzen vollkommen. Aber dennoch spielte ihm das tückische Schicksal in dieser Sache einen der unangenehmsten Streiche. Er war nämlich eben gerade einem besonders kräftigen, dicken und starken Pilger aus dem Wege gegangen und hatte nicht bemerkt, daß hinter der Mastochsengestalt sich ein anderer Pilger hielt, der durch dieselbe beinahe ganz verdeckt worden war. Dieser letztere Hadsch brach nun aus seinem zufälligen Versteck hervor, das heißt er kam hinter dem Rücken seines Vordermannes ganz plötzlich zum Vorschein, und zwar lenkte er gerade seine Schritte auf Ali zu, der ihn im Augenblick noch nicht recht sah und von ihm überrannt wurde. Da lag nun der arme Ali am Boden und sämtliche Hadschadsch, welche eben gerade den Sai machten, schritten, liefen und rannten über ihn hinaus, wobei er natürlich manchen Fußtritt abbekam. Nur mit Mühe gelang es uns, den armen Neger wieder aufzurichten. Bei dieser Gelegenheit wären wir selbst jedoch beinahe in die Gefahr gekommen, als Straßenpflaster zu dienen. Einen Augenblick, als ein besonders hastig rennender Pilger gegen uns drei mit Gewalt anstieß, während wir eben dem Neger behilflich waren, kamen wir alle drei zu Fall und bildeten einen wirren Knäuel auf dem Boden, in dem Ali, ich und die Familie Ssadak sich in bunter Unordnung wanden. Doch zum Glück dauerte dies nicht lange. Es gelang uns, uns eilig emporzureißen und auch den Neger mit fortzuziehen. Diesem war allerdings von den vielen Fußtritten der frommen Pilger übel mitgespielt worden. Er war am ganzen Körper mit Beulen und blauen Mälern bedeckt. Aber da die Fußtritte der den Sai abhaltenden Pilger für heilig gelten, so tröstete sich Ali über die ihm geschehene Unbill und rühmte sich derselben später sogar noch, denn ihm war nach den abergläubischen Begriffen einiger Moslems eine große Gnade widerfahren.

Endlich gelang es uns, aus dieser zur Zeit des Sai etwas allzu gefährlichen Straße herauszukommen. Da das Quartier el Solimanija, in welchem ich abzusteigen beabsichtigte, beinahe außerhalb der Stadt, das heißt ganz an ihrem nordwestlichen Ende in der Nähe der Birket (der Zisternen) liegt, mußten wir nun den oberen Teil der Stadt in seiner ganzen Länge durchschreiten.

Dann bogen wir in eine schöne, breite Straße, el Mota genannt, ein, welche für eine Verlängerung der Hauptstraße el Emsa gelten kann. Dieser Name »el Mota« bedeutet weiter nichts als »der Ort« oder »die Stelle«. Sein Ursprung wird davon abgeleitet, daß früher die Pilger, welche von Norden kamen, hier ihre erste Station machten und Gebete hersagten. Es war ein »Ort«, eine »Stelle« für geheiligte Gebräuche. Seitdem hat sich dieser Gebrauch verloren, aber der Name »el Mota« ist geblieben.

Die Straße el Mota zieht sich von der Hauptstraße und der Kaaba, an welche sie beinahe angrenzt, fast schnurstracks in nördlicher Richtung hin. Ihre Gebäude sind zwar nicht so stattlich und hoch, wie die anderer Quartiere, aber dennoch ist diese Straße eine der wichtigsten der Stadt. Sie wird auf beiden Seiten von zwei dichten Reihen von Läden eingefaßt, in welchen die Kleinhändler, Spezereikrämer, einige Handwerker, wie Schneider und Seidenwirker, ihr Gewerbe treiben.

Mitten in der Straße el Mota kamen wir an einem massiven Gebäude vorbei, welches einst eine Universität gewesen sein soll, aber jetzt als Rumpelkammer der Militärrequirierung benutzt wird. Zu Burckhardts Zeit war es ein Getreidemagazin und soll auch jetzt noch manchmal zu diesem Zwecke benutzt werden, wie es nun gerade der liebenswürdigen offiziellen Laune gefällt.

Am Ende der el Mota und noch höher als diese steilaufstrebende Straße, gelangten wir in die Straße el Maale, welche, was ihre Richtung betrifft, nichts als eine gerade Fortsetzung von el Mota ist. Hier ließen wir rechts eine kleine Moschee liegen, welche, soviel ich entdecken konnte, das einzige religiöse Versammlungshaus ist, welches Mekka außer der Mesdschid el Haram noch zählt. Noch einige Schritte in der Straße el Maale, das heißt der hochgelegenen, weil sie die höchste in der Stadt ist, und wir erreichten das nördliche Ende von Mekka, wo die Karawanenstraße nach dem Berge Arafat liegt. Hier beginnt eine lange sandige Ebene, in welcher auf einer Seite die Zisternen, auf der anderen eine Menge hölzerner Buden liegen, welche liederlichem Gesindel zum Aufenthalt dienen. Parallel mit dem durch sie führenden Pilgerweg, jedoch in nächster Nähe der Stadt und ziemlich weit vom Weg entfernt, liegen auf beiden Seiten von demselben noch einige Stadtquartiere. Eines dieser Quartiere war es, welchem wir uns jetzt zuwandten, nämlich dem etwa hundert Schritt vom Ende der Straße el Maale in westlicher Richtung entfernten Quartier el Solimanija, wo sich das Haus des mir bestimmten Wirts Hamdan ben Hamidu befand.

Das Quartier el Solimanija liegt am nordwestlichen Ende von Mekka, sozusagen ganz außerhalb der Stadt, am Fuß des Dschebel Hindi im Westen und des von einem viereckigen Fort gekrönten Dschebel Lala (Berg der Tulpen) im Süden, während es im Norden an die Zisternen und im Osten an die Pilgerstraße grenzt, die nach Arafat führt. Dieses Quartier führt seinen Namen nach den Bewohnern von Afghanistan und Beludschistan, welche auf arabisch

Solimanija (Plural von Solimanje) heißen. Obgleich diese Leute hier ihr ausschließliches Absteigequartier zu nehmen pflegen, so bildet doch das Stadtviertel, welches nach ihnen den Namen führt, keineswegs bloß für die Pilger aus jenen Ländern einen Ort des Unterkommens. Allerdings sind es meist Hadschadsch aus den nordöstlichen Gegenden des mohammedanischen Teils von Asien, aus Kandahar, Buchara, Samarkand, der Tatarei, welche hier einzukehren pflegen, aber die Häuser stehen doch allen Fremden aus anderen Ländern offen, wenn sie nur Geld haben, welches hier in Mekka, wie überall, die beste Nationalität ist. Da ich übrigens mit einiger Sicherheit annehmen konnte, daß keine Maghrebia (Algerier), meine vermeintlichen Landsleute, denen die Herberge hier wohl meist zu teuer war, sich im Viertel der Solimanija einfinden würden, so war ich froh, hier mein Absteigequartier zu wählen.

Das Haus des Hamdan ben Hamidu lag in einer ziemlich breiten Straße des Stadtviertels und war leicht zu finden. Als wir an die Tür kamen, drang mir schon ein köstlicher Geruch eben bereiteter Speisen entgegen. Der Anblick meines Wirts war nicht weniger erfreulich für einen ausgehungerten Gast, als es der Geruch der Speisen war, der mir aus seinem Hause entgegendrang. Denn aus der Wohlgenährtheit, welche seine feisten Wangen und sein schöner, lieblich gerundeter Schmerbauch verkündeten, konnte ich auf eine nahrhafte Kost in seinem Hause schließen, ein Ding, das mir bei meinem ausgemergelten Zustande sehr vonnöten war. Ich war nämlich durch die Strapazen der Reise, durch die große ausgestandene Hitze, namentlich durch das beständige Schwitzen und die schlechte Kost zu einem wahren Skelett heruntergemagert und bot in meiner Hinfälligkeit einen traurigen Kontrast gegen den nach orientalischen Begriffen wunderschönen Mann Hamdan ben Hamidu dar. Dieser Biedermann kam mir mit großer Zuvorkommenheit, zugleich aber auch mit einer gewissen steifen Würde, welche fetten Leuten oft eigentümlich ist, entgegen. Er machte einen wunderschönen Salamalek, bot mir die Hand zum

Gruß und küßte mich dann auf den linken Ohrlappen, wahrscheinlich weil ich, auf solche Zärtlichkeit nicht gefaßt, mein Gesicht ungeschickt dargeboten hatte.

Hamdan ben Hamidu war ein Mann von etwa fünfundvierzig Jahren und nach orientalischen Begriffen wunderschön, aber er war selbst nach europäischen Ideen nicht häßlich. Sein Gesicht war regelmäßig geschnitten; seine großen, braunen, stets feuchten Augen hatten etwas sehr Schmachtendes, beinahe Weibisches, wie die Augen so vieler fetten Leute; seine Nase war zwar klein, aber doch nicht kartoffelartig; sein Mund war zierlich, mit kleinen, aber blendendweißen Zähnen versehen; keine einzige Runzel, kein Krähenfuß störte die Glattheit seiner Haut; sein Bart war weder dick, noch dünn, gerade dicht genug, um »bene barbatus« zu sein und von einer schönen, dunkelbraunen Farbe, die freilich, wie ich später merkte, einem kosmetischen Mittel ihren Ursprung verdankte. Dazu kleidete sich Hamdan sehr stattlich und geschmackvoll, weder pomphaft noch auffallend, obgleich er mit den teuersten Stoffen behangen war. Die Füße trug er nackt, und zwar, wie ich glaube, aus Eitelkeit, was wir ihm verzeihen wollen, denn Hamdans Füße waren nach orientalischen Begriffen wahre Meisterstücke der Natur; sie waren klein und voll, zierlich und rund und glichen auffallend denen eines gesunden, kräftigen Säuglings. Ebenso klein und zierlich waren seine Hände, die er stets reinlich wusch, hie und da färbte und, glaube ich, nicht selten parfümierte. So war Hamdan ein wahrer orientalischer Typus, ein Typus des Islam aus der Zeit seiner höchsten Blüte. Eine äußere und innere Harmonie, von der Natur in einen Manneskörper eingeschlossen und von Kunst und Geschmack verschönert und verziert. Alle seine Bewegungen waren, für seinen fetten und unbeholfenen Körper, wirklich sehr graziös zu nennen und doch hatte Hamdan niemals einen Tanzmeister gehabt, der ihn die fünf Positionen gelehrt hatte.

Nur eines verunstaltete Hamdans Gesichtszüge. Das waren die drei großen, länglichen Narben auf den Wangen, die von Einschnitten, welche man in der Kindheit macht, herrührten und die jeder Mekkaner besitzt, an denen man einen Sohn der heiligen Stadt unfehlbar erkennen kann und auf welche diese Leute, wie auf ein Zeichen von edler Abstammung, von »blauem Blut«, stolz sind. Diese Häßlichkeit wird hier mehr geschätzt, als die schönste Körperform, welche ja auch bei gemeinem Ursprung recht oft vorzukommen pflegt.

Hamdan führte mich nun in einen Saal zu ebener Erde, in welchem einige schöne Teppiche auf dem Fußboden lagen. Auf zwei Seiten des Saales zogen sich längs der Wände diwanartige Erhöhungen hin, auf deren einer man mich einlud, Platz zu nehmen. Hamdan setzte sich neben mich, die Familie Ssadak, welche von nun an mich gleichsam gepachtet zu haben schien und mich keinen Augenblick mehr verließ, ebenfalls, und nun begann die Konversation. Hamdan erkundigte sich mit gnädigem Schmunzeln nach meinem Befinden; ich gab ihm zur Antwort, daß ich zur Zeit mich zwar wohl, aber doch etwas schwach und zwar ausgehungert fühle. Ich hoffte, mein Wirt würde diese Anspielung verstehen und die Mahlzeit auftragen lassen, welche, wie ich aus dem herrschenden Küchengeruche schloß, bereit sein mußte. Aber Hamdan war nicht zu so unzeremoniellen Manieren zu bewegen. Erst mußte eine gedehnte, langweilige Konversation eine halbe Stunde lang hinausgesponnen werden. So erforderte es der Anstand. Dann erst durfte an das Essen gedacht werden. Mancher meiner Leser wird denken: »Nun, bei einem Wirt, den man bezahlt, braucht man sich nicht zu genieren, man läßt die Mahlzeit auftragen, wann man eben will und schickt den plaudersüchtigen Wirt, wenn er kommt uns durch langweilige Konversation vom Essen abzuhalten, dorthin, von wo er hergekommen ist.« Aber im Orient sind die Sitten ganz verschieden. Der Wirt ist kein Wirt im europäischen Sinn des Wortes, das heißt keine Maschine, die einem für Geld und ohne gute Worte alles liefert, was ein hungriger oder müder Reisender begehrt. Nein! Der Wirt im Orient ist eine

Vorbereitung zum Mahl

Art von Respektsperson. Obgleich er Geld, und zwar recht viel Geld für seine Bewirtung nimmt, so gilt es doch immer noch für eine Gnade, daß er den Fremden aufnimmt. Er wird trotz seiner Käuflichkeit mit ganz demselben Respekt behandelt wie ein Gastgeber, der seine Gastfreunde in alter patriarchalischer Weise umsonst beherbergt und nährt. So wäre auch Hamdan um keinen Preis dazu zu bringen gewesen, die vorgeschriebene Empfangsfeierlichkeit abzukürzen. Die zeremoniellen Manieren gehen einem echten Orientalen über alles, und sollte selbst der Gast verschmachten, die Leibesstärkung wird ihm erst dann gereicht, wenn es die Etikette gestattet.

Nachdem die ersten Fragen nach meiner Gesundheit, die ich beantwortete, und nach meinen vermeintlichen Eltern, die in irgendeinem Nest in Afrika fingiert wurden, welcher Frage ich auswich, getan worden waren, ging die Konversation auf die Pilgerfahrt und endlich auf jenes Steckenpferd aller Araber, die Politik, über. Was die Pilgerfahrt betraf, so belehrte mich mein Wirt, daß in einigen Tagen die beiden großen Pilgerkarawanen, die eine aus Damaskus, die andere aus Bagdad ankommen würden, was ein sehr schönes Schauspiel sei, dem auch er mit seiner sämtlichen Sippschaft beizuwohnen gedenke. Ob ich nicht auch ihnen die Ehre schenken wolle, sie am anberaumten Tage vors Tor zu begleiten, um die Karawanen ankommen zu sehen? Natürlich bejahte ich, machte einen Salamalek und alles war in der Ordnung.

Jetzt kam die Rede auf die Politik. Da hätten meine Leser die verrückten Gedanken hören sollen, welche diese Araber aufs Tapet brachten. Anfangs verstand ich freilich so gut wie nichts von ihrer politischen Kannegießerei. Als ich jedoch genauer hinhorchte, da belehrte mich ein stets wiederkehrender Eigenname, daß es sich um die Heldentaten irgendeiner berühmten Persönlichkeit handelte. In allen Gesprächen kam nämlich stets der auffallende, mir gänzlich unbekannte Name »Kaliwalli« wieder. Ich hatte noch nie in meinem Leben etwas von diesem »Kaliwalli« gehört. Eine unverzeihliche Unwissenheit von meiner Seite, denn »Kaliwalli« war offenbar ein großer Held, der die fabelhaftesten Taten vollbracht hatte. Ich dachte natürlich, »Kaliwalli« sei vielleicht irgendein obskurer Beduinenhäuptling, der im Innern von Arabien wahrscheinlich herkulische Heldentaten vollbracht hatte, dessen Ruhm aber nicht über die arabische Halbinsel hinausdrang. Wer beschreibt aber mein Erstaunen, als auf meine Frage, was für ein Landsmann der große Held denn eigentlich wäre, mir der Bescheid ward, daß er ein Europäer sei. Neue beklagenswerte Unwissenheit von meiner Seite. Aber ich ließ mich in meinen Fragen nicht abschrecken und wünschte nun zu wissen, in welchem

Jahrhundert denn besagter »Kaliwalli« gelebt habe. Jetzt wurde mir der überraschende Aufschluß, daß der große Held ja noch lebe, daß er eine Berühmtheit unseres Jahrhunderts sei. Da stand ich wie ein gewisses Tier am Berge. Da war ein berühmter europäischer Held unseres Jahrhunderts, von dem ich nie das geringste vornommen hatte. Nachdem ich mich von meinem Erstaunen erholt, fiel mir ein, daß der Name »Kaliwalli« denn doch vielleicht nicht die ganz richtige Namensbezeichnung für den großen unbekannten Helden sein möchte. Wahrscheinlich war er die Verstümmelung irgendeines europäischen Namens. Ich ging deshalb im Geist die Namen aller derer durch, welche in den letzten dreißig Jahren in Europa von sich besonders reden gemacht hatten. Endlich kam mir ein lichter Gedanke. Ich rief über meine plötzliche Entdeckung voll Entzükken aus: »Garibaldi, das ist der Name, von dem ihr sprechen wollt«. Aber die Araber schauten mich erstaunt an. Meine plötzliche Lebhaftigkeit, die nur das Resultat der Freude war, weil ich einen Namen, den ich lange gesucht, endlich gefunden hatte, schien ihnen fast wie ein Anzeichen von Geistesverwirrung. Hamdan versicherte mich in allem Ernste, ich müsse mich irren, der Name heiße Kaliwalli und nicht Garibaldi.

Ich war vernünftig und kaltblütig genug, um meinem Wirt nun sogleich Recht zu geben, denn meine genauere Kenntnis europäischer Namen und europäischer Politik hätte natürlich auf mein Arabertum das schlechteste Licht werfen müssen. Einen Augenblick hatte ich mich beinahe verraten. Aber dieser Augenblick sollte auch der einzige sein. Jetzt stellte ich mich wieder so unwissend wie vorher, obgleich ich nun wußte, um was es sich handelte, denn der Name »Kaliwalli« war in Wirklichkeit nichts anderes als eine Verstümmelung des Namens des bekannten italienischen Freischarenführers. Als nun von den einzelnen Heldentaten dieser im Mund der Araber zur Fabelgröße aufgeschwollenen Persönlichkeit die Rede war, da spielte ich meine Rolle als Unwissender mit ebensoviel Glück durch wie vorher. Mit offenem Munde, welche Gebärde bei allen Völkern stummes Erstaunen ausdrückt, saß ich da und hörte die Heldentaten des großen Mannes erzählen. Was hatte »Kaliwalli« nicht alles getan! Er war auf einer Insel mit Gewalt gelandet, deren Ufer ganz mit den Kanonen seiner Feinde bespickt waren, welche den dichtesten Kugelregen auf ihn ergossen. Diese Kanonen hatte er ganz allein erobert und die Feinde nur durch den Schreckenspopanz seines fürchterlich martialischen Aussehens in die Flucht geschlagen. Ich erriet, daß es sich hier um die Landung Garibaldis in Sizilien handelte. Mehr wußte man damals noch nicht in Mekka. Aber dieses Ereignis wurde bis zu märchenhafter Größe hinaufgeschraubt.

Zum Schluß entspann sich eine Diskussion darüber, wie wohl der schreckliche Held aussehen möge. Einer behauptete, derselbe sei eigentlich gar kein Mensch, sondern ein fürchterlicher Dschin, oder böser Geist, der nur zuweilen menschliche Form annehme. Aber Hamdan wußte besseren Bescheid darüber. Er kannte einen Raïs (Schiffshauptmann) aus Alexandrien, der das Monstrum mit eigenen Augen gesehen hatte. Deshalb belehrte er uns nun, Kaliwalli (Garibaldi) sei zwar ein Mensch, aber so häßlich und schrecklich anzusehen, daß er die Feinde durch seine bloße Erscheinung in die Flucht jage. Er habe einen roten Bart, der bis zum Boden hinabreiche, sein Mund sei fürchterlich groß und mit den Zähnen eines Ebers ausgestattet. Dazu sei seine Gestalt so groß, daß kein Mensch seinen Kopf mit der Säbelspitze in ausgestreckter Hand erreichen könne. Auch trage er ein rotes Hemd, welches täglich ins Blut seiner Feinde getaucht werde und davon seine Farbe herleite. Dieses blutige Hemd bilde ganz besonders den Schrecken der Feinde, denn aus seinem Anblick schlössen sie auf das grausame Los, welches der entsetzliche Blutmensch ihnen bereiten würde, wenn sie in seine Hände fielen. Ein solches Ungetüm brauche gar keine Waffen, denn niemand könne seinen fürchterlichen Anblick ertragen. Seine Augen glichen verzehrenden Flammen, sein Mund einem Höllenrachen, seine Augenbrauen den Borsten eines Wildschweins. Dazu verspeise er kleine Kinder und lasse keine Grausamkeit ungeschehen.

Während ich dieses fabelhafte Gespräch anhörte, hatte sich der Speisesaal allmählich mit Gästen gefüllt, von denen einige mit uns an der Mahlzeit teilnehmen sollten, während andere aus religiösem Vorurteil ausgeschlossen werden mußten. Zu den ersteren gehörte ein Kaufmann aus Buchara, welcher Murad Oghlu Khan hieß, und dessen Sohn Selim, mit welchen beiden ich während meines Aufenthalts in Mekka etwas näher bekannt werden sollte. Leider konnten wir nur sehr wenig miteinander sprechen, da Murad vom Arabischen nur ungefähr soviel wußte, wie ich vom Türkischen, seiner Muttersprache, das heißt einige fünfzig Worte.

Murad war kein Schiite, folglich kein Ketzer, obgleich die Mehrzahl seiner Landsleute es sein soll. Er war in Mekka sehr gut bekannt, da er alle vier oder fünf Jahre einmal dorthin zu pilgern pflegte, aus Frömmigkeit, wie er vorgab, aber in Wirklichkeit aus Interesse, denn er trieb einen ziemlich vorteilhaften Pelzhandel. Als Pelzhändler besaß er auch einen Laden, den er in einer der lebhaftesten Straßen von Mekka für einen Monat zu mieten pflegte, ähnlich wie es die Großhändler auf der Leipziger Messe tun.

Außer diesen beiden, welche gleichfalls bei Hamdan wohnten, waren noch drei alte Männer aus Afghanistan, echte Solimanija, meine Mitgäste. Diese waren also hier, in dem Quartier der Afghanen, völlig an ihrem Platz. Diese drei Afghanen waren fürchterliche Fanatiker. Namentlich behandelten sie die hier wohnenden Perser (welche alle Schiiten, folglich Ketzer sind) mit der größten Geringschätzung, warfen, wenn sie ihnen begegneten, mit den gemeinsten Schimpfwörtern um sich und wollten natürlich nicht dulden, daß diese gottlosen Ketzer mit ihnen bei Tisch Platz nahmen.

Diese waren die Hauptpersonen der orthodoxen Gesellschaft im Hause des Hamdan ben Hamidu, zu welchen sich später noch ein halbes Dutzend verschiedener Landeskinder gesellte. Die heterodoxe Gesellschaft dagegen bestand einstweilen aus drei Persern und einem alten Mann aus Chorassan. Dieser ketzerische Teil unserer Hausgenossen, von den orthodoxen Gläubigen durch die unübersteigliche Kluft des religiösen Fanatismus geschieden, durfte natürlich nicht mit uns guten Moslems bei Tische sitzen. Ja, selbst wenn gar nicht gegessen und nur schöne Konversation gemacht wurde, mußten diese Schiiten einen eigenen Winkel des Saales bewohnen. Dort saßen sie auf dem Teppich des Fußbodens, denn in ihrer Ecke gab es keinen Diwan mehr, zwar mit möglichster Würde, in recht künstlerisch geschmackvoll gewählten Positionen, aber doch, was sie freilich zu verbergen suchten, etwas geniert durch die Unannehmlichkeit ihrer Lage als Ketzer im Hause eines Sunniten und inmitten anderer Sunniten. Sie hatten offenbar hier eine falsche Stellung und wären gewiß keine Stunde in diesem Hause geblieben, wenn sie ein anderes Unterkommen hätten finden können. Aber eigentliche Okala (Wirtshäuser) gibt es in ganz Mekka nicht. Dafür werden die Pilger fast in allen Privathäusern für Geld beherbergt und bewirtet. Nun existiert zwar in Mekka eine Anzahl von Häusern, in welchen man fast ausschließlich Perser und andere schiitische Ketzer aufzunehmen pflegt, welche Herbergen entweder von Schiiten, welche in Mekka ansässig sind, oder von Mekkanern, die im Geruch der Ketzerei stehen, gehalten werden. Ja es gibt in Mekka ein eigenes Perserquartier, da aber dieses sehr nahe an demjenigen Stadtteil, den gewisse Damen bewohnen, liegt, so liebt es kein ernster Adschemi (Perser), dort abzusteigen. Dies war ein Grund, warum unsere Adschemia nicht in Perserhäusern wohnten; der zweite war der, daß ein Teil dieser Häuser bereits überfüllt, der andere den mit der Bagdadkarawane erwarteten Hadschadsch (Pilgern) versprochen war. So blieb diesen Sektierern nichts anderes übrig, als im Haus eines Menschen, den sie noch mehr haßten als einen gewöhnlichen Sunniten (denn Hamdan galt als abtrünniger Schiite), ein Unterkommen zu suchen.

Arabisches Mahl

Nachdem die holden Wonnen der Konversation abgetan waren, nachdem man sich mit dem großen Helden der Neuzeit, dem bluttriefenden Kaliwalli (Garibaldi) hinlänglich beschäftigt hatte, wurde endlich die Mahlzeit aufgetragen. Drei Neger brachten die Hauptschüsseln herein, deren eine mit Reis, eine mit Hammelfleisch und eine andere mit einem unausstehlich süßen Gebäck gefüllt war, und setzten sie auf große hölzerne Piedestale gerade in die Mitte der Hungrigen, dicht vor den Diwan, auf dem ich mit Murad und

Selim saß, während die beiden Ssadak mit Hamdan uns gegenüber auf dem Teppich des Fußbodens hockten.

Erst wurde der Pilaff, ein Turm von gesalzenem, stark gepfeffertem, in Butter gekochtem Reis angegriffen und zwar mit hölzernen Löffeln. Dieses Manöver wurde zuweilen dadurch unterbrochen, daß einer oder der andere mit der Hand in die Schüssel voll Hammelfleisch fuhr, ein Stück herauslangte und mit den Fingern seinem Mund näherte. Dazwischen brachte man uns kleine Nebenschüsseln, verzuckerten Rahm, eingemachte Aprikosen, Rosenkonfitüren, welche von drei Knaben, den Söhnen unseres Wirts, präsentiert wurden. Diese Bürschchen blieben neben uns stehen, hielten uns die Schüsseln unter die Nase und schienen offenbar uns ihren Inhalt selbst in den Mund stecken zu wollen. Einige von uns ließen sich dies Manöver auch gefallen, ich hatte jedoch nach europäischer Sitte schon im Alter von zwei Jahren selbst zu essen gelernt und war entschlossen, es auch in Zukunft zu tun, wenn mir der Schöpfer den freien Gebrauch meiner Glieder lassen würde. Deshalb verschmähte ich die Hilfe der schelmischen Knaben, die, ungezogen wie alle arabischen Kinder, sich beim In-den-Mund-Stecken der Speisen mit den Pilgern oft allerlei Scherze erlaubten, ihnen die Nase mit Konfitüre beschmierten, Rahm über die Wangen strichen und dergleichen unschuldige Spiele noch mehr, auf welche ich gut verzichten konnte.

Soweit ging alles gut. Das Essen erfolgte mit ziemlichem Anstand, die Streiche der Knaben freilich abgerechnet, ja mit Reinlichkeit und nicht ohne eine gewisse feierliche Gemessenheit. Als aber der Reis und das Fleisch verspeist waren, und nun die Reihe an das süße Gebäck kam, da sollte ich bald etwas anderes zu sehen bekommen. Alle Orientalen sind nämlich wie Kinder in Süßigkeiten verliebt. Das süße Gericht erfreut sich deshalb unter allen Speisen einer Mahlzeit bei weitem ihrer Vorliebe und, sollten sie vorher auch noch so viel schon gegessen haben, so sind sie doch stets imstande, von der süßen Speise eine ganz unbegreiflich große Quantität sich zu Gemüte zu führen. So fielen nun auch meine Tischgenossen über die Süßigkeiten mit Heißhunger, mit einer wahrhaft tierischen Gier her. Hatten sie vorher ihre Hände mit Ruhe und Anstand, und nie mehr als eine Hand auf einmal, der Schüssel genähert, so fuhren sie nun mit beiden Händen zugleich, ich möchte beinahe sagen, mit den Armen bis an die Ellenbogen, in die Schüssel und langten deren Inhalt heraus. Das in derselben enthaltene Gebäck schwamm aber, nach beliebter arabischer Sitte, in einer Brühe von Honig und flüssiger Butter, in einem wahren Meer gelblicher Flüssigkeit, und diese Flüssigkeit platschte und spritzte unter den Bewegungen der in die Schüssel Fahrenden auf die Körper aller Anwesenden, in ihr Gesicht, auf ihre Kleider, ihren Turban, alles besudelnd und verderbend. Wie ein wahrer Springbrunnen sprudelte die häßliche, fettige und klebrige Materie aus der Schüssel hervor, und mir blieb nichts übrig, als mich eiligst zurückzuziehen, um nicht von ihr über und über bekleckst zu werden. Dennoch war es schon zu spät. Bereits war mein ganzes Kostüm mit Butter und Honigflecken übersät, und ich eilte in mein Zimmer, um es zu wechseln. Die anderen Essenden störte jedoch der Schmutz und das Fett gar nicht, sie behielten ihre befleckten Kleider, die noch viel fettiger und honigreicher geworden waren als die meinigen, nicht nur den ganzen Tag, sondern auch die ganze folgende Woche noch an und wechselten sie erst dann, als sie von der kleinen Wallfahrt, der Pilgerfahrt nach der Omra, zurückkehrten. Nur der reinliche und auf sein Äußeres etwas eitle Hamdan und sein ältester Sohn, der geschminkte, rosenrote Jüngling, hatten, wahrscheinlich durch frühere Erfahrungen über die schmutzige Fresserei gieriger Pilger gewitzigt, sich bereits vor dem Angriff auf die Honig- und Buttermasse zurückgezogen und sahen nun aus einiger Ferne den Verschlingungskunststücken der Familien Murad und Ssadak zu, welche wirklich Außergewöhnliches leisteten. Die schiitischen Ketzer hatten im anderen Winkel des Zimmers ähnliche Gerichte wie wir vorgesetzt bekommen, sie benahmen sich aber bei dem Essen der süßen Speise viel anständiger als die orthodoxen Mitgäste, welche reinliches Speisen offenbar für eine Tugend hielten, deren ein rechtgläubiger Sunnite entbehren konnte.

Als ich von Honig und flüssiger Butter beinahe triefend auf mein Zimmer zu gehen verlangte und diesen Wunsch meinem Wirte zu erkennen gab, machte mir dieser ein pfiffiges Zeichen, wodurch er mir zu verstehen gab, daß ich ja nicht mit lauter Stimme von meinem Zimmer sprechen solle. Denn ich hatte wirklich ein Zimmer – ein unerhörter Luxus in einem arabischen Hause. Gewöhnlich pflegen nämlich alle in einem mekkanischen Haus einquartierten Pilger gemeinschaftlich auf dem Teppich des Fußbodens im Empfangssaal zu schlafen. Daß ich ein eigenes Zimmer bekommen hatte, verdankte ich der Vorsorge des Hassan ben Ssadak und meinem vermeintlichen hohen Rang, denn einen »Prinzen von Algier« konnte man doch unmöglich mit all den fettigen, schmutzigen und keineswegs wohlriechenden Pilgern auf dem Fußboden schlafen lassen. Auch mußte ein so orthodoxer Moslem streng vor der Berührung mit schiitischen Ketzern gehütet werden. Ich hatte also ein eigenes Zimmer, welcher Art wird man gleich sehen; aber die anderen Pilger waren weit entfernt davon, so begünstigt zu sein, und um ihre Eifersucht nicht rege zu machen, wurde mir empfohlen, die Existenz meines Zimmers so geheim als möglich zu halten.

Ein junger Negersklave führte mich in dieses mir bestimmte Gemach, welches freilich sehr klein war, jedoch auf den ersten Anblick sich ganz hübsch und sogar wohnlich ausnahm. Es war auf drei Seiten mit ordinärem, bedrucktem Kattun behängt, der die Stelle der Tapeten vertrat; auf der vierten lag die große hölzerne Tür, deren viele Ritzen mir Gelegenheit verschafften, hier mein Observatorium aufzuschlagen, um alles, was im Saale vorging, zu beobachten. Möbel besaß dieses Zimmer nicht. Aber ich hatte genug Gepäck bei mir, um es ganz auszufüllen. Nachdem ich mich der langersehnten Siesta ergeben hatte, benutzte ich mein

Observatorium dazu, um das, was im Saale vorging, zu beobachten. Ich mochte etwa drei Stunden in meiner Stube gewesen sein, als ich plötzlich einen Besuch bekam, der mir die wahre Eigenschaft meines vermeintlichen Zimmers offenbarte. Dieser Besuch bestand in einem sehr schönen Kalkuttahahn, welcher plötzlich unter dem Kattun zum Vorschein kam und sein lautes Kikeriki dicht neben meinem Ohr ertönen ließ. Dem Hauswecker folgte bald sein zahlreicher Harem, und im Nu war mein ganzes Zimmer mit einem Heer von Federvieh angefüllt, welches gar nicht herauszubringen war. Denn es befand sich in der Tat hier an seinem gewohnten Orte, es hatte mein Zimmer erst seit einigen Stunden verlassen und war nicht zu überzeugen, daß es einem »Prinzen von Algier« zu weichen habe. Meine Wohnung war, wie ich nun klar erkannte, nichts anderes als der Hühnerstall, den man notdürftig ausgeputzt hatte. Hinter dem die Wände schmückenden Kattun war nichts als Bretterleisten, die ein Gitter bildeten, nicht einmal ein zusammenhängender Bretterverschlag. Es war ein wahrer Käfig, in welchem ich wohnte oder vielmehr wohnen sollte, denn die Gesellschaft des Federviehes brachte mich schnell zum Aufbruch aus dem Hühnerstall.

Kaum angekleidet, stürmte ich zu Hamdan in den Saal hinein und setzte ihn nicht wenig durch meinen Zorn in Erstaunen:

»Glaubst du denn, oh Hamdan!« so rief ich, »daß wir Pilger so gutmütige Tiere seien, um uns auch alles gefallen zu lassen? Hältst du mich vielleicht für einen Barbaren, einen Wilden, der mit dem lieben Vieh zusammen wohnen will? Wagst du es, einen rechtgläubigen Sunniten im Hühnerstall einzuquartieren? Denn trotz deiner Künste, trotz der Verhängung des Leistengestells habe ich nur zu schnell die wahre Eigenschaft des Zimmers erkannt, welches du nicht anstandest, mir anzuweisen!«

Hamdan war sehr unangenehm dadurch berührt, daß ich so schnell die Entdeckung gemacht hatte, am unangenehmsten aber dadurch, daß ich dieselbe so laut verkündete, denn alle Bewohner des Saales hörten meine Worte und brachen nun in ein schallendes Gelächter über Hamdan und seinen Hühnerstall aus. Unser Wirt war auf einmal der Spott aller seiner Gäste geworden und blieb es auch während der nächstfolgenden Tage.

Um mich schnell zu beschwichtigen, führte mich nun Hamdan selbst in ein anderes, im ersten Stock gelegenes, ziemlich hübsches und sogar etwas möbliertes Gemach, welches, wie er sagte, für einen indischen Prinzen hergerichtet war.

So war ich denn in Mekka nun notdürftig installiert. Ich fing damit an, mich einigermaßen häuslich einzurichten, packte aus und schärfte Ali ein, nie aus dem Zimmer zu gehen, wenn ich nicht selbst zu Hause sein würde: eine höchst notwendige Vorsichtsmaßregel, denn die Frömmigkeit der Pilger hindert sie keineswegs zu stehlen, wenn sich eine gute Gelegenheit dazu bietet. Trotz dieser Vorsicht sollte dennoch manches Stück meiner Habe anderswohin wandern.

Wanderungen durch Mekka

Ehe ich dazu übergehe, dem Leser meine Wanderungen durch die heilige Stadt vorzuführen, muß ich zu seiner Orientierung noch einen kurzen Plan von Mekka entwerfen. Als Ausgangspunkt desselben will ich die große Moschee, das Zentrum des Islam, die Herzkammer, in der alle Pulse des religiösen Verkehrs der ganzen mohammedanischen Welt zusammenschlagen und in welcher auch der kleinere Verkehr der heiligen Stadt seinen Mündungspunkt hat, erwählen.

Die vier Ecken der großen Moschee stehen beinahe direkt nach den vier Himmelsgegenden, so daß ihre vier Seiten nach Südwest, Südost, Nordwest und Nordost zugekehrt sind. Auf der nordwestlichen und südöstlichen Seite der Moschee dehnt sich die Stadt in die Breite, auf der nordöstlichen und südwestlichen Seite in die Länge aus, jedoch so, daß die Länge ungefähr das Vierfache der Breite beträgt. Die größte Längenausdehnung von Mekka möchte ich ungefähr auf 4800 Fuß schätzen, während seine größte Breitenausdehnung wohl nicht mehr als 1300–1400 Fuß gefunden werden dürfte. Natürlich sind diese Angaben nicht das Resultat einer Messung, welche anzustellen mir unmöglich gewesen wäre, auch sind sie nur oberflächlich und aufs Ungefähr hin gemacht.

Von der nördlichen Ecke der Moschee, an welcher, bereits etwas auf der nordöstlichen Seite des Tempels, das Bab es Salam (Tor des Grußes), durch das ich meinen ersten Eingang in die Moschee gemacht hatte, liegt, erstreckt sich die schon früher erwähnte Straße el Mota beinahe direkt nach Norden hin, von welcher die Straße el Maale nur eine Fortsetzung bildet. Diese Straße el Mota und el Maale trennt die nördliche Hälfte von Mekka in zwei ungleiche Teile. Ich will diese Teile das erste und zweite Viertel von Mekka nennen, das erste nach Nordwest, das zweite nach Nordost gelegen. Denn um mehr Deutlichkeit zu gewinnen, soll hier Mekka in vier Viertel geteilt werden, von denen die zwei ersten, wie wir gesehen haben, nördlich von der Moschee abgegrenzt wurden. Die zwei anderen Viertel nehme ich dann südlich von der Mesdschid el Haram an. Die lange Straße el Mesfala, welche vom Bab Ibrahim, dem Tor Abrahams, sich beinahe südlich bis zum Pilgerweg vom Jemen erstreckt, diene als Scheidung dieser beiden südlichen Viertel, so daß das dritte Viertel südwestlich, beinahe westlich, gegen Dschedda zu liegt, und das vierte südöstlich, beinahe streng südlich (denn die Richtung der Straße el Mesfala ist etwas gegen Westen) abgegrenzt wird.

Es versteht sich von selbst, daß bei dieser Einteilung der Stadt in Viertel nicht das gemeint sein kann, was man zuweilen Stadtviertel nennt, von denen oft mehr als zwölf auf ein Dutzend gehen, sondern ich will das Wort Viertel hier in seiner ursprünglichen Bedeutung genommen haben. Nur der Bequemlichkeit, des Überblicks wegen, wird sie von mir hier gewählt. Wenn man aber auf die Einteilungen der Araber geht, so kommt die mathematische Rechnung heraus, daß die Stadt einige zwanzig Viertel hat, was in einer so wunderreichen Stadt wie Mekka niemand auffallen wird. Für das nun, was die Araber Viertel nennen, will ich hier den Ausdruck »Quartier« gebrauchen, der freilich ursprünglich mit Viertel gleichbedeutend ist, der aber als ein Fremdwort im deutschen doch nicht so lächerlich klingen möchte, als es lauten würde, wenn man zum Beispiel sagte, eine Stadt habe zwanzig Viertel.

Beginnen wir also beim nordwestlichen Viertel, welches wir das erste genannt haben. Dies fängt bei dem dicht an der Moschee, auf ihrer nordwestlichen Seite, gelegenen Hause des Kadi Hanefi, des ersten Kadi von Mekka an. Daran stößt der Stadtteil Suika, d. h. der Stadtteil des kleinen Basars, denn Suika ist das Diminutivum vom Worte Suk (Basar). Hier sind die Läden der Inder, welche Korallen, Juwelen, Gold, Filigranarbeit und dergleichen verkaufen; auch der Sklavenmarkt wird in kleinen, verschlossenen Buden dieses Basars abgehalten und nicht mehr öffentlich, wie zu Burckhardts Zeit. Ein Teil des Suika ist mit einer Dokana (Dach) überdeckt, welche diese Straße angenehm kühl macht. Dicht an den kleinen Basar, beinahe an die nördliche Ecke der Moschee stoßend, liegt das Quartier der Syrer, Huma el Schamija genannt. Zur Zeit der Pilgerfahrt verwandelt sich die Hauptstraße dieses Quartiers, die sonst leer ist, in einen Basar von Bretterhütten, in welchen die hier wohnenden Schamija (Syrer) die Waren ihres Vaterlandes, die Halbseide von Aladscha und Garmasut, den Baumwollstoff von Homs, Homsi genannt, die feine Leinwand aus Palästina, Teppiche aus Damaskus und vor allen die Kefija, die rot und goldfarbenen seidenen Kopftücher, feilbieten. Der Stadtteil der Syrer grenzt im Nordosten an die berühmte Hauptstraße von Mekka, el Emsa. Eine Verlängerung dieser Straße geht mitten in das erste Viertel, mit dem wir es jetzt zu tun haben, hinein. An ihrem in diesem Viertel gelegenen Ende befindet sich die Säule el Merua, der eine

Zielpunkt des Sai, des religiösen Rennens, das zum Andenken an Mutter Hagar abgehalten wird. Neben dieser Säule el Merua ist der Suk ed Delalin, der Basar der Versteigerungen, wo stets auf- und ablaufende Versteigerer verschiedene Artikel, meist in türkischer Sprache feilbieten. Die öffentlichen Brunnen liegen auch nicht weit von el Merua. Das Quartier, in welchem die Straße el Emsa ihr Ende nimmt, ist das schönste und reichste der Stadt, alle Häuser sind dreistöckig, mit schönen großen luftigen Fenstern versehen und gleichen so europäischen Stadtgebäuden. In diesem Stadtteil, welcher den Namen el Krara führt, dessen Bedeutung mir stets ein Rätsel blieb, liegt auch eines der vielen Häuser des Scheriffs von Mekka, welcher derselben zwölf in der Stadt und sechs dicht vor der Stadt besitzt. Dem Hause dieses Würdenträgers gegenüber und mit ihm einen traurigen Kontrast bildend, liegt, beinahe schon außerhalb der Stadt, das Quartier el Dschemal (das heißt der Kamele); es ist ruinenartig und wird nur von armen Leuten bewohnt. Im Nordwesten befindet sich das Quartier Schab el Mulud, das heißt der »Hügel der Geburt des Propheten«. Daran grenzt im Norden der Wadi en Naga, das »Tal der Kamelstute«, einst das Bett eines ausgetrockneten Flüßchens, jetzt von Häusern eingefaßt. Mit diesem Punkt sind wir am Nordende dieses Viertels angekommen, wo das von mir bewohnte Quartier el Solimanija beinahe schon außerhalb der Stadt am Fuße des mit einem kleinen Fort gekrönten Dschebel el Lala (Berg der Tulpen) gelegen ist. Dort befinden sich die Straße nach Arafat, die Zisternen der Syrer und Ägypter und die zwei großen Kirchhöfe sowie die gepflasterte Straße zu dem Heiligtum eines gewissen Schich Mahmud, dessen Grabkapelle von vielen Pilgern besucht wird; welchen ich jedoch unbesucht ließ, da sein Besuch nicht obligatorisch ist und ich mit dem Obligatorischen in Mekka schon ganz genug hatte.

Soviel vom ersten der vier Viertel von Mekka. Das zweite ist ungleich größer und wichtiger als irgendein anderes, denn in ihm befindet sich die große Hauptstraße von Mekka, die vielerwähnte Straße el Emsa. Sie bildet die südliche Grenze dieses Viertels und trennt dasselbe von der nordöstlichen Seite der großen Moschee, welcher entlang sie sich hinstreckt, ab. Das eine Ende des Sai, wo die Säule es Ssafa, der erste Zielpunkt des Laufes, aufgestellt ist, liegt im Süden dieses Viertels, und bei ihm beginnt die Hauptstraße, welche in el Merua endet. Eine lange von Süden nach Norden gehende Straße, welche von el Emsa ausläuft, trennt dieses Viertel in zwei ungleiche Hälften, von denen die eine ein sehr lebhaftes Handelsquartier, die andere stiller, aber ausgedehnter ist. Man nennt diese Straße el Kaschkaschia an ihrem südlichen, und Rhassa an ihrem nördlichen Ende. Da die Straße el Kaschkaschia fast parallel mit der Straße el Mota läuft und erst im Norden einen Bug macht, um mit dieser zusammenzutreffen, so folgt daraus, daß die eine Hälfte dieses Viertels zwischen beiden Straßen völlig eingeschlossen ist, mit Ausnahme des kleinen südlichen Endes, wo sie an die el Emsa stößt. Zuerst finden wir hier im Süden und an die el Emsa grenzend, das Quartier Suk el Hadschar, wörtlich der »Markt des Steines«, so genannt von einem hier befindlichen heiligen Stein, der einst den Propheten täglich, auf dessen Wege aus der Moschee, begrüßte und rief: Salam ja Rasul Allahi (Sei gegrüßt o Prophet Gottes). Dieser einst beredte, aber jetzt leider wieder verstummte Stein wird von den frommen Hadschadsch berührt, von einigen sogar geküßt. Im Norden von diesem Steine ist ein kleines halbverfallenes Haus, welches als ein großes Heiligtum des Islam verehrt wird. Dieses Haus ist nämlich nichts Geringeres als das des Propheten, nicht dasjenige, worin er geboren ward, sondern das, wo er mit seiner ersten Gattin Kadidscha lebte und seine berühmte Tochter Sittna Fatma, die Gattin Alis, zeugte. Man nennt dieses Haus auch Mulud Lella Fatma (Geburtsort der Fatma).

Hier liegen schöne Häuser, in denen viele Pilger zu wohnen pflegen. Dann kommt eine Reihe winkliger Gäßchen, ein wahres Labyrinth, in welchen sich Buden an

Buden dicht nebeneinanderreihen. Ein Teil dieses winkligen Chaos heißt Suk el Masrija, der »Markt der Ägypter«, weil dort die Leute dieser Nation ihr Wesen treiben; daneben liegt die Huma el Maghrebia, das Quartier meiner vermeintlichen Landsleute, das einzige, welches ich aus guten Gründen niemals zu betreten wagte, folglich nicht schildern kann; auch ist hier ein kleines schmutziges Quartier, Darb ess Ssini genannt, welcher Name der »Weg der Chinesen« bedeutet. Man würde hieraus jedoch mit Unrecht den Schluß ziehen, als habe es in Mekka jemals soviel Chinesen gegeben, um einem eigenen Stadtquartier ihren Namen zu verleihen. Nein, es gibt in China nur sehr wenige Mohammedaner, und von diesen wenigen verlieren sich alle Jahre wohl kaum zwei oder drei nach Mekka. Zu meiner Zeit war kein einziger Sohn des himmlischen Reiches der Mitte hierhergekommen. Der »Weg der Chinesen« soll seinen Namen dem Umstand verdanken, daß hier vor siebzig oder achtzig Jahren einmal ein chinesischer Händler seine Bude hatte.

Die zweite Hälfte des zweiten Viertels erstreckt sich im Osten der Straße el Kaschkaschia bis an den Fuß des berühmten Berges Bu Kubis, auf dem der Engel Gabriel dem Propheten so oft erschien. Hier liegen: die Quartiere Schab Ali, vom Schwiegersohn des Propheten so genannt, dessen Geburtsort hier in einer kleinen Kapelle, die ich übrigens nicht sah, gezeigt werden soll; das Quartier Mulud en Nebbi, wo Mohammeds Geburtsort in einer Art von Krypta gezeigt wird, welche ich ebenfalls unbesucht ließ, da ich ihren Besuch auf die Zeit nach der Wallfahrt nach Arafat aufgeschoben hatte und mich dann ein Unfall nötigte, Mekka plötzlich zu verlassen; das Quartier Suk el Lil, das heißt des »nächtlichen Marktes«, wo manchmal in den Ramadannächten ein glänzender Basar stattfinden soll; das Quartier Rhasse, in welchem der Viehmarkt abgehalten wird. Alle Häuser dieses Viertels, namentlich der zweiten Hälfte desselben, sind hochgelegen. Gegen Norden und Nordosten steigt das Terrain immer mehr und das östlichste

Der Suk – ein wahres Labyrinth von Gäßchen

Quartier dieses Viertels liegt beinahe schon auf dem Berge Bu Kubis. Dieses Quartier heißt el Mamela und enthält große Töpfereien. Namentlich werden hier die großen schweren Krüge gebrannt, welche man, mit Semsemwasser gefüllt, von der Pilgerfahrt zuweilen mitnimmt, obgleich die meisten Pilger diese Krüge zu schwer finden und sich mit Blechflaschen begnügen, welche in der Straße el Emsa in ungeheurer Menge zu diesem Zwecke verfertigt werden. Am Ende dieses Viertels liegt das Quartier Schab Amir, das berüchtigste von Mekka, in dem die Prostitution ihr Banner aufgepflanzt hat.

Das dritte Viertel von Mekka, das westliche und kleinste der vier, habe ich bei meinem ersten Gang vom Dschedda-Tor zur Moschee bei meiner Ankunft in der heiligen Stadt zum großen Teil schon geschildert, will also von ihm nur die Quartiere Schebika, Suk es Serhir, Bab el Omra und den daranstoßenden Friedhof Chan-Darsa erwähnen. Das Quartier Schebika wird von echten Mekkanern bewohnt, welche meist von Scheriffen abstammen, sich sehr von anderen Bewohnern Mekkas abgesondert halten und im ganzen die Fremden nicht lieben. Im Suk es Serhir, dem kleinen Markt haben die mekkanischen Kleinhändler ihre Läden. Im Quartier Bab el Omra wohnen die religiösen Lohnbedienten, die Metuafin. Die meisten Häuser dieses Viertels sind nur ein- oder zweistöckig. Hier liegt auch ein Palast des Scheriffs und das große Hauptbad von Mekka, welchem ich am letzten Tage meines hiesigen Aufenthaltes einen Besuch abstatten, der für mich leider die unangenehmsten und für meine Reise die hinderlichsten Folgen haben sollte.

Das vierte Viertel bildet den am niedrigsten gelegenen Stadtteil, wie auch sein Name el Mesfel (d. h. das untere) andeutet. Der südliche Teil dieses Viertels, das eigentliche unterste Quartier, liegt gegen die Pilgerstraße vom Jemen zu. Hier wohnen Krämer von ärmlichem Aussehen, meist Araber aus dem Jemen oder Hadhramaut, welche bescheidene Geschäfte treiben. Im Osten grenzt ein völlig ruinenhafter Stadtteil an dieses Viertel, in dem sich das einzige Wirtshaus in Mekka, der Chan el Jamanija d. h. Wirtshaus der Araber aus dem Jemen, befindet oder vielmehr befand, denn es ist nur noch ein Haufen von Ruinen. Im Südosten beherrscht diesen Stadtteil das hoch auf einem Ausläufer des Bu Kubis gelegene Kastell, eine schwerfällige, mittelalterliche Baumasse, welche nach Ansicht der Araber uneinnehmbar sein soll. Auch glauben die Mekkaner, dies Kastell könne eine Garnison von zwanzigtausend Mann aufnehmen. Jetzt beherbergt es jedoch nur einige tausend schlechte türkische Infanteristen und besitzt zwanzig altertümliche, wahrscheinlich unbrauchbare Kanonen. Am Fuß des Kastellberges liegt dann das schöne große Palais des Scheriff, einem großen europäischen Gebäude nicht sehr unähnlich, obgleich natürlich von einer Dachterrasse gekrönt. Wenn man von diesem Palais nach der Moschee geht, so kommt man über einen großen freien Platz, dem einzigen, welchen die Stadt besitzt. Er beginnt dicht an der Moschee. Mitten auf ihm ist ein großer Brunnen, dessen Wasser jedoch ungenießbar sein soll; auch grenzen an diesen Platz zwei weitere Häuser des Scheriff. Im Nordosten dieses Viertels befindet sich das Quartier el Dschijad, welches von den Familien, die im Dienste des Scheriff stehen, bewohnt wird.

Meine Wanderungen in der heiligen Stadt sollten begreiflicherweise den lebhaftesten Quartieren, den besuchtesten Straßen und den an Verkehr reichsten Basars gelten. Während die religiöse Seite des Pilgerlebens sich vorzüglich in der Moschee und der darangrenzenden Straße el Emsa zentralisiert, verteilt sich der merkantile und soziale Pilgerverkehr hauptsächlich auf vier Straßen: die Straße el Mota, in ihrer Fortsetzung el Maale genannt; die mit dieser beinahe parallel laufende Straße el Kaschkaschia, an ihrem nördlichen Ende Suk el Lil und er Rhasse geheißen; die sowohl als Wallfahrtsort, als für den Verkehr wichtige Hauptstraße el Emsa, in welche die beiden erstgenannten Straßen münden; und endlich die westlich von der Moschee gelegene, vielgewundene, oft ihren Namen wechselnde

Straße, welche zuerst, da, wo sie südlich von der Säule el Merua in die Straße el Emsa mündet, den Namen esch Schamija (die Syrerstraße), dann den Namen es Suika (Straße des kleinen Basars) und endlich den Namen el Hammamat (das heißt, der Bäder) führt und die in die ebenfalls noch lebhaften Straßen esch Schebika und el Omra mündet. Alle diese vier Straßen sind sehr lebhaft, und in ihnen konzentriert sich der Haupthandel, welchen die Pilger nach Mekka bringen, während der eigentliche mekkanische Handel in den Straßen el Mesfala (dem niedrigen Quartier), Suk es serhir (dem kleinen Markt) und esch Schebika gipfelt, und der beduinische Handel, der hauptsächlich ein solcher ist, wie er auf Wochenmärkten vorkommt, am nördlichen Ende der Stadt auf dem großen Vieh- und Getreidemarkt betrieben wird. Der mekkanische Handel im engeren Sinne, den der wenigen einheimischen großen Handelshäuser natürlich abgerechnet, welche ihre Geschäfte in den von Pilgern bewohnten Stadtteilen, mitten zwischen diesen, betreiben, beschränkt sich mehr auf Konsum und Krämerei und bietet einen getreuen Abklatsch von den Basars anderer orientalischer Städte, mit dem einzigen Unterschied, daß hier die Krämer Mekkawia und nicht Syrer und Ägypter sind.

Interessanter ist der beduinische Verkehr, der bei Beschreibung des großen Marktes Erwähnung finden soll. Aber im höchsten Grade interessant ist der Pilgerverkehr, der sich hauptsächlich in den vier ebengenannten Straßen vereinigt. Kein Europäer und kaum ein Orientale, der nie in Mekka gewesen ist, kann sich einen annähernden Begriff machen von der Buntheit, Vielfältigkeit, Mannigfaltigkeit der Bilder, welche dem Beobachter hier vorgeführt werden. Eine europäische Stadt bietet in ihrer Bevölkerung meistens die größte Monotonie. In orientalischen Städten sind jedoch, selbst in den einförmigsten, gewöhnlich fünf bis sechs verschiedene Bevölkerungselemente vertreten, welche sich durch Religion und Sitten, durch Hautfarbe und Trachten, durch Auftreten, Gang und Gebärden, durch die verschiedenartigsten gesellschaftlichen Stellungen und Abstufungen und oft durch die seltsamsten sozialen Widersprüche auffallend machen und voneinander auf schlagende Weise unterscheiden. Was den Glauben betrifft, so ist nun allerdings in Mekka kein anderer als der mohammedanische vertreten, wenn wir nicht die heimlich dem Heidentum anhängenden oder dessen beschuldigten Inder ausnehmen müssen. Dabei gewinnt jedoch nur die pittoreske Seite der Bevölkerung, denn die christlich-orientalischen Sekten und die Juden im Orient haben sich in neuester Zeit so sehr europäisiert, daß sie allen Stempel der Originalität verloren haben und als häßliche, europäische Flecken eine Dissonanz in jedes orientalische Gemälde bringen.

Über nichts freute ich mich mehr in Mekka, als darüber, daß ich daselbst keine Griechen, Armenier, Kopten und Maroniten, und wie all' die entarteten, christlich-orientalischen Völker noch heißen mögen, zu sehen bekam; welche einem im übrigen Orient alle Poesie sowie nicht selten auch den irdischen Tand rauben. Nirgends, außer in Mekka und Medina, kann man heutzutage eine Bevölkerung und einen Fremdeninflux echter Moslems, der mit fremden Elementen noch gänzlich unvermischt ist, finden. Die Moslems sind in allen orientalischen Städten diejenigen, welche sich am schwersten der europäischen Sitte bequemen, und wenn auch einige der höheren Stände die Reform Sultan Mahmuds im Kostüm annahmen, so haben sie doch mit der Zeit etwas halb Orientalisches, freilich Unschönes, aber doch Charakteristisches daraus zu machen gewußt.

Selbst diese Reform schlug nicht bei allen gleich an; die einen befolgten sie strenger, die anderen laxer, andere wieder so gut wie gar nicht. Auch in die Auffassung der Religion, welche im Grunde vielleicht die monotonste der Erde genannt werden kann und welche sich in jeder Sure ihres Korans bestrebt, alle Menschen in ein und dasselbe Modell hineinzuzwängen, haben diese launigen orientalischen Völker in holder Inkonsequenz eine Menge Mannigfaltigkeiten gebracht, so daß jetzt wahrscheinlich Mohammed, wenn er wieder zur Erde niedersteigen würde, sich in dem Chaos von Sekten und Ritualverschiedenheiten kaum zurechtfinden und in all den verschiedenen Sektierern wohl schwerlich die Jünger des von ihm gepredigten nüchternen, unerbittlich einfachen Monotheismus erkennen würde.

Welch ein Unterschied besteht nicht zwischen den Schiiten, Wahabiten, Sunniten, Metuali, Ismaeliern und wie alle die Sekten noch heißen mögen. Diese Verschiedenheit der Konfessionen einerseits, welche mannigfache Formen des Gottesdienstes erzeugt hat, die sich selbst im gewöhnlichen Leben oft dem Beobachter aufdrängen, andererseits die Verschiedenheit der Rassen, welche sich in der Hautfarbe, den Sitten, und vor allen Dingen im Kostüm kundgibt (denn das Kostüm ist dem Orientalen als Kennzeichen seiner Abstammung beinahe ebenso wichtig als die heiligsten Gebräuche), ferner die große Abwechslung in Gewerben und Handelszweigen, alles dies macht den Aufenthalt in den belebtesten Straßen Mekkas so äußerst interessant, in welchen man wie in einem Kaleidoskop die verschiedenen Völkerschaften in buntem Farbenspiel durcheinandergewürfelt sieht.

In dem Pelzladen des tatarischen Kaufmannes Murad Oghlu Khan, meines Herbergsgenossen, war es, wo ich meinen Standpunkt erwählte, um von hier aus das Straßenleben von Mekka, wie ein Zuschauer aus dem Sperrsitz eines Theaters, vor mir defilieren zu lassen. Dieser Laden lag in einem der lebhaftesten Quartiere, in der Straße el Kaschkaschia, das heißt der Straße der Opiumraucher, einer der obenerwähnten Hauptarterien des mekkanischen Verkehrs. Die Bude Murads war nichts als eine kleine, offene Nische, in deren Innerem höchstens zwei Personen Platz hatten, während die Waren auf einer Bank vor der Nische aufgetürmt waren und den hinter ihnen sitzenden Kaufmann, sowie seinen neben ihm hockenden Sohn beinahe verdeckten.

Murads Geschäft ging ziemlich lebhaft vonstatten, das heißt was ein Moslem lebhaft nennt; er verkaufte vielleicht alle halbe Stunde einmal etwas. Doch wurde viel öfter bei ihm nach dem Preis angefragt, und mancher komische Kauz ließ sich mit ihm in einen Handelsdialog ein, der zu nichts führte. Besonders oft kamen Perser, die große Vorliebe für Pelzwerk zu haben schienen. Aber diese guten Leute waren meistens von einem so beispiellosen Geiz, daß die Geschichte gewöhnlich damit endete, daß sie über die Waren und der Tatar über sie schimpfte, wobei natürlich des Ketzertums

dieser Schiiten gehörig gedacht wurde. Die Araber, seien sie nun aus Arabien selbst, aus Syrien oder Ägypten, namentlich aber die Maghrebia, kaufen kein Pelzwerk oder nur sehr selten als Zierat für Kinder und Frauen. Desto öfter fanden sich jedoch Türken und Bewohner nördlicher Länder des Islam ein.

Da Murad geläufig türkisch sprach, ließ er sich mit diesen bei einer Tasse Kaffee und einer Pfeife Tabak gewöhnlich in ein langes Gespräch ein, ehe man handelseinig wurde. Übrigens war es schwer mit dem Tataren überhaupt handelseinig zu werden, da derselbe immer unsinnig hohe Preise für seine Waren verlangte, wie überhaupt in Mekka alle Luxusartikel um das dreifache ihres Wertes wegkommen. Eigentlich war nichts komischer als dieser Pelzhandel in Mekka, in einem Lande, wo es selbst im Winter sehr warm ist und wo gewiß niemand das Bedürfnis nach solchen Kleidungsstücken fühlt. Murad war, glaube ich, auch der einzige, der einen so widerspruchsvollen Handel in der heiligen Stadt ausübte. Nicht selten blieben Pilger bei seinem Laden stehen, namentlich oft sonnverbrannte Beduinen, die sich über ihn und seinen Handel herzlich lustig machten.

Waren Murads Preise, welche er für seine in Mekka so seltenen und so unbrauchbaren Pelzwaren forderte, exorbitant und lächerlich, so waren es die der andern Kaufleute des Basars, welche Waren anderer Natur feilboten, nicht weniger. Überhaupt habe ich mich immer darüber gewundert, wie denn die Leute so unpraktisch sein können, in Mekka überhaupt etwas zu kaufen, was nicht absolut notwendig ist. Denn hier kamen syrische Halbseidenwaren, indische Seide und Kaschmirtücher in Menge in Absatz, und zwar ums Dreifache oder Vierfache ihres wirklichen Wertes. Auch Bücher wurden zuweilen von Pilgern verkauft und zwar immer an Pilger, da die Mekkaner, von denen man doch annehmen sollte, daß sie für arabische Literatur Vorliebe besitzen, dennoch so gut wie gar nicht lesen und keine Bücher kaufen. Die Bewohner der heiligen Stadt interessieren sich für nichts als für Luxusartikel und Speisewaren, welche dem süßen Schlendrian ihres faulenzenden Lebens wünschenswert erscheinen.

Eines Tages, als ein alter, monströs fetter Mufti aus Kleinasien, trotz seiner ungeheuren natürlichen Umhüllung, sich auch die künstliche eines russischen Fuchspelzes zu eigen machen wollte und deshalb ein interminables Geschwätz in unverständlichem türkischen Patois, einem

Gemisch von Kurdisch und Türkisch, mit Murad begann, wurde sogar Murads Sohn, dem gelbsüchtigen Selim, die Zeit lang, und er machte mir ein Zeichen, daß er mich bei einer Flucht aus dem Laden begleiten wolle. Diesem glücklichen Umstand sollte ich es verdanken, daß ich mit einem eigentümlichen Lokal bekannt wurde, das bis jetzt noch kein europäischer Mekkareisender gesehen hatte. Ich hatte mich oft darüber gewundert und gefragt, warum denn die Straße, in welcher Murads Laden lag, Kaschkaschia, das heißt die Straße der Opiumraucher und Opiumverkäufer heiße? Kaschkasch bedeutet nämlich die Mohnpflanze, aus welcher das Opium verfertigt wird. Noch nie war mir im Orient bis jetzt ein eigentlicher Opiumraucher vorgekommen, denn diejenigen, welche wir Europäer gewöhnlich Opiumraucher nennen, sind in Wirklichkeit nur Kifraucher und Haschischraucher; unter Kif und Haschisch versteht man aber nicht Opium, sondern den afrikanischen Hanf, welcher opiumähnliche Eigenschaften besitzt. Kif- und Haschischraucher hatte ich in Algerien, Tunis und Marokko genug gesehen, und selbst in Konstantinopel, wo ich das von den Europäern sogenannte »Kaffeehaus der Opiumraucher« besuchte, hatte ich die Entdeckung gemacht, daß alle diese vermeintlichen Opiumraucher nichts waren als Kif- oder Haschischraucher. Hier in Mekka sollte ich jedoch zum ersten Mal die eigentlichen Opiumraucher sehen und folglich durch den Besuch ihrer Bude erfahren, warum die Straße el Kaschkaschia vom betäubenden Mohn ihren Namen führte.

Selim führte mich in eine kleine, winklige Seitenstraße der Kaschkaschia, wo wir in das Erdgeschoß eines sehr alten, ruinenartigen Hauses eintraten. Von der Türschwelle mußten wir jedoch noch etwa sieben Stufen niedersteigen, ehe wir uns auf dem Niveau dieses sogenannten Kaffeehauses befanden, das eigentlich in einer Art von Keller lag. Anfangs sah ich hier gar nichts, denn der Unterschied der großen Helle in den weiten, offenen Straßen von Mekka gegen die Dunkelheit dieser Spelunke war zu groß, um mich nicht ganz zu blenden. Allmählich gewöhnten sich jedoch meine Gesichtsorgane an die Dunkelheit und ich fing an, den Raum zu gewahren, in welchem wir uns befanden. Es war das gewöhnlichste Kellerloch, in dem man sich befinden konnte; Möbel waren nicht in ihm vorhanden, kein Teppich, keine Strohmatte bedeckte den Boden; an den Wänden waren steinerne Vorsprünge, ebenso kahl wie der Fußboden, welche die Sitze der Gäste bildeten, angebracht. Ein kleiner Kochherd, in dem jedoch fast nie Feuer gemacht wurde, denn der Name »Kaffeehaus« war hier nur ein Vorwand und keine Wirklichkeit, befand sich in der einen Ecke. Als ich nun anfing, die verschiedenen Gestalten zu beobachten, welche diesen unterirdischen Raum füllten, so wollte es mir vorkommen, als sei ich in das Reich der Schatten niedergestiegen und sähe die blutlosen, blassen Bewohner des Hades um mich herum.

Einige zwanzig Menschen füllten diesen unterirdischen Raum. Sie waren aus aller Herren Länder zusammengewürfelt, einige aus dem Maghreb, die einzigen meiner vermeintlichen Landsleute, vor denen ich mich nicht zu fürchten brauchte, andere aus der Türkei, andere aus Arabien selbst, jedoch die Mehrzahl aus Ostindien, diesem Vaterland des Opiums. Alle diese Leute, selbst diejenigen, welche einen ganz dunklen Teint besaßen, waren durch eine gewisse geisterartige Blässe auffallend, die selbst durch die braune Haut der schwärzesten unter ihnen durchzuschimmern schien. Diese Blässe hatte so etwas Krankhaftes, daß man ihre unnatürliche verderbliche Ursache auf den ersten Blick erriet. Die meisten dieser Schatten hatten kleine, kurze Pfeifenrohre in der Hand, aus denen jedoch keine Spur von Rauch hervorquoll. Denn wenn man beim Opium von »Rauchen« spricht, so ist dies nur ein Ausdruck, ähnlich dem, welchen die Araber gebrauchen, wenn sie sagen, daß sie den Tabak »trinken«. Das Opium wird nur aspiriert, ähnlich wie bei uns der Kampher in Federkielen manchmal von brustkranken Personen aspiriert wird. Dieses Aspirieren hat freilich noch keinen so berauschenden Einfluß wie das Essen des Opiums, mit welchem auch einige in dieser unterirdischen Halle beschäftigt waren. Diese eingefleischtesten aller Opiumliebhaber pflegten ihr geliebtes Element in kleinen, pillenartig gerollten Teigkügelchen zu sich zu nehmen. Sie sahen womöglich noch elender und schlechter als die sogenannten »Raucher« des Opiums aus.

Nachdem wir uns in dem Kellerloche niedergelassen hatten, schenkte man uns lange nicht die geringste Aufmerksamkeit. Die Genießer des Opiums saßen da mit offenen, bald sehnsüchtig schmachtenden, bald wollüstig sinnlichen, bald starr vor sich hinstierenden Augen. Sie mochten sich wohl in die wonnigsten Träume gewiegt fühlen, denn die Mundwinkel vieler umflog ein süßes Lächeln, wie wenn ihnen ein unbeschreibliches Glück zuteil geworden wäre. Aber keiner von allen sprach auch nur ein Wort. Dieser Einfluß des Opiums war mir höchst auffallend, da er sich sehr von demjenigen unterschied, welchen der Kif oder Haschisch hervorzubringen pflegt, der oft seine Genießer sehr gesprächig macht und sie den größten Unsinn, die allerkühnsten Phantasiebilder zum besten geben läßt. Aber nein, hier war alles still, keine Silbe verriet die wonnigen Einbildungen, die süßen Phantasien, welche das Gehirn der Opiumgenießer beleben mochten. Nur hie und da entfuhr einem oder dem andern der Ruf: »O Allah!« oder »O Güte Gottes!«, als fühle er sich von Dank beseelt für den Schöpfer, der ihm solchen Genuß ermöglicht hatte.

Wir mochten etwa eine Viertelstunde in diesem Lokal gesessen haben, als ein Mann in das Kaffeehaus trat, der sich von den andern Insassen desselben aufs Auffallendste unterschied. Waren diese leichenblaß und abgezehrt, so war er wohlhäbig und gesund aussehend. Trugen diese nur beschmutzte oder zerlumpte Kleider, liederliche und halbzerrissene Turbane, so schmückte jenen das schönste mekkanische Kostüm mit Dschebba, Kaftan von Seide, Schärpe von Kaschmir, Turban von vergoldetem Musseline. Dieser Mann kam auf uns zu, begrüßte uns mit viel Höflichkeit und brachte uns zwei kleine Opiumpfeifen von genau der Art, wie sie die anderen in der Hand hielten. Er war niemand anderes als der Herr dieses übelberüchtigten Lokals, der aus demselben einen großen Gewinn zog, und zwar nicht nur durch den Verkauf des berauschenden Stoffes, sondern hauptsächlich durch das Plündern der Opiumraucher, welche gewöhnlich, sowie sie berauscht sind, sich ganz gutmütig vom Wirt ihre Taschen ausleeren lassen und die später, wieder nüchtern geworden, nicht einmal klagen können, da die türkische Regierung das öffentliche Opiumgenießen in neuester Zeit streng verboten hat, und den Genießer, ebensogut wie den Verkäufer, Strafe treffen würde. So werden die Opiumgenießer als die Mitschuldigen des Opiumverkäufers angesehen, und dieser hat jene gewöhnlich gänzlich in seiner Gewalt.

Ich hütete mich natürlich, an der kleinen Pfeife zu saugen und das Opium in ihr zu aspirieren, gab mir aber doch die Miene, als täte ich dies, da meine Gegenwart hier sonst nicht gelitten worden wäre, und man mich wahrscheinlich für einen Polizeispion gehalten hätte. Wer aber sich nicht bloß stellte, als genieße er das Opium, sondern dies wirklich tat, war Selim, mein Begleiter, dessen gelbliche, krankhafte Farbe mir nun auf einmal erklärt ward. Die Folge davon sollte denn auch nicht ausbleiben. Bald war Selim ganz in demselben halbblödsinnigen Zustand wie die anderen Insassen dieses Kaffeehauses, und als ich nach einiger Zeit, nachdem ich die Schattengestalten der Opiumgenießer hinlänglich betrachtet hatte, fortzugehen verlangte, da konnte dies nur ohne meinen Begleiter geschehen, der, wie ich später vernahm, erst am folgenden Tage in einem völlig abgestumpften und verdummten Zustand wieder auftauchte und seinen Vater nicht wenig gegen ihn erzürnt machte.

Diese Sitte des Opiumgenießens, oder wie man sie fälschlich nennt, des Opiumrauchens, herrscht eigentlich sonst gar nicht im westlichen Teil des Orients, sondern nur im östlichen, nämlich in Ostindien und den angrenzenden Ländern, besonders in China. Aber Mekka konnte als Zentralpunkt des Islam seinem Schicksale nicht entgehen, unter anderen exotischen Auswüchsen auch das Opiumrauchen hier eingeführt zu sehen.

Manchmal galten meine Wanderungen durch Mekka auch dem syrischen Quartier und dem darangrenzenden Suika (kleinen Basar). Um dahin zu gelangen, wandte ich mich südlich, bis ich am Ende der Straße der Opiumraucher die schöne große Hauptstraße el Emsa erreichte, welcher ich nun bis nach der Säule Merua folgte, wo das Quartier esch Schamija beginnt. Als ich einmal so recht gemütlich durch die mit Kaufläden umringte Straße der Syrer schlich, da hörte ich mich plötzlich beim Namen nennen.

»O Abd-er-Rahman!«, rief eine Stimme, die offenbar aus dem Boden hervorkam, »wie freut es mich, Dich zu sehen«.

Ich sah mich um, konnte aber lange nicht entdecken, wo derjenige sich befand, der über das Wiederzusammentreffen mit mir seine Freude äußerte. Endlich gewahrte ich im tiefsten Erdgeschoß eines Hauses, welches durch davorstehende Buden beinahe ganz verdeckt war, einen monströsen Ball, der ruhig in einer Ecke zu liegen schien. Wie ich diesen Ball etwas genauer analysierte, fand ich, daß es mein Reisegefährte, der dicke Haggi Omar war, der dort sein Mußestündchen feierte. Ich stieg zu ihm nieder, und bald befand ich mich in einem syrischen Zuckerbäckerladen, wo verschiedene süße Speisen ein buntes Völkchen zu ihrem Genuß versammelt hatten. Hier saß nicht nur der dicke Haggi Omar im glückseligen Verdauungsmomente, nachdem er gerade enorme Quantitäten von Süßigkeiten zu sich genommen hatte, sondern auch einige andere meiner bisherigen Reisegefährten, unter anderen Schich Mustapha und seine drei Neffen, diejenigen meiner Mitreisenden, mit denen ich am genauesten bekannt geworden war.

Diese Gesellschaft war eben eifrig damit beschäftigt, kleine Teller voll eines süßen Gerichtes, Mochalebi genannt, leerzuessen. Der Mochalebi ist eine Art von Brei, welcher aus Reismehl und Milch bereitet, stark verzuckert und mit Zimt, Ingwer und anderen Gewürzen bestreut wird. Der syrische Koch, bei welchem sich meine Reisegefährten befanden, war für die Zubereitung dieses süßen Reisbreis berühmt, und nicht wenige fromme Hadschadsch, besonders viele Türken, die die Süßigkeiten womöglich noch mehr lieben als die Araber, pflegten in seinem Laden einzusprechen. Der arme Schich Mustapha war leider nicht mehr der alte, die Strapazen der Pilgerfahrt hatten ihn stark mitgenommen, eine stete Diarrhöe, an der er in Folge der Ihrambekleidung und dadurch verursachten Erkältung litt, hatte ihn dergestalt heruntergebracht, daß er jetzt nur noch der Schatten von dem früheren Schich Mustapha war, so schattenhaft dieser auch ausgesehen hatte. Der arme Mann erwiderte auf meine Frage, wie es ihm ginge:

»O mein Bruder! Ich sehe, daß es mit mir sich zum Ende neigt. Gott gebe nur noch, daß ich den Tag der Pilgerfahrt nach dem heiligen Berge Arafat erlebe, denn diese Wallfahrt will ich zurücklegen, selbst wenn ich dort den Geist aufgeben müßte. Auf Arafat zu sterben, das ist jetzt noch der einzige Wunsch meines Herzens.«

Der arme Mann ahnte nicht, wie buchstäblich sein Wunsch in Erfüllung gehen sollte.

Ich war innig gerührt über den elenden Zustand des guten alten Mannes, von dessen Tode ich nach einigen Tagen Zeuge werden sollte. Die anderen Anwesenden schienen ebenfalls gerührt und trösteten in ihrer banalen Weise mit echt muselmännischem Fatalismus den kranken Greis, indem sie ihm die wichtige Mitteilung machten, daß er nur in dem Falle bald sterben werde, wenn sein Leben »kurzberechnet« wäre. Ich konnte mich jedesmal eines Schaudern nicht erwehren, wenn ich diesen fatalistischen Satz aussprechen hörte, hinter dem sich oft die größte Herzlosigkeit verbirgt.

Schich Mustaphas Neffe Mahmud schien sich ganz besonders in der Zuckerbäckerbude zu langweilen, hauptsächlich weil er in Gegenwart seines Oheim nicht rauchen durfte, was nach der Sitte aller Gegenden, wo Abkömmlinge von Arabern wohnen, also auch Ägyptens, im Beisein älterer Verwandten für unanständig gehalten wird. Er machte mir deshalb ein Zeichen, welches deutlich sagen wollte, daß er sich aus diesem Laden mit mir zu entfernen wünsche. Da ich darauf einging, so waren wir bald im Freien, und nun schlug der schlaue Heuchler mir vor, die Moschee zu besuchen: ein frommer, aber wenig aufrichtiger Vorschlag, da er wohl wußte, daß neuangekommene Pilger in den ersten Tagen ihres Aufenthalts in Mekka die Mesdschid el Haram nicht anders zu besuchen pflegen als mit dem heiligen Pilgergewande, dem Ihram, bekleidet, und wir waren weit entfernt davon, in einem so halbnackten Zustand zu sein, wie es der Ihram mit sich bringt. Da ich ihm also auf seinen hypokritischen Vorschlag hin keine andere Antwort gab, als daß ich ihm unter die Nase lachte, so ließ er von der Heuchelei etwas nach und ermäßigte seinen Vorschlag dahin, daß er mir sagte, wir wollten eines der lebhaftesten Kaffeehäuser besuchen. Damit war es ihm zwar auch noch nicht Ernst, denn ich hatte bald bemerkt, daß seine wahren Absichten ganz woandershin steuerten, aber einstweilen, da ich ihn beim Wort zu nehmen schien, blieb ihm nichts anderes übrig, als das Kaffeehaus aufzusuchen. Wir verließen also das syrische Quartier, wandten uns wieder in die Straße el Emsa, an deren nordwestlichen Ende, bei der Säule Merua, wir einen Augenblick dem lebhaften Treiben der dortigen Delalin (Versteigerer) zusahen, und folgten dann der schönen großen Hauptstraße von Mekka beinahe bis dorthin, wo dieselbe bei der anderen Säule es Ssafa ihr Ende nimmt. Da es Nachmittag war, und die frommen Pilger ihr verrücktes Rennen zwischen den beiden Säulen, in der vollen Länge der Hauptstraße, gewöhnlich nur morgens abhalten, so kam es, daß die Straße jetzt nur eine große Menge ruhiger und friedlicher Spaziergänger in den buntesten Kostümen darbot. Nichts ist schöner als der Effekt dieser Straße, wenn sie sich so gleichsam in ihrem Sonntagsgewand zeigt, das heißt, wenn sie zur Pilgerzeit nicht von den schmutzigen und tollen Pilgern im Ihram gefüllt wird, sondern von menschlich gekleideten Hadschadsch, die bereits die ersten Zeremonien gemacht, das heilige Gewand abgelegt haben und sich nun in der reichen Buntheit ihrer abwechslungsvollen Nationaltrachten darbieten.

Nachdem ich mit Mahmud die Straße el Emsa durchwandelt, ließen wir uns, seinem heuchlerisch geäußerten Wunsche gemäß, in einem Kaffeehaus an ihrem östlichen Ende nieder, wo wir uns plötzlich in einer ganzen Gesellschaft von Beduinen befanden. Diese Leute waren klein und sehr mager und jetzt im Sommer, wo ihnen ihre Hauptnahrung, die Milch, abging, auch schwach und hinfällig aussehend, obgleich sie in Wirklichkeit, wenn es darauf angekommen wäre, vielleicht manchen Ringkampf und manche Balgerei siegreich bestanden hätten, denn diese muskulöse, sehnige Magerkeit täuscht sehr, namentlich einen Europäer, der gewohnt ist, einen starken Mann sich als stattlich aussehend zu denken, was diese Beduinen eigentlich niemals sind, selbst wenn sie, wie sie es im Winter können, sich kräftiger nähren. Die meisten dieser Steppenbewohner oder Wüstennomaden, wie man will (denn ihre Heimat ist ein Mittelding zwischen Wüste und Steppe), welche wir in dem erwähnten Kaffeehaus antrafen, gehörten zum Stamm der Beni Feham, welche im Tiefland südlich von Mekka wohnen. Es ist sonderbar, daß ihr Name, Beni Feham, nicht von ihrem Ursprung, sondern von ihrem Erwerbszweig herzurühren scheint, denn Feham heißt die Holzkohle und folglich Beni Feham die »Söhne der Kohlen«, das heißt Kohlenverkäufer, was gerade die Beduinen dieses Stammes ausschließlich sind. Da die Beni Feham den Ruf genießen, das allerschönste, reinste Arabisch zu reden, so war es mir höchst interessant, mit einigen dieser Menschen ein Gespräch anzuknüpfen. Leider war mein eigenes Arabisch sehr weit entfernt davon, sich dieser sprachlichen Reinheit zu nähern, da ich es in Algier gelernt hatte, wo der Dialekt sehr verderbt ist, und obgleich ich auf meinen Reisen in Ägypten und selbst auf meiner kurzen Wallfahrt nach Mekka, mich mit dem reineren Idiome vertraut gemacht hatte, so ging dies doch nicht so weit, um gutes Arabisch fehlerfrei reden, wohl aber, um es, wenn ich es hörte, würdigen zu können. Da ich außerdem mit dem Kamus (dem einzigen Lexikon, das die arabische Sprache hat und dessen Elemente vom Verfasser auf einer Wanderung durch die Gebiete aller Beduinenstämme gesammelt wurden) ziemlich vertraut war, so konnte ich viele echt arabische Ausdrücke, die in anderen Gegenden nur noch der Schriftsprache angehören, aus dem Munde dieser Beduinen verstehen. Es ist eine der arabischen Sprache ganz eigentümliche Erscheinung, daß dieselbe von den Landbewohnern besser, das heißt dem geschriebenen Idiom ähnlicher, geredet wird, als von den Städtern, gerade das Gegenteil von dem, was man bei anderen Sprachen beobachtet.

Diese Beduinen sprachen das reinste Arabisch des Koran, sie ließen fast alle Vokale ertönen, welche sonst oft nur die Schriftsprache kennt, während die Dialekte, selbst der gebildetsten Städter, gern einige Vokale unterdrücken oder anders aussprechen. So zum Beispiel kennt die arabische Schriftsprache nur drei Vokale A I und O; die Dialekte machen aber aus dem A, wenn sie es nicht ganz verschlucken, nicht selten ein stummes E; nicht so diese Beduinen; sie sagten da, wo ein Nasba (A-Laut) in der Schriftsprache steht, stets A.

Es war für meine Ohren ein köstlicher Schmaus, dieses echte Arabisch reden zu hören, und gerne hätte ich hier Stunden und Tage verweilt, um den Lauten, die aus dem Munde der Beduinen kamen, zu lauschen. Aber mein Begleiter war weit entfernt davon, von demselben sprachlichen Enthusiasmus, der mich erfüllte, durchdrungen zu sein. Er schätzte keineswegs die schöne reine Sprache der Beduinen, sondern verfiel vielmehr in den Fehler fast aller Moslems, welche ihr Arabisch für das beste halten, eine Lächerlichkeit, welcher sich sogar die Algerier schuldig machen, deren Dialekt doch mit Recht überall als der größte Kauderwelsch verschrien ist. Mahmud trieb also zum Aufbruch, und ich mußte ihm folgen, um nicht mit diesen, zwar was ihre Sprache betraf ausgezeichneten, aber sonst doch rohen, ungeschlachten und spitzbübischen Beduinen allein gelassen zu werden.

Jetzt erst kam der heuchlerische Mahmud mit seiner wahren Absicht etwas mehr zum Vorschein, obgleich er, mit echt muselmännischer Verstellungskunst, sich noch immer hütete, dieselbe beim Namen zu nennen. Diese Absicht war, ich hatte es schon längst erraten, ein gewisses Quartier zu besuchen, welches für alle jungen Araber eine so große Anziehungskraft besitzt, obgleich es ein Europäer kaum begreifen möchte, was man dort Anziehendes erblicken kann, denn das vermeintliche Schöne ist dort meist so über die Maßen häßlich, daß es einen für Schönheit empfänglichen Menschen nur abschrecken kann.

Wir durchschritten also die Straße el Emsa noch einmal, gingen an den öffentlichen Brunnen vorbei, bogen dann in die Straße el Mota ein, die wir, so wie ihre Fortsetzung, die Straße el Maale, in ihrer vollen Länge durchwandelten. Jetzt waren wir am nördlichen Ende der Stadt angelangt, wo die Pilgerstraße nach Arafat beginnt, auf deren linker Seite die Zisterne der Syrer und das von mir bewohnte Viertel der Solimanija lag, während auf der rechten die Zisterne der Ägypter und daneben ein »gewisses Quartier« befindlich waren. Nach diesem lenkten wir unsere Schritte, und bald befanden wir uns in einem Stadtteil, dessen Häuser meist niedrig und zum Teil baufällig waren. Von diesen Häusern schien nur das Erdgeschoß bewohnt und zwar fast ausschließlich von weiblichen Wesen, welche in kleinen, nischenartigen Buden auf dem Teppich oder der Strohmatte des Fußbodens dasaßen und ihre Reize dem vorübergehenden Beschauer darboten, insofern es die angelehnte Tür aller dieser halbgeschlossenen Buden gestattete, denn ganz offen darf dieses Gewerbe selbst in dem verderbten Mekka nicht betrieben werden.

So waren denn all diese Buden halbgeschlossen, jedoch in der Art, daß man sehr gut die »schönen« Bewohnerinnen derselben durch die Türritze gewahren konnte. Wenn ich »schöne« Bewohnerinnen sage, so geschieht dies freilich hier einzig und allein aus Rücksicht für ihr Geschlecht, welches überall »das schöne« genannt wird und es, Gott sei Dank, meistenteils auch ist, einige traurige Ausnahmen abgerechnet. Aber zu meiner Enttäuschung sollte ich gewahren, daß diese traurigen Ausnahmen hier, in Mekka, und namentlich in diesem Quartier, in dem freilich nicht die feineren und besser bezahlten Personen, welche dieses Gewerbe ausüben, wohnen, ein ganz besonders starkes Kontingent bildeten, ja vorherrschten. Nachdem ich an den etwa hundert Buden der schönen Selbstverkäuferinnen vorbeigegangen war, hatte ich die Erfahrung gemacht, daß die meisten dieser »Schönen« häßlich waren. Aber was für eine seltsame Häßlichkeit! So etwas ist in Europa glücklicherweise völlig unbekannt, und würde es vorkommen, so dächte gewiß kein Mensch daran, es für »schön« oder verführerisch passieren zu lassen. Man denke sich Züge von einer Magerkeit, würdig jener Jahrmarktskuriosität, die in meiner Jugend auf Messen herumzureisen pflegte und das »lebende Skelett« hieß. Der Orient ist das Land der exzentrischen Gegensätze, der extravagantesten Übertreibungen. Wie ein Araber nur geizig oder verschwenderisch, nie aber vernünftig sparsam zu sein versteht, so weiß auch keine Araberin in ihrer Wohlbeleibtheit die vernünftige Mitte zu halten. Entweder aufgedunsene Fettigkeit oder skelettartige Magerkeit, eines von beiden, aber selten ein passendes Mittel, ziert diese Priesterinnen der Liebe.

Es mag paradox erscheinen, wenn ich körperliche Eigenschaften, wie Magerheit oder Körperfülle, mit sittlichen, wie Geiz und Verschwendung, in eine Linie stelle, denn gewöhnlich nimmt man die ersteren als unabhängig von unserem Willen an, und sie sind es auch in den meisten Fällen gewiß, nur nicht in dem dieser Araberinnen, von denen die einen sich förmlich mästen und so, durch ihre eigene Fürsorge, zu jener von vielen Orientalen so geschätzten Wohlbeleibtheit gelangen, während die anderen sich, was ihre Nahrung betrifft, dergestalt vernachlässigen und so sehr von ungesunden, nach ihren Begriffen aber wohlschmeckenden Speisen nähren, daß sie wirklich in vielen Fällen selbst die Schuld daran tragen, wenn sie zu jener skelettartigen Magerkeit verfallen. Natürlich ist der Lebenswandel dieser Frauen auch nicht geeignet, dem Körper die natürliche Frische zu erhalten, sondern bringt Krankheiten in Menge mit sich, welche immer ungeheilt bleiben und die unglücklichen Opfer einem frühen erbärmlichen Tode entgegenführen. Dazu ein übermäßiger Gebrauch von Dampfbädern, wodurch die Haut förmlich abgebrüht wird. Eine gelbe oder schwarzbraune Haut, langes, spärliches, butterbeschmiertes Haar, gedehnte, schmale, fast durchsichtige Züge, meist längliche und gekrümmte Nasen, oft schielende Augen, ein megärenhafter, ausgemergelter Körper, dünne, knochige, rot bemalte Hände mit schwarzgefärbten Nägeln, nackte, verrunzelte Füße, das waren die körperlichen Herrlichkeiten, aus denen die meisten dieser häßlichen Schönen zusammengesetzt waren. Diejenigen der Bewohnerinnen dieses Quartiers, welche der Mühe wert sein konnten, daß man sie ansah, mochten wohl fast alle in intimer Konferenz mit ihren Verehrern begriffen sein, denn sehen konnte ich nur zwei oder drei, welche sich durch ein einigermaßen vorteilhaftes Äußeres auszeichneten.

Übrigens wird das Quartier Schab Amir nur von den gewöhnlicheren, den am geringsten geschätzten und am schlechtesten bezahlten Frauen dieser Klasse bewohnt, welche jedoch hier, wie überall, die große Mehrzahl bilden. Gerne hätte ich einige der besseren Klasse angehörige gesehen. Aber einmal wohnten diese Damen nicht in einem abgesonderten Quartier, wie ihre geringeren Standesgenossinnen, sondern in der ganzen Stadt verstreut, und ihre einzelnen Wohnungen waren folglich nicht ohne Cicerone zu finden; dann lebten sie jetzt, zur Pilgerzeit, fast alle sehr zurückgezogen, ein wahres Privatleben: nicht als ob sie ihrem Gewerbe entsagt hätten, aber sie hatten fast alle, für die Dauer der Hedsch, ein festeres Bündnis geschlossen, indem viele fromme Pilger unter ihnen temporäre Nebengattinnen gewählt hatten. Es war lächerlich anzusehen,

Orientalische Schönheiten

welche Prätentionen, die »ehrlichen Frauen« zu spielen, diejenigen dieser Personen an den Tag legten, welche für einen Augenblick ihr Gewerbe, das sie sonst öffentlich betrieben, nur privatim ausübten. Mehrere dieser Mädchen wurden mir gezeigt, und dickere Schleier und Umhüllungen, einen gravitätischeren Gang, eine sittsamere Haltung, besser niedergeschlagene Augen, unschuldigere Bewegungen hätte man kaum erblicken können, und dennoch waren es Personen, die zu anderen Zeiten sich aufs auffallendste benahmen.

Die meisten der Frauen im Schab Amir waren vom Beduinenschlage, nicht jedoch die Töchter freier, noch mächtiger, angesehener Stämme, welche nie eine der ihrigen so tief fallen lassen würden, sondern unglückliche Kinder halbaufgelöster, verkommener Stämme, wie deren in den letzten vierzig Jahren einige aus den steten Parteikämpfen der Beduinen hervorgingen. Ihr Gewerbe war auch in pekuniärer Hinsicht ein elendes, denn die Moslems pflegen solcherlei Dinge nur sehr schlecht zu bezahlen. Daß die Unglücklichen es gewählt hatten, war eben ein Beweis, daß sie auf keine andere Weise ihr Unterkommen finden konnten.

Ich eilte schnell hinweg von dieser Stätte des moralischen und physischen Elends, mußte jedoch meinen Begleiter hier zurücklassen, denn dieser heißblütige ägyptische Jüngling war selbst durch die abschreckende Häßlichkeit dieser Wesen nicht zu einer kühleren Stimmung zu bringen.

In diesem Stadtteil Schab Amir, der jetzt eine so traurige Bedeutung hat, mitten unter den Stätten der Verworfenheit, wohnen auch noch die letzten unglücklichen Reste des edlen, einst hochberühmten Stammes der Koreischen, welche ehemals die Herren von Mekka waren, welche sich direkter Abstammung von Ismael und Abraham rühmen und aus deren Geschlecht der Prophet Mohammed selbst hervorging.

Auf einem anderen Gang, den ich in Begleitung meiner zwei Inseparablen (Ssadak und seines Sohnes, die mich nie allein ließen) durch dieses Quartier machte, wollte mir mein Metuaf einige Familien zeigen, welche noch echte unzweifelhafte Abkömmlinge der Koreischen seien. Aber wie elend, wie heruntergekommen sahen diese Sprößlinge eines edlen Geschlechtes aus! Lumpen bedeckten ihre abgemagerten Glieder, Schmutz und Unrat füllten ihre elenden Hütten. Jedoch inmitten dieser Lumpen und dieses Schmutzes verriet sich trotz allem der Stolz der Abkömmlinge eines edlen Geschlechtes.

Aus dem ärmlichen Stadtteil des Schab Amir führte mich

dann Ssadak nach dem großen Markt von Rhasse, der zwischen dem Schab Amir und der Straße Suk al Sil (dem nächtlichen Markt) liegt. Da es gerade Markttag war, konnte ich auf diesem Platze eine nicht unbeträchtliche Menge von Beduinen sehen, welche mit den Erzeugnissen ihrer Heimat hier Handel trieben. Da wandelten sie, diese freien Söhne der arabischen Ebenen, Wüsten und Berge, von keinem Herrscher unterjocht, keinem Tyrannen gehorchend, wild und kühn, männlich und stolz, die Freiheit ihrer Wüsten, trotz Armut und Beschwerden, dem üppigen Leben der Städter, die sie als Sklaven verachten, vorziehend. Auch in ihrem Kostüm jeden Schmuck als weibisch und entartet verschmähend, hüllten sie sich nur, mit malerischer Drapierungsgabe in weite leinene oder baumwollene, kaum genähte Gewänder, meistens von hellblauer Farbe. Eine einfache baumwollene Toba (Ärmelhemd), ein grober wollener Benisch (Mantel) nach Art der antiken Toga darüber geworfen, das war alles, was sie bedeckte. An den Füßen verschmähten viele von ihnen, irgend etwas, selbst die dünnsten Sandalen zu tragen. Auch ihr Haupt war völlig nackt und das lange, niemals geschnittene Haar hing in zottigen Massen wild von den seltsam geformten Schädeln auf ihre mageren Schultern hernieder. Diese langen Haare werden leider sehr unreinlich gehalten, und wenn man sie überhaupt wäscht, so geschieht dies nicht etwa mit Wasser, das überall selten und kostbar ist, sondern mit – Urin, was sie natürlich noch unreinlicher macht. Manchmal wird auch Butter (nicht Öl, das den echten Arabern kaum bekannt ist) in die Haare geschmiert. Außerdem sind sie voll Staub und Schmutz und bilden wahre kleine Wälder in anderer Beziehung, die ich nicht deutlicher zu bezeichnen brauche.

Was die Lebensart und die Sitten der echt-arabischen Beduinen betrifft, so haben sich dieselben im Laufe der Jahrtausende gar nicht, oder so gut wie gar nicht, geändert. Man rühmt an ihnen noch heute die patriarchalische Tugend der Gastfreundschaft und die Heilighaltung des sogenannten Salzrechtes, das heißt, daß sie denjenigen, welcher einmal mit ihnen das Salz gekostet hat, solange er in ihrem Gebiete weilt, nie verfolgen, möge er auch sonst ihr bitterster Feind sein. Da die städtischen Araber weit entfernt davon sind, dieses Salzrecht so hoch zu halten, wenn sie es überhaupt ausüben, so werden sie von den Beduinen mit dem Schimpfnamen »Schänder des Salzes«, das heißt »Verletzer der heiligen Rechte der Gastfreundschaft« gebrandmarkt, und sie verdienen diesen Schimpfnamen gewiß, wenn alle die Geschichten von Beraubung von Pilgern und namentlich von Pilgerinnen wahr sind, welche man mir erzählte.

In vielen Beziehungen haben die Beduinen Arabiens Ähnlichkeit mit den Kabylen von Algerien und Marokko. Namentlich was die Zähigkeit betrifft, mit welcher sie an der barbarischen Sitte der erblichen Blutrache festhalten, von der sie nie lassen und welche sie von Generation auf Generation fortpflanzen, gleichen sich diese beiden so entfernt voneinander hausenden Völker; ebenso auch in der Treue ihrer Freundschaften und fingierten Bruderschaften. Denn wie ein Kabyle Algeriens seinen Naja oder fingierten Bruder hat, dem er im Leben treu zur Seite steht und dessen Tod er blutig rächt, so kennt auch der Beduine ein ähnliches Verhältnis, welches er Rafikia nennt. Jeder Rafik muß seinem fingierten Bruder im Leben und Tode zur Seite stehen, dessen Verwandten werden als die seinigen betrachtet, er erbt alle Blutfehden seines Bruders und dieser alle die seinigen, wodurch die Tragweite der Erbrache eine noch größere wird.

Noch in einem anderen Punkt unterscheiden sich die Beduinen vorteilhaft von den städtischen Arabern, das ist in der Reinlichkeit. Sie lasssen keine krepierten Tiere in der Nähe ihrer Wohnungen liegen, sie begraben die Menschen gleich nach dem Tode, sie halten ihre Waschungen regelmäßig. Leider scheint es ihnen jedoch keine Verunreinigung, sich des Urins zum Haarwaschen zu bedienen, der doch nach dem Koran als die größte Unreinigkeit angesehen wird.

Die Beduinen vom Stamm der Lahian, welche zwischen

Mekka und Dschedda wohnen, sowie ihre Stammverwandten, die Metarefe, hatten auf diesen Markt Kamele und Kühe zum Verkauf gebracht. Neben ihnen sah ich Beduinen aus Jemen, welche Schafe verkauften. Diese Jemania waren meist vom Stamm der Beni Dschehadela, hatten gelocktes langes Haar, welches in länglichen Ringelocken, ähnlich denen, die in Europa die Frauen tragen und die man »Anglaises« nennt, herunterhingen. Auch zahlreiche Repräsentanten des mächtigen Stammes der Asyr tummelten sich hier zwischen den Kamelen, Kühen, Mauleseln, Eseln und Schafen umher. Es waren kleine, magere, muskulöse Männer mit spitzen, langen, dünnen Gesichtszügen, spärlichem Bart und gestutztem Schnurrbart, wie denn überhaupt die meisten Beduinen nur auf der Oberlippe und am Kinn etwas Haare haben, während bei ihnen ein Backenbart etwas völlig Unbekanntes ist und gar nicht wächst. Beduinen von den Bergen um Taif sah ich gleichfalls hier in Scharen, die Hodeila boten ihre Ziegen, welche ihren Hauptreichtum bilden, zum Verkauf; die berüchtigten Tueirek, die größten Räuber Arabiens, schlenderten hier umher, vielleicht nicht in der besten Absicht; die Thekif, ein betriebsames Völkchen, boten Futter für Kamele und Pferde feil.

Ich wurde mit einigen dieser Beduinen bekannt, welche meines Führers Ssadak Freunde waren, wenigstens behauptete dies Ssadak. Ich sah jedoch gleich an der verächtlichen Manier, mit welcher die freien Wüstenbewohner den Metuaf, dessen Gewerbe so ziemlich das allerverachtetste ist, behandelten, daß diese Freundschaft nur von seiner Seite existierte. Gewiß hatte er mit diesen Beduinen kein Salz gegessen, vielleicht hielten sie ihn gar nicht des Salzrechts für würdig.

Diese Bekannten Ssadaks waren von den nächsten Stämmen um Mekka. Einer von ihnen lud mich ein, ihn in seiner Heimat zu besuchen, was ich jedoch leider nicht ausführen konnte, denn einmal war der Weg sehr unsicher, und dann würde ich bei diesen guten Leuten Hungers gestorben sein, da sie im Sommer so gut wie nichts zu leben haben, und es sie doch beleidigt hätte, wenn ich mich selbst mit Lebensmitteln versorgt haben würde.

Ich glaube, daß ein europäischer Reisender, der das Innere von Arabien so recht gründlich kennen lernen wollte, mit den Beduinen ziemlich gut auskommen könnte. Nur müßte er in allem ihre Gebräuche befolgen und sich auch keinen Fingerbreit davon entfernen, da die Wüstenbewohner nicht die geringste Abweichung davon dulden. Freilich müßte er sich den größten Entbehrungen und Strapazen unterziehen, denn das Leben der Beduinen ist ungefähr das frugalste und abgehärtetste, welches ein Mensch führen kann. Ein Beduine bedarf täglich kaum eines halben Pfundes an Lebensmitteln, um seinen kleinen, spindeldürren, dünnknochigen Körper in einem leidlichen Kraftzustand zu erhalten. Auch schlafen diese Leute nur wenig und unregelmäßig; setzen sich im Winter in ihren dünnen leinenen Gewanden der Kälte, im Sommer mit ihrem unbedeckten Haupte den glühenden Sonnenstrahlen sorglos aus. Eine Zeitlang könnte ein Europäer dieses spartanische Leben vielleicht mitmachen, ich zweifle aber, ob es ihm auf die Dauer gelingen wird, sich bei den Beduinen zu akklimatisieren.

Weitere Pflichten der Pilgerfahrt

Wenn Abd-er-Rahman ben Mohammed es Skikdi sich damit begnügt hätte, nur in den Straßen von Mekka herumzuschlendern und übelberüchtigte, wenn auch interessante Orte zu besuchen sowie Beobachtungen über seine Mitmenschen anzustellen, so wäre besagter Abd-er-Rahman eben nur ein höchst schlechter Pilger gewesen. Diesem guten Moslem lag aber daran, in den Augen der frommen Hadschadsch für das zu gelten, was weder sie, noch er, waren, nämlich für einen frommen Mann. Um seinen Ruf als solcher aufrechtzuerhalten, mußte der algerische Hadsch noch eine Menge langweiliger Zeremonien mitmachen, die er dem Leser nur in einer kurzen Übersicht geben will, da er fürchtet, mit einer langen Schilderung dieser keineswegs amüsanten Dinge selbst den Geduldigsten zur Verzweiflung zu bringen.

Zuerst muß ich noch der wiederholten Besuche der Moschee erwähnen, welche jeder Pilger der Sitte gemäß, selbst nach dem ersten Umgang um die Kaaba, macht, obgleich sie nicht streng genommen seine Pflicht sind. Das erste Mal, als ich die Mesdschid el Haram wieder besuchte, war drei Tage nach meiner Ankunft in Mekka, denn so lange hatte ich mir im Hause des luxuriösen Hamdan ben Hamidu, meines Wirtes, Ruhe und Erholung gegönnt: eine Ausnahme gegen andere Pilger, die sonst schon am Abend nach dem Umgang um die Kaaba wieder in den Tempel gehen; da dies jedoch nur im unbequemen Ihram (Pilgergewand) geschehen darf, und ich gar keine Lust hatte, diese Lumpen so schnell wieder anzulegen, so schützte ich ein Unwohlsein vor, ließ einen Hammel als Sühnopfer schlachten, welchen die Familie Hamdan verspeiste, und nun hatte ich drei volle Tage Ruhe vor weiteren religiösen Pflichterfüllungen.

Am Abend des vierten Tages seit meiner Ankunft in der heiligen Stadt trat mein Metuaf, Ssadak ben Hanifa, in mein Zimmer und stellte mir in lebhafter Rede vor, daß ich es nun doch nicht länger verschieben könne, meinen Abendbesuch in der Moschee zu machen, wenn ich nicht ganz für einen Ketzer, einen gottverfluchten Sektierer Alis, oder noch Schlimmeres gelten wollte. Natürlich verschwor ich mich hoch und teuer gegen den Verdacht, ein Sektierer Alis zu sein und weihte alle Perser und übrigen schiitischen Ketzer in den orthodoxesten Ausdrücken der ewigen Verdammnis. Diese fromme Verwünschung schien den Sohn der gottseligen Hanifa sehr zu erbauen, und da ich ihm versprach, noch an demselben Abend mit ihm den Tempel zu besuchen und er das Trinkgeld, welches ihm dieser fromme Gang eintragen sollte, strahlend vorschweben sah, so eilte Ssadak mit freudebelebtem Schritte die Treppe hinunter, um die Laterne zu holen, mit welcher er und sein Sohn Hassan mir durch die dunklen Gassen dieser dunklen Stadt voranleuchten sollten, denn an Straßenbeleuchtung ist natürlich in einer durch das Licht des Glaubens so erhellten Stadt wie Mekka nicht zu denken. Auch ist es bekannt, daß die Steine Mekkas von überirdischem Glanze strahlen, folglich wäre eine Straßenbeleuchtung nur überflüssig. Da jedoch die meisten Pilger zu sündhaft sind, um diese überirdische Beleuchtung sehen zu können, so begnügen sie sich mit dem etwas weniger wunderbaren Laternenlicht, welches ihre Schritte nach der Mesdschid el Haram auf praktischere Weise lenkt.

In den Gassen von Mekka war alles still. Vom ungewissen Sternenlicht matt erhellt, lagen die schwermütigen dunklen Massen der Häuser da, deren offene Fenster ohne Glas jetzt zur Nachtzeit nicht mehr europäischen glichen, denen sie bei Tage ziemlich ähnlich sahen; aber die Abwesenheit des Glases und bei vielen auch der Fensterläden, welche wir bei europäischen Häusern des Nachts geschlossen zu sehen gewohnt sind, machte, daß nun diese Fenster nur wie große Lücken aussahen und an mittelalterliche Schloßruinen erinnerten. Nur hie und da in dieser nächtlichen Stille hörte man den Tritt eines Pilgers, der wie ich, von einem Laternenträger begleitet, die Moschee aufsuchte. Je mehr wir uns der Moschee näherten, desto häufiger wurden jedoch diese Begegnungen. Wie ein Schwarm von Geistern, in den weißen Ihram gehüllt, so tauchten diese Pilger aus dem Nachtdunkel auf, bald aus einem Tor, bald aus einer dunklen Nebenstraße hervortretend. Meist wankenden, aber doch schnellen Schrittes folgten sie den Leuchten, die wie ebensoviele Feuerkäfer herumzuschweben schienen: die einzigen helleren Punkte in den dunklen Gassen der heiligen Stadt.

Endlich erreichten wir die Hauptstraße el Emsa, von welcher drei Tore in die Moschee führen, das schon oft erwähnte Tor des Grußes (Bab es Ssalam), das Tor des Propheten (Bab en Nebbi) und das Tor Alis (Bab Ali), eines anderen kleineren Tores, des Bab el Abbas gar nicht zu gedenken. Durch das mittlere dieser drei Tore traten wir ein. Dieses Tor des Propheten, so genannt, weil hierdurch Mohammed seinen Lieblingsweg in die Moschee zu wählen pflegte, ist sehr kunstvoll mit architektonischen Verzierungen ausgestattet; gerade über ihm erhebt sich eines der sieben Minarette der Mekkamoschee, die Soma en Nebbi, d. h. der Turm des Propheten (das Wort Soma, Turm wird jetzt stets statt des außer Gebrauch gekommenen Wortes Menara, von dem unser »Minarett« herkommt, angewandt). Er ist der geschmückteste und zugleich der kleinste der sieben Menara oder Soma, ist unten viereckig und oben rund und wie alle Minarette von Mekka bunt bemalt.

Durch dieses geheiligte Tor traten wir nun in den Moscheehof ein. Ein überraschender, in seiner Eigentümlichkeit unendlich reizender, ich möchte fast sagen überwältigender Anblick wartete unser hier. Das mystische Licht unzähliger kleiner Öllämpchen erhellte die Kaaba und die Heiligtümer, welche sie umgeben, gerade genug, um sie gewahren, nicht aber genug, um sie völlig deutlich hervortreten zu lassen und schuf so ein geheimnisvolles Halbdunkel, in dem die geschäftige Phantasie sich Bilder wob, unendlich viel reizender als das wirkliche Bild der Kaaba und ihrer Heiligtümer, wenn sie uns das Tageslicht plötzlich in voller Klarheit offenbart hätte. Da es Neumond war, so herrschte am Himmel beinahe die vollkommenste Dunkelheit, und das schwache Sternenlicht konnte nicht durchdringen, um im Moscheehof die kleinen Öllämpchen zu überstrahlen. Die dunkle Masse der Kaaba, jetzt zwar ihres schwarzen Schleiers beraubt, aber doch noch immer dunkel genug, lag da wie ein von finsteren Mächten hierhergebanntes Dämonenschloß. Sie schien alle Lichtstrahlen der tausend und tausend Lampen allein zu absorbieren, und dennoch wurde sie nicht hell, kaum erkennbar. Vor diesem Monstrum von Stein flutete und schwärmte die unzählige Menge halbnackter Pilger, welche ihre Heiligtümer in frommem Enthusiasmus umwandelte und an Herz und Mund drückte. An den bronzenen Säulen, welche die Kaaba in einem Halbrund umringen, waren die meisten Lampen angezündet, so daß sie einen lichten Bogen, eine Art von Heiligenschein, um den Abgott des Islam, um den alten Götzentempel, die Kaaba, beschrieben. Dieser beinahe geschlossene Kreis von Lichtstrahlen, in dessen Mitte sich das dunkle Ungetüm befand, glich so einer Art von Oase mit einer Stadt in ihrer Mitte. Um den Kreis herum lag die Wüste, der große, sandige, dunkle Hof der Moschee, abgegrenzt durch den um ihn im Viereck herumlaufenden Portikus, zwischen dessen Säulen auch wieder Lampen und Lämpchen in Menge aufgehängt waren und so, wenn sie auch kein rechtes Licht schufen, doch die Dunkelheit gewahren ließen. Dieses geheimnisvolle Dunkel an heiliger Stätte, das die kleinen, unzähligen Öllämpchen umsonst überwältigen zu wollen schienen, wollte mir wie der Normalzustand dieser Moschee und wie das Bild des Islam überhaupt vorkommen. Dieses Dunkel ist jene Religion, welche sich eine Offenbarung nennt, aber sich nicht einmal zu einer Vernunftlehre erhebt, obgleich in ihr ohne Zweifel ein göttliches Prinzip, das sie aus wirklich geoffenbarten Glaubenslehren entlehnte, als zugrunde liegend entdeckt werden kann. Die kleinen Lichter sind die menschlichen Seelen, welche gern das Dunkel durchdringen und zu der ursprünglichen Offenbarung kommen möchten, aber unfähig sind, etwas anderes zu tun, als nur die Dunkelheit gewahren zu lassen.

Außer den Pilgern, welche in frommer Absicht hierhergekommen waren, umschwärmten den Tempel auch zahlreiche Metuafin (religiöse Lohnbediente), welche sich mit sehr weltlichen Vorsätzen hier eingefunden hatten. Diese habsüchtigen Menschen, die aus der Ausbeutung der Andacht anderer ein Geschäft machen und deren es tausend in Mekka geben soll, lassen dem Pilger bei Tag und Nacht keine Ruhe, bis er einem von ihnen in die Hände gefallen ist, und ist er einmal einem Metuaf in die Hände gefallen, dann weiß dieser wohl dafür zu sorgen, daß er nicht wieder aus seinen Klauen herauskommt.

In dem mysteriösen Licht, welches die unzähligen Öllämpchen verbreiteten, wandelte ich in der Moschee einher, hier an einen Pilger stoßend, der auf dem Angesicht anbetend vor dem schaurigen alten Götzentempel dalag, dort an eine Pilgerin anrennend, welche vielleicht in sehr unheiliger Absicht hierhergekommen war. Um die Kaaba selbst war der Andrang so groß, so viele Hadschadsch wollten den schwarzen und weißen Stein noch einmal küssen, an den Fußstapfen Abrahams beten und vom Semsemwasser trinken oder sich mit demselben begießen lassen, daß es fast unmöglich war, in der Tiefe zu weilen, wenn man nicht alle seine Knochen erschüttert haben wollte; ich sage »in der Tiefe«, denn der Raum unmittelbar um die Kaaba bildet eine Vertiefung, um welche der sie umgebende Moscheehof einige neun Fuß in die Höhe ragt. Da ich weit entfernt davon war, so viel Andacht zu verspüren, wie viele der hier anwesenden Pilger, so zog ich es vor, wieder in den äußeren Moscheehof hinaufzusteigen und den Portikus aufzusuchen. Auch dieser bot einen höchst überraschenden Anblick, sowohl durch seine Beleuchtung, als durch die seine Hallen füllende Menschenmenge. An jeder zweiten Säule etwa hing ein kleines mattes Lämpchen, so daß man von allen Säulen des Portikus etwas sehen und doch keine recht deutlich gewahren konnte.

Ich erlasse dem Leser die Schilderung der Andachtsübungen, zu denen mich mein Metuaf zu überreden wußte, da er behauptete, daß ich sonst für einen Ketzer gelten würde. Diese langweiligen Andachtsübungen waren nichts als eine kleine Auflage der Zeremonien, welche ich bei meinem ersten Besuch der Moschee bereits bis zum Übermaß abgemacht hatte.

Inzwischen war der zweite Pilgermonat, Du el Kada, zu seinem Ende gekommen. Der dreißigste und letzte Tag desselben war der meines nächtlichen Besuchs der Moschee. Nun brach der dritte und letzte Pilgermonat, Du el Hödscha, das heißt, der »Herr der Pilgerfahrt«, an. Da in diesem Jahre am ersten Du el Hödscha die Ankunft der großen Pilgerkarawane aus Bagdad und am zweiten desselben Monats die der syrischen Hadschadsch erwartet wurde, welche beide in diesem Jahre einige Tage früher als gewöhnlich ankommen sollten, so stellte mir mein Metuaf jetzt vor, daß ich die zwei unumgänglich nötigen Zeremonien, die ich in Mekka noch abzumachen hatte, am Morgen dieses ersten Du el Hödscha absolvieren müsse, da später die große Anzahl neuangekommener Pilger mir die Erfüllung dieser Pflichten höchst unbequem machen dürfte.

Diese beiden Zeremonien, deren sich kein Hadsch entziehen kann, sind der Sai (der Lauf zwischen Ssafa und Merua) und die Wallfahrt nach Omra (die sogenannte kleine Wallfahrt). Mit der ersten dieser beiden religiösen Pflichten beschloß ich den Anfang zu machen, legte um sechs Uhr morgens am ersten Du el Hödscha die Moharem (Umschlagtücher) wieder an und folgte meinem Metuaf durch die Straßen el Maale und el Mota in die große Hauptstraße von Mekka, die vielerwähnte el Emsa, in der das fromme Rennen stattfindet. Wir durchschritten diese Straße in ihrer vollen Länge, bis zu ihrem östlichen Ende. Dort erhebt sich die Säule es Ssafa, der eine Zielpunkt des Sai. Ihre jetzige Form ist ungefähr die eines altchristlichen Altars, drei Stufen bilden das Piedestal, auf dem eine viereckige Steinmasse ruht, die wieder eine horizontale Steinplatte trägt, welche auf jeder Seite einen Fuß über den Rand des unteren Altarteils hervorsteht.

Auf die Stufen dieses Altars, welcher uneigentlich die »Säule von Ssafa« genannt wird, mußte ich mit meinem Metuaf steigen. Als ich die höchste der drei Stufen erreicht hatte, wandte ich auf Ssadaks Aufforderung mein Gesicht westlich, direkt nach der Moschee, welche ich jedoch nicht sehen konnte, da die Häuser der Straße el Emsa zwischen mir und dem Tempel lagen. Nun machte mir der Metuaf ein Zeichen, daß ich die Arme gen Himmel ausstrecken solle, was ich denn auch tat. Darauf sprach er mir ein Gebet vor, welches ich wiederholen mußte.

Hierauf begann ich den Lauf zwischen Ssafa und Merua, welcher in der Hauptstraße von Mekka, el Emsa, stattfindet, und zwar auf einem in derselben eigens zu diesem Zwecke trassierten Wege, den man den Wadi Ssafa nennt. Ein Teil dieses Weges muß laufend, der andere rennend zurückgelegt werden. Die Beschleunigung der Schritte findet zwischen vier für heilig geltenden Säulen von schmutziger grauer Farbe statt, welche ungefähr in der Mitte der Länge der el Emsa in die Häuser der Hauptstraße eingefügt sind. Am Ende der el Emsa, welche etwa zwölfhundert Fuß lang ist, langt man bei der anderen Säule, el Merua, an.

Diese sogenannte Säule hat ebenfalls die Form eines roh und kunstlos gebauten Altars; vier große Stufen führen zu ihr hinan, auf welche der Pilger hinaufklimmen muß, um ein ähnliches Gebet, wie das bei es Ssafa gesprochene, zu verrichten.

Dann beginnt der Rücklauf. Wenn man wieder bei es Ssafa angekommen ist, sagt man abermals ein Gebet, macht dann den zweiten Lauf und so fort, siebenmal, bis die ganze ermüdende Zeremonie des siebenmaligen Rennens zwischen Ssafa und Merua, welche man den Sai nennt, beendet ist. Während dieser sieben Gänge müssen beständig Lobsprüche und Glaubensformeln hergesagt werden, wie »Allahu akbar« (Gott ist groß), »Sebb Allah« (Gelobt sei Gott), »El Hamdu l'Ilah« (Preis sei Gott).

Dieser Sai findet, wie schon bemerkt, zum Andenken an Abrahams Magd und Nebengattin, Hagar, statt, welche nach der Tradition des Islam sieben Mal hier herumirrte, ehe sie den Brunnen Semsem fand. Auf diesen Ursprung wenigstens hat Mohammed den frommen Brauch zurückführen wollen, um ihm das Heidnische zu benehmen, was er früher offenbar hatte. Zum Unglück für diese Sage und diese Ursprungsherleitung ist es jedoch historisch bewiesen, daß der Sai weiter nichts als ein alter, götzendienerischer Brauch ist und daß Ssafa und Merua, seine beiden Stationen, nichts waren als ganz gewöhnliche Götzenaltäre, die mit Mutter Hagar nicht das geringste zu schaffen hatten.

Nachdem ich den Sai zurückgelegt hatte, blieb es mir noch übrig, die Omra oder sogenannte »kleine Wallfahrt« zu machen. Diejenigen Pilger, welche den Sai gleich nach dem Umgang um die Kaaba zurücklegen, pflegen sich nach demselben rasieren zu lassen, halten ihre Ablutionen oder baden sich. Ich hatte mich jedoch schon vorher einmal des Ihrams entledigt, brauchte folglich diese Zeremonie des feierlichen Rasierens, welche unter Gebetshersagungen von seiten des Barbiers erfolgt, nicht noch einmal zu absolvieren. Ich begab mich also ungesäumt von der Säule ess Ssafa auf die Wallfahrt nach Omra.

Der Esel – dies kleine, flinke Tier

Der Weg nach Omra mag ungefähr drei Viertel einer deutschen Meile betragen, und diese Wallfahrt würde folglich sehr ermüdend sein, wenn man sie, wie dies viele Pilger tun, zu Fuße und unbeschuht zurücklegen wollte. Zum Glück hatte jedoch mein Metuaf für Reittiere in Gestalt von zwei Eselchen gesorgt; welche wir unweit von Ssafa bestiegen. Diese kleinen, flinken Tiere sollten uns denn schon nach fünfviertel Stunden an den Ort unserer Bestimmung bringen.

Wir verließen Mekka auf der südöstlichen Seite, kamen anfangs durch eine sandige, fast aller Vegetation beraubten Ebene, erklommen dann einen Ausläufer des heiligen Berges Dschebel Bu Kubis und machten eine Viertelmeile von der Stadt bei einem großen Haufen unordentlich aufgetürmter Steine halt. Dieser Steinhaufen war auch wieder eine religiöse Station. Hier nahm jeder von uns einen Stein vom Boden auf, schleuderte ihn auf den Haufen und sprach ein Kapitel des Korans, nämlich die Sure der Verwünschung des Abu Lahab, in welcher Sure Mohammed seinen eigenen Oheim, den gottlosen Abu Lahab und seine Tante, die »Trägerin des Brennholzes«, die Gattin des Abu Lahab, anathematisiert, weil diese nicht an seine göttliche Sendung glauben wollten. Ja, der verfluchte Abu Lahab hatte sogar den Untergang des Propheten geschworen, zu diesem Ende einen Brunnen gegraben und zwei Knechte daran aufgestellt, denen er befahl, den ersten besten Menschen, welcher zum Brunnen kommen würde, in denselben hineinzuwerfen. Nun verstand es der schlaue Lahab, seinen eigenen Neffen unter irgendeinem Vorwand nach dem Brunnen zu schicken. Aber, wie Fridolin im »Gang nach dem Eisenhammer«, so kam auch dieser zu spät und wurde dadurch gerettet, während Abu Lahab, der es nicht erwarten konnte, vom Tode seines Neffen die Gewißheit zu gewinnen, selbst nach dem Brunnen ging und, da noch niemand vor ihm gekommen war, von seinen, dem Buchstaben des Befehls gehorsamen Knechten in die Tiefe geworden wurde, wo er natürlich umkam. Daher soll das arabische Sprichwort stammen: »Wer seinem Bruder einen Brunnen gräbt, der fällt selbst hinein«, von welchem wir übrigens im Deutschen eine viel bessere Variante haben. So starb der schändliche Abu Lahab, und alle frommen Pilger sprechen seitdem an dieser Stelle, an welcher nämlich der besagte Brunnen befindlich gewesen sein soll, folgende Sure des Korans:

Ablutionsgefäße

»Mögen Abu Lahabs Hände zuschanden werden und er selbst verflucht sein. Sein Reichtum, seine Werke, alles sei ihm nichts nütze. Möge er im ewigen Feuer verbrennen. Ebenso seine Frau, die Trägerin des Brennholzes. Möge um ihren Hals ein Seil von Palmbast geschlungen werden (d. h. möge sie damit erwürgt werden).«

Nachdem wir diese fromme Verwünschung gegen den gottlosen Onkel und die gottlose Tante des Propheten gesprochen, warfen wir diesem unheiligen Ehepaar noch einige Steine aufs Grab, und dann ging es auf den kleinen, flinken Eselchen weiter.

Bald erreichten wir el Omra, eine kleine, kuppelüberwölbte Kapelle, vor deren Schwelle wir von unseren Tieren abstiegen. Wir verrichteten bei einem hier befindlichen Wasserbehälter die Ablutionen und warfen uns dann viermal in der Richtung nach Mekka aufs Angesicht nieder.

Darauf betraten wir die kleine, ärmliche Kapelle, welche mit Hadschadsch förmlich gestopft und deren Boden mit diesen frommen Betern wie gepflastert war. Wegen dieses großen Andrangs der Pilger konnten wir das Gebet des Ölam (es war gerade Mittag) nur höchst unvollkommen verrichten. Kaum hatte ich mich nämlich in einem Winkel zum Gebet zurechtgesetzt, so kam auch schon ein halbes Dutzend Pilger dicht neben mir zu stehen, welche sich bei ihrer Adoration fast auf mich legten und mich beinahe überdeckten, so daß ich schnell davoneilen mußte, um nicht erdrückt zu werden.

Endlich war auch diese Zeremonie beendet, und nun kehrten wir unter Lobgesängen, namentlich unter beständigem »Labikrufen« auf unseren kleinen Eseln reitend nach Mekka zurück. Ich hatte jetzt alle Zeremonien, welche die Pilgerfahrt mit sich bringt, hinter mir, mit einziger Ausnahme der Wallfahrt nach Arafat. Da jedoch diese bloß am neunten Tage des Monats Du el Hödscha stattfinden kann und sie an jedem anderen Tag im Jahre ungültig sein würde, so mußte ich noch volle acht Tage in Mekka verweilen, um meine Pilgerfahrt durch diesen letzten feierlichen Schlußakt zu besiegeln.

Ankunft der Pilgerkarawanen

Am ersten Tag des Monats Du el Hödscha langte die Pilgerkarawane aus Bagdad an und am folgenden die aus Damaskus, von denen die letztere in diesem Jahre nicht ganz viertausend, die erstere nur fünfzehnhundert Pilger zählen mochte. Die Damaskuskarawane, welche die größte aller noch bestehenden Pilgerkarawanen ist und von einem türkischen Pascha kommandiert wird, wurde von dem Großscherif von Mekka mit seinen Söhnen und zahlreichem Gefolge aufs feierlichste eingeholt.

Ich ging am Nachmittag des zweiten Du el Hödscha mit Ssadak und Sohn vor die Stadt, um der Ankunft dieser Karawane beizuwohnen. Unser Weg führte uns zuerst an

Die Damaskus-Karawane

der Zisterne der Syrer, dann am großen Friedhof von Mekka vorbei und endlich auf eine Ebene im Nordwesten der Stadt, welche nach der hier befindlichen Grabkapelle eines Heiligen, Schich Mahmud, benannt worden ist. Hier ist der Lagerplatz, auf dem die syrische Pilgerkarawane ihre Zelte aufzuschlagen pflegt. Viele Bürger von Mekka waren am Morgen der Karawane entgegengezogen und kehrten eben mit derselben, sie gleichsam im Triumph einholend, zurück. Dieselbe bot einen überraschenden Anblick. Voran ritt der Großscherif von Mekka, ein mulattenartig aussehender, übrigens stattlicher alter Mann, der jedoch so gut wie gar keinen Bart hatte, mit seinen vier Söhnen, edle würdige Gestalten, auf den schönsten arabischen Stuten sitzend, in reiche seidene Gewande gekleidet, mit Kaschmirschärpen und Kaschmirturbanan umschlungen. Der Großscherif, einst der beinahe unumschränkte Souverän von Mekka, jetzt zwar dem Namen nach türkischer Untertan, aber in Wirklichkeit doch noch ebenso unabhängig wie der Vizekönig von Ägypten und der Bei von Tunis, pflegt alljährlich seinem Oberlehnsherrn, dem Sultan, die Ehre zu erweisen und die Huldigung darzubringen, daß er diejenige Karawane, welche sich des besonderen großherrlichen Schutzes erfreut, mit Feierlichkeit einholt. So hatte er es auch dieses Jahr gehalten. Ihm zur Seite ritt der Pascha von Damaskus, welcher diesmal in Person gegenwärtig war, während sonst wohl nur ein untergeordneter Pascha die Karawane zu befehligen pflegt. Dieser Würdenträger saß auf einem Araberhengst von syrischer Rasse, wie überhaupt die Türken fast immer Hengste, die Araber stets Stuten zu reiten pflegen. Der Pascha sah ziemlich schwerfällig und unbeholfen aus. Sein runder, allzu vorstehender Schmerbauch, sein schläfriges, gelangweiltes Gesicht, ebenso seine Kleidung (er trug nämlich eine goldgestickte, reiche Uniform, mit dem Diamantnischan auf der Brust), alle diese Dinge hatten nach arabischen Begriffen wenig Würdiges und Männliches. Überhaupt nehmen sich die vornehmen Türken, in ihrer städtischen Verweichlichung und mit der fast bei allen vorherrschenden schwammigen Körperfülle, neben den meist magern, muskulösen, unverweichlichten Bewohnern Arabiens höchst unvorteilhaft aus. Dem Pascha folgte sein Generalstab, meist junge Männer, mitunter Jünglinge von höchst weibischem, verweichlichtem Aussehen. Dann kam das bunte Durcheinander der syrischen Pilgerscharen. Hier wurde eine Sänfte zwischen Kamelen getragen, in der ein feister Türke seinen Tschibuk rauchte; dort eine andere, in welcher kaum erkennbare, gespensterhaft in den langen, undurchdringlichen Ihram der Frauen gehüllte Türkinnen saßen. Daneben ging zu Fuß eine Schar ärmerer Bewohner syrischer Städte, aus Damaskus oder Aleppo, deren abgemagertes, hinfälliges Aussehen beredt die Strapazen der Pilgerfahrt verkündete, welche freilich für den Reichen kaum fühlbar, für den Armen aber nahezu aufreibend sind. Ihnen folgte hoch zu Kamel, hin- und herschwankend auf dem beweglichen Rücken des Wüstenschiffes, eine Zahl syrischer Beduinen, stolze kräftige

Gestalten mit schwarzen, blitzenden Augen, deren dichte, volle Bärte neben den paar Härchen, welche gewöhnlich das Kinn der echten Araber schmücken, einen sehr auffallenden Kontrast bildeten. Dann kamen, auf bescheidenen Eselchen reitend, friedliche Bürger, Kaufleute aus Homs oder Skandrun, von ihren Warenballen begleitet, die sie auf der großen Pilgermesse zu Geld zu machen hofften. Dann wieder in einer weichen, mit üppigen Polstern und Kissen wohlversehenen Sänfte irgendein türkischer Mollah (Geistlicher), Kadi oder Mufti, der sich stellte, als lese er im Koran, und dessen wohlgenährte Gestalt deutlich verkündete, daß für ihn die Pilgerfahrt nur eine Vergnügungsreise war, auf der er keine seiner gewohnten Bequemlichkeiten entbehrte und während welcher er seinem geliebten Nichtstun, ja vielleicht allerlei Wollüsten, nach Herzenslust frönen konnte.

Um diese Pilgerscharen herum ritten in kühnen Schwenkungen ihrer edlen Nedschedpferde wilde, männlich und kräftig aussehende Beduinen aus Arabien, welche die Eskorte der Karawane bildeten. Sie waren meist Wahabiten, folglich Ketzer und jedem guten Moslem ein Greuel. Da aber der Pilgerweg von Damaskus und Bagdad nach Mekka durch eine Strecke ihres Gebietes führt, so müssen sie von der türkischen Regierung nicht nur gelitten, sondern sogar bestochen und dadurch gewonnen werden, daß man ihnen die Eskorte der Pilgerkarawane anvertraut, woraus sie großen Vorteil ziehen und was allein sie verhindert, diese Karawanen auszuplündern, wie sie dies in früheren Jahren so oft taten. Alle diese Wahabiten sind unendlich roh und fanatisch in den Vorurteilen ihrer Sekte befangen. So halten sie viele Dinge für Unrecht, welche andere Moslems als erlaubt ansehen, wie das Besuchen der Heiligengräber, das Tragen seidener und kostbarer Gewänder, das Rauchen und Schnupfen von Tabak und überhaupt jeden Luxus. Nicht selten soll es vorkommen, daß, wenn sie einen Pilger rauchen oder schnupfen sehen, sie ihn ohne weiteres aufs Unbarmherzigste durchprügeln, wie dies unter anderem einem Perser von meiner Bekanntschaft begegnete.

Die Wahabiten können noch immer nicht vergessen, daß sie einst, zu Ende des vorigen und noch zu Anfang dieses Jahrhunderts, die Beherrscher beinahe der ganzen arabischen Halbinsel waren. Ja selbst in Mekka hatten sie geherrscht und den Großscherif sich dienstbar zu machen gewußt. Seit ihrer Besiegung durch Mohammed Ali ist nun zwar ihre Macht, als einer großen politischen Körperschaft, gebrochen, aber ihr Stolz hat sich nicht brechen lassen. Auch ihrer religiösen Lehre, welche von allen Sunniten, ja selbst von den schiitischen Heterodoxen, als Ketzerei betrachtet wird, sind sie treu geblieben.

Alle Pilger, welche zur syrischen Karawane gehörten, waren im Ihram, im Pilgergewand, mit einziger Ausnahme des Pascha, der sich nicht wohl befinden mochte, vielleicht auch bloß zu faul oder zu bequem war und sich natürlich durch das Opfern eines Hammels für diese Vorschriftsübertretung sühnen mußte. Überhaupt halten türkische Militärpersonen nicht immer streng an der Sitte der Ihrambekleidung. So sollte ich später bei der Wallfahrt nach Arafat sehen, wie viele türkische Soldaten am Fuß des heiligen Berges in voller Uniform herumliefen, und das an einem Tag und an einem Orte, wo selbst der unheiligste Araber das Pilgergewand anlegt.

Diese Karawane wurde von dem Großscherif an den ihr zum Lager bestimmten Platz begleitet, denn die beiden großen Pilgerkarawanen pflegen vor der Stadt zu lagern, da Mekka unmöglich so viele Sattel- und Lasttiere in sich aufnehmen kann. Viele Pilger freilich suchen sich in der Stadt selbst ein Absteigequartier, was jedoch nur die reicheren finden, denn gleich nach Ankunft der syrischen Karawane schlagen alle Mietpreise um das Doppelte, ja Dreifache auf, und selbst diejenigen frommen Hadschadsch, welche bisher ruhig im Besitz eines gemieteten Zimmers waren, sehen sich plötzlich bedroht, auf die Straße geworfen zu werden, wenn sie nicht den höheren Mietzins erlegen wollen, ähnlich wie es in Leipzig zur Zeit der Messe hergeht.

Das bunte Treiben in den Straßen der heiligen Stadt,

welches seit Ankunft der beiden Pilgerkarawanen ganz außerordentlich zugenommen hatte, übte immer einen mächtigen, fesselnden Reiz auf meine Phantasie aus, wenn ich im Laden Murads, oder in einem Kaffeehaus sitzend, es wie die Nebelbilder in einem Welttheater an mir vorbeidefilieren ließ und mich an der Mannigfaltigkeit der Erscheinungen, an dem wirren Chaos dieses Durcheinanders, das man wohl nirgends in der Welt so buntgemischt findet wie in Mekka während der Pilgerwoche, ergötzte. Waren dann nach mehrstündigem Weilen in dem für mich zum Sitze einer Schaubude gewordenen Laden meine Sinne von dem vielen Gesehenen ermüdet und wie betäubt, so zog ich mich in die Räume der Moschee zurück, wo freilich auch keine Stille, aber eine gegen die Buntheit des Straßenlebens sehr auffallende Einförmigkeit herrschte. Denn erschienen auf der Straße fast alle Pilger in ihren bunten Nationalkostümen, welche eine Musterkarte aller Völker des Islam darstellten, so war in der Moschee alles in den einförmigen, meist weißen, schmucklosen Ihram gehüllt.

Ich besuchte täglich ein oder zwei Mal die Mesdschid el Haram und legte unter Ssadaks Anleitung den Umgang um die Kaaba bei jedem Besuch wieder zurück, welchen jeder fromme Hadsch eigentlich so oft machen muß, als es ihm nur immer möglich ist.

Am vierten Du el Hödscha gab ich im Hause meines Wirts ein großes Gastmahl, wobei die zwei Schafe verzehrt wurden, welche ich als Sühneopfer dafür darbringen mußte, daß ich den Sai, den Lauf zwischen Ssafa und Merua, nicht gleich nach meiner Ankunft in Mekka und nach Beendigung des Tuaf, des Umgangs um die Kaaba, zurückgelegt hatte. Ssadak, mein schlauer religiöser Lohnbedienter, hatte damals meine Unwissenheit zu benutzen gewußt, um mich zu dieser Übertretung zu bewegen, aus welcher er und sein Sohn allerlei Vorteil zogen, denn nicht nur nahmen sie am Mahle teil und luden ihre ganze Sippschaft dazu, sondern sie besorgten auch das Opfern der Tiere, behielten ihr Fell und machten meine Einladungen, alles Dinge, die für sie Geld abwarfen. Außer den Insassen des Hauses Hamdans, namentlich der Familie Murad, hatte ich auch noch meine Freunde, die Ägypter, eingeladen, mit welchen ich mich verabredete, die Pilgerfahrt nach Arafat gemeinschaftlich anzutreten.

Inzwischen war der heilige Tag nahe herbeigekommen, der alle Pilger auf dem Berge der Erkenntnis (Arafat) versammeln und uns den heiligen Titel »Hadsch« (Pilger) erwerben sollte, welchen man nur an diesem Tage auf diesem Berge sich erringen kann und der die Krone und die Besiegelung der ganzen Pilgerfahrt ist.

Elftes Kapitel

Wallfahrt nach Arafat

Am Nachmittag des siebten Tages des Monats Du el Hödscha war alles Leben und Regsamkeit in den Straßen von Mekka. Unzählige Scharen von Pilgern, welche sich alle wieder in das heilige Gewand des Ihram gehüllt hatten und folglich halbnackt waren und das Bild der größten Einförmigkeit darboten, zogen nach der großen Moschee, um sich dort zur Pilgerfahrt nach dem heiligen Berg Arafat zu sammeln und ihre letzten Andachtsübungen, als Vorbereitung für diesen wichtigen Schritt, an heiliger Stätte zu halten.

Ich begab mich ebenfalls, von den beiden Ssadak, von Ali, von Schich Mustapha, der von seinen drei Neffen mehr getragen als geführt wurde, und dem dicken Haggi Omar, welche alle mich im Hause Hamdans abgeholt hatten, begleitet, nach der dicht mit Pilgern gefüllten Mesdschid el Haram. Hier warteten wir unter Andachtsübungen bis eine Stunde vor Sonnenuntergang. Dann verließen wir den Tempel durch das Tor des Grußes, schlugen die Straße el Mota ein, folgten darauf der Gasse el Maale und langten endlich auf der sandigen Ebene an, welche die Stadt im Norden begrenzt. Hier beginnt der Pilgerweg von Mekka nach Arafat, dessen Länge nur drei deutsche Meilen beträgt, welche man jedoch gewöhnlich mit solcher Langsamkeit zurücklegt, daß man, oft erst nachdem man zwölf Stunden zu Fuß gegangen oder auf langsamen Eseln und Kamelen geritten ist, an dem heiligen Berge anlangt.

Vor der Stadt fanden wir ebenfalls Scharen und Scharen von Hadschadsch. Eben hatte sich die syrische Pilgerkarawane in Bewegung gesetzt: ein wirklich großartiger Anblick. An der Spitze der Karawane befand sich das geheiligte Kamel, welches die sogenannte »Fahne des Propheten« (nicht die ursprüngliche, die in Konstantinopel aufbewahrt

Die Fahne des Propheten

werden soll, sondern eine Nachahmung derselben, welcher man ihren Namen gibt) trug. Dies Kamel war eines der beiden sogenannten »Mhâmel«oder »Mehâmel«, das heißt der »Träger« (der heiligen Fahne). Es gibt nämlich zwei solcher Mehâmel, das syrische und das ägyptische. Letzteres gilt streng genommen noch für heiliger als das syrische, da es nicht nur eine heilige Fahne, sondern auch noch die Geschenke des Großsultans für die Kaaba, ja selbst den Schleier des Tempels, das Kesua, trägt. Aber da die syrische Karawane an Zahl und Bedeutung in den letzten Jahrzehnten alle anderen überflügelt und allein noch von allen

Pilgerkarawanen eine gewisse Wichtigkeit behalten hat, da dieselbe außerdem noch von einem hohen Würdenträger, den man als Repräsentanten des Großherrn ansieht, befehligt wird, so hat das zu ihr gehörige Mhâmel eine gleiche Bedeutung und Verehrung erlangt wie das ägyptische. Die Fahne des Propheten, welche dieses syrische Mhâmel trug, war jedoch jetzt noch nicht entfaltet, sondern einstweilen noch in einem Futteral eingeschlossen. Das ägyptische Mhâmel sollte sich erst später der Karawane anschließen.

Dem Mhâmel folgten zuerst die Würdenträger, dann die große Masse der syrischen Hadschadsch. Die reicheren Pilger, der Pascha, seine Begleiter, der Großscheriff von Mekka, welcher jedesmal die Hedsch (Pilgerfahrt) mitmacht, die wohlhabendsten Bürger der syrischen Städte, die zahlreichen Harems, worunter auch einige Odalisken aus Konstantinopel und die sie begleitenden Eunuchen, saßen in Sänften, welche je von zwei Kamelen, deren eines vor, das andere hinter der Sänfte ging, getragen wurden und mitunter, namentlich die der Frauen, reich verziert waren. Die Kamele, welche die Frauen trugen, waren ebenfalls geschmückt und geziert, einige trugen rote Federbüsche, andere kleine Halbmonde von Silber. Jedes dieser Kamele wurde von einem Beduinenjungen geführt, welcher es schon von Damaskus aus begleitet hatte und in einigen Fällen der Sohn des Eigentümers war, denn bei weitem die meisten der Kamele werden zur Pilgerfahrt nur gemietet und sind nicht Eigentum der Pilger. Die dem Mittelstande angehörigen Hadschadsch saßen in kleineren Sänften, welche auf dem Rücken je eines Kameles befestigt waren und schaukelten luftig hin und her, und die darin sitzenden Pilger mögen eine gründliche Bekanntschaft mit der Art von Seekrankheit, welche das Kamelreiten erzeugt, gemacht haben. Manchmal trug auch ein einziges Kamel zwei Sänften, eine auf jeder Seite, nach Art der Marktkörbe der italienischen Bauern, befestigt. Doch wird diese Beförderungsart als gefährlich gern vermieden, da der Sturz der einen Sänfte jedesmal den der anderen nach sich zieht; wie ich denn selbst Zeuge davon werden sollte, daß zwei so aneinander befestigte Sänften fielen und die in ihnen sitzenden Pilgerinnen, zwei alte Weiber aus Damaskus, von der nachfolgenden Karawane beinahe zu Tode getreten wurden. Den in den Sänften getragenen Pilgern und Pilgerinnen folgten die ärmeren Hadschadsch, zum Teil auf kleinen, in Mekka gemieteten Eselchen, zum größeren Teil jedoch zu Fuß, und zwar nicht wenige auf ihren nackten Fußsohlen.

Dieses wirre Chaos wurde von den Beduinen der Stämme von Mekkas Umgegend und auch von sehr vielen Wahabiten umschwärmt, die zum kleineren Teile zu Pferde, zum größeren Teil jedoch hoch zu Kamele sitzend, sich recht stattlich ausnahmen und leichtbeweglich zeigten und so gegen die schwerfällige Masse der übrigen Pilgerkarawane einen angenehmen Kontrast boten. Fast alle diese Beduinen hatten den Lisam (eine Art von Schal, der ihnen den Hals und die Schultern bedeckt) bis hoch in ihr Gesicht hinaufgezogen, so daß er ihnen in den meisten Fällen die Nase bedeckte: eine echt beduinische Sitte, deren Zweck es ist, das Gesicht vor dem brennenden Wüstensand zu schützen. Manche trugen auf dem Kopfe einen leichten Turban (obgleich viele, als echte Beduinen, ganz bloßköpfig erschienen), und die Zipfel dieses Turbans hingen so tief ins Gesicht herab, daß die Männer von verschleierten Frauen schwer zu unterscheiden waren.

Mit meiner ägyptischen Gesellschaft und der wie Kletten an mir klebenden Familie Ssadak schloß ich mich der Nachhut der syrischen Pilgerkarawane an. Wir saßen alle auf kleinen Eselchen, mit Ausnahme von zwei der Neffen des Schich Mustapha, welche neben diesem nun ganz hinfällig gewordenen Greise einhergingen und ihn auf seinem kleinen Esel aufrechthielten, denn der Arme war bereits wie sterbend und so schwach, daß er gewiß, ohne die Hilfe seiner Neffen, vom Tier gefallen wäre. Aber er hatte es sich nicht nehmen lassen, die fromme Wallfahrt, welche nur an diesem einzigen Tage im Jahre gemacht werden kann, trotz Krankheit und Hinfälligkeit anzutreten, welche Wallfahrt übrigens sein letzter Schritt in diesem Leben sein sollte.

Gleich an dem nördlichen Ende der heiligen Stadt beginnt eine große sandige Ebene, durch welche sich der Mekkakanal windet, der die Stadt mit reichlichem, übrigens ziemlich schlechten Wasser, welches man nicht zum Trinken gebraucht, versieht. Neben ihm zieht sich, fast immer parallel mit demselben, die Pilgerstraße nach Arafat hin.

Bei der Vorstadt el Moabida trennt sich die große Hauptstraße, welche sich von Mekka nordwärts erstreckt, in zwei Zweige. Nach Osten zieht sich der Pilgerweg, der zum heiligen Berg führt, direkt nach Norden die Straße des Wadi Fatma, welche nach Medina und Syrien geht. Wir folgten natürlich dem ersteren dieser beiden Wege. Am äußersten Ende von el Moabida ließen wir südlich einen abermaligen Palast des Großscheriffs liegen, in welchem dieser zuweilen im Frühjahr residieren soll. Das war wenigstens schon der zwanzigste Palast dieses Würdenträgers, den ich seit meiner Ankunft in Mekka gesehen hatte. Diesem Haus des Scheriffs gegenüber, links von der Pilgerstraße, befand sich jetzt gerade das Lager der ägyptischen Pilger. Daselbe war jedoch, was die Zahl der Pilger betraf, nur unbedeutend, da in neuester Zeit die meisten Ägypter die Seereise über Sues oder über Kosseir der beschwerlichen Landreise vorziehen. Dennoch hat die ägyptische Karawane eine gewisse Wichtigkeit bewahrt, und zwar durch den Umstand, daß mit ihr jedesmal das geheiligte Kamel, el Mhâmel genannt, nach Mekka kommt, welches die Geschenke des Sultans für die Kaaba, unter anderen auch das neue Kesua, den schwarzen Schleier des heiligen Hauses, trägt. Dieses geheiligte Tier wurde, als die syrische Karawane eben an dem Lager der ägyptischen vorbeizog, von unzähligen Pilgerkehlen mit lautem Labikrufen begrüßt und dann neben seinen syrischen Gefährten an die Spitze des ganzen Pilgerzuges gebracht, welchen es von nun an in Gemeinschaft mit dem Mhâmel aus Damaskus anführte.

Unterdessen war es vollkommen Nacht geworden. Um

halb acht Uhr abends waren wir von der Kaaba aufgebrochen und um halb zehn Uhr befanden wir uns noch bei el Moabida, kaum eine halbe deutsche Meile von der Mesdschid el Haram entfernt. Da wir bereits in die Zeit des zweiten Mondviertels eingetreten waren, so sollten wir bis einige Stunden nach Mitternacht Mondschein behalten, ich konnte folglich die Gegend, durch welche wir kamen, wenn auch nicht deutlich, so doch wenigstens einigermaßen gewahren.

Während der ersten zwei Stunden, von el Moabida aus, kamen wir durch ein ziemlich weites Tal nördlich vom Dschebel Bu Kubis, in östlicher Richtung von Mekka gelegen. Es war, soviel ich sehen konnte, sehr schlecht oder so gut wie gar nicht bewachsen. Unermeßlich streckte sich, vom Halblicht des Mondes matt erleuchtet, die Wüste oder Steppe hin, aus der nur hie und da ein Baum, vielleicht eine Acacia vera, vielleicht ein Balsamstrauch sein Haupt wie träumerisch in die Lüfte trug. Dann kamen wir in ein Tal, welches sich allmählich verengte, immer mehr verengte und zuletzt auf beiden Seiten felsige Umgrenzungen darbot, zwischen denen der Durchgang oft schwer wurde. Immer schmäler und schmäler werdend, artete dieses Tal zuletzt in eine wahre Schlucht aus.

Hier erlitt der Pilgerzug einen großen Aufenthalt, da nun alle Hadschadsch, zwei und zwei, ja, an einzelnen Stellen, einer nach dem andern, hintereinander folgen mußten, während sie bisher sich nach Belieben über die ganze Breite des Tales ergossen hatten.

In diesem Schluchtental liegt das für heilig erachtete Dorf el Menaa. Die Häuser und Buden, welche es bildeten, schienen zum Teil noch unvollendet, und nahmen sich beim Schein der Fackeln, welche einzelne Pilger trugen, wie phantastische Ruinen aus, in denen, so konnte man ohne großen Aufwand von Phantasie sich vorstellen, Geister hausten, mit welchen die weißumhüllten, halbnackten Pilger wohl verglichen werden konnten. Ein lautes Geschrei begrüßte dieses heilige Dorf. Der Ruf Labik hallte donnernd von allen Steinwänden und Felsenkämmen des Wadi Menaa wieder und schallte weit und breit durch das ganze Tal hindurch. Bei diesem Dorfe hielten wir jedoch diesmal nicht an. Erst wenn man von Arafat zurückkommt, hat man sich dort aufzuhalten und besondere, abergläubische Bräuche zu verrichten.

Ungefähr um fünf Uhr morgens, nachdem wir die ganze Nacht, unter vielen Stockungen, zwar langsam, aber doch immer vorwärts gekommen waren, traten wir aus der Felsenschlucht hervor und, da es nun Tag geworden war, so sahen wir die Ebene am Fuße des Berges Arafat in voller Deutlichkeit vor uns liegen.

Diese Ebene war eine Wüste, in der nichts zu wachsen schien, nicht einmal die trockene Distel, eine Wüste voll Steinen und Steingeröll, aus der sich der niedrige Hügel des Arafat, eine beinahe völlig kahle Felsenmasse, trostlos erhob; es war eine Wüste so schaurig und traurig, wie ich nur je eine gesehen hatte. Ein einziges Element lebte und regte sich in dieser Trostlosigkeit und belebte ihre Einsamkeit. Das war der religiöse Fanatismus eines abergläubischen Pilgerheeres, der in dieser Einöde seinen Thron errichtet hatte. Nur in der Ferne wurde das monotone Bild durch die zackigen Berge von Taif etwas verbessert, aber auch sie sahen kahl und trostlos aus, wie alles um uns her.

Die meisten Pilger hatten, als wir ankamen, bereits ihre Zelte errichtet, so daß wir nun, nach anderthalbstündiger Wallfahrt durch die sandige Ebene, in eine höchst belebte Lagerstadt unseren Einzug hielten.

Viele Hadschadsch waren schon am vorhergehenden Tage angekommen und hatten die Nacht entweder in ihren eigenen Zelten oder in den zahlreichen Kaffeebuden und Reiserhütten, welche die Mekkawia (Mekkaner) hier errichten, zugebracht. Diese Lagerstadt am Fuße des Arafat bot einen ganz eigentümlichen Anblick dar. Da lagen Zelte über den ganzen weiten, sandigen Plan verstreut; da zogen sich Reihen von Hütten und Buden hin, welche förmliche Straßen bildeten, in denen Basars und Märkte abgehalten wurden. Zwischen den Zelten lagerten unzählige Kamele, Maultiere und Esel, von malerisch zerlumpten Beduinen bewacht. Hie und da schimmerte leuchtend beim Schein der Morgensonne der goldene Halbmond auf dem Zelt eines reichen Mekkaners, welches von roten und gelben Stoffen gebildet und mit vielen bunten Verzierungen ausgeschmückt war. Die ärmeren Hadschadsch hatten ihre kleinen, niedrigen Zelte im Südwesten aufgeschlagen. Nur die wenigsten Pilger schienen jedoch, trotz der durchgemachten, langen, nächtlichen Wanderung, das Bedürfnis der Ruhe zu empfinden. Höchstens ein Viertel der Gekommenen zog sich in die Zelte zurück. Alle übrigen (die Zahl sämtlicher Pilger möchte ich auf etwa dreißigtausend, gewiß nicht höher, schätzen) schwärmten zwischen den Zelten umher oder füllten die Straßen des Dorfes Arafat, welches von Hütten und Buden gebildet wurde.

Dieses elende Hüttendorf bot an diesem Tage fast alle Ressourcen einer großen Weltstadt dar. Da hatte fast jeder bedeutendere Kaufmann aus Mekka seine Bude, in welcher er die Pilger nach Herzenslust prellte und sie für die größten Erbärmlichkeiten zehnfache Preise zahlen ließ. Da waren unzählige Kaffeeehäuser und Barbierstuben, denn das Rasieren des Haupthaares spielt bei den Zeremonien von Arafat eine große Rolle. Auch auf die Ausbeutung der menschlichen Verirrungen wurde hier, in dieser heiligen Pilgerstadt, ebenso gut wie in einem verderbten Volkszentrum, spekuliert. Da waren Buden, in welchen geistige Getränke, allerdings im Geheimen, verkauft wurden, und selbst die Haschischraucher hatten hier ein Absteigequartier, wo sie die Seligkeit ihres geträumten Paradieses finden und in ihren Phantasien den heiligen Berg mit den kühnen Bildern, den Erzeugnissen ihres eigenen erhitzten Gehirns, in Verbindung bringen konnten. Wer jedoch nicht bloß im Geheimen sein Gewerbe betrieb, das war eine große Anzahl »gewisser Damen«, welche sich hier eingefunden hatten und die vielleicht auch das Bedürfnis nach Frömmigkeit und nach dem religiösen Titel von Pilgerinnen empfanden, was sie aber gar nicht hinderte, andere fromme Pilger von erbaulichen Gedanken abzulenken.

Wir befanden uns so ziemlich unter den letzten, welche an diesem Tage im Hüttendorf angelangt waren. Die syrische Karawane hatte schneller den Weg zurückgelegt und bereits vor Tagesanbruch ihre Zelte aufgeschlagen. Da es erst der achte Tag des Monats du el Hödscha war, und die Hauptzeremonien erst am neunten vor sich gehen, so hatten wir folglich einen ganzen Tag am Fuße des Arafat zuzubringen. Dieser sollte uns jedoch keine Langeweile, sondern vielmehr die höchste Abwechslung bieten. Nachdem wir in einer Palmstammbude, die als Kaffeehaus und Barbierladen diente, einige Stunden geschlafen und daselbst ein Absteigequartier für die nächste Nacht ausbedungen hatten, trieben wir uns den ganzen Tag in der Zelt- und Hüttenstadt umher, in welcher das bunteste, regeste Leben herrschte. Wir sahen den gefährlichen Spielen indischer Gaukler zu, welche die Pilger dadurch zu ergötzen vermeinten, daß sie sich selbst Messer ins Auge, Dolche in den Bauch rannten: allerdings Taschenspielereien, die jedoch durch Ungeschicklichkeit manchmal lebensgefährlich werden. Einige Stunden verbrachte ich im Geplauder mit dem Pelzhändler Murad, der hier seine Bude hatte und selbst hier sich der Illusion hingab, Pelze an den Mann zu bringen, aber keine Kunden fand. Darauf besuchten wir das Beduinenlager, welches in einem Kreise, in dessen Zentrum die Kamele und anderen Tiere eingepfercht waren, aufgeschlagen worden war. Hier hatten sich viele Gruppen gebildet, welche dem Gesang eines beduinischen Dichters lauschten, der im reinsten Arabisch die Taten seiner Voreltern pries.

Endlich brach der Abend an und mit ihm ein herrliches Schauspiel. Die ganze Hütten- und Lagerstadt erleuchtete sich mit unzähligen Lampen und farbigen Ballons, welche ihr ein überraschendes Ansehen gaben. Vor vielen Zelten brannten lichte Feuer, überall war Helle und Glanz und in diesem Glanzesmeer wogte das unzählige Pilgerheer bis gegen Mitternacht auf und ab.

Erst nach ein Uhr konnten wir in der bestellten Kaffeebude unser Nachtlager aufschlagen und eine kurze Ruhe genießen, welche schon um fünf Uhr durch den Kanonenschuß, der den heiligen Tag verkündete, unterbrochen wurde. Nachdem wir im Freien unser Morgengebet verrichtet hatten, suchten wir, da unser Nachtquartier bereits überfüllt war, ein anderes Kaffeehaus auf, in dem es jedoch völlig unmöglich war, etwas Genießbares zu bekommen. Kaum daß wir dort ein wenig Platz zum Sitzen finden konnten. Dieser Raum war übrigens so schwül und schmutzig, daß ich ihn bald mit meinen beiden unzertrennlichen Begleitern, der Familie Ssadak, floh und ins Freie eilte, um den heiligen Berg Arafat zu besuchen.

Wie ich vor das Tor der Kaffeebude trat, genoß ich einen überraschenden, großartigen Anblick. Die glutroten Strahlen der Sonne brachen sich auf den Granitwänden des heiligen Berges und schufen dort heiße Tinten, Tinten von einer Wärme und Intensität des Farbentones, wie man sie in unserem beleuchtungsarmen Europa nie erblickt. Da lag die ganze, beinahe völlig kahle Felsenmasse, glühend und strahlend wie ein feuerroter Ofen, als wäre sie eben aus dem Schacht eines Vulkans hervorgezogen worden. An Bäumen fehlte es gänzlich, selbst von Gesträuchen war nur wenig zu sehen; auch erriet man, daß eine üppig grüne Pflanzendecke hier gar nicht an ihrem Orte gewesen wäre. Aber statt der vegetabilischen Ausschmückung hatte diese Landschaft heute eine höhere organische erhalten: die unzähligen weißen Punkte, die auf dem Berg bald einzeln, bald in Gruppen herumirrten: die mit dem weißen Ihram bekleideten Pilger.

Dieser Berg, den man Arafat, d. h. Berg der Erkenntnis oder des Wiederfindens nennt, weil auf ihm Adam seine Gattin nach hundertundzwanzigjähriger Trennung wiederfand, heißt auch manchmal im Munde der Moslems »Dschebel er Rahma«, das heißt »Berg der Barmherzigkeit«, weil Gott sich hier dem Propheten offenbart haben soll. Kein Ort in der ganzen Welt, selbst Mekka und Medina nicht, gilt dem

Beduinenzelt

Moslem für heiliger als dieser Berg der Erkenntnis. Unzählbar sind die theologischen und poetischen Lobpreisungen, in welchen die arabischen Dichter und Mystiker diesen Berg gefeiert haben.

In Begleitung meines Metuaf und seines Sohnes bestieg ich nun die Granitmasse, welche man den »Berg der Erkenntnis« nennt. Sie ragt nur etwa 250 Fuß über die Ebene empor. Der Weg zu ihrem Gipfel besteht zum Teil aus Stufen, welche in den Felsen eingehauen sind. Nachdem wir etwa fünfundvierzig dieser Stufen erklommen hatten, befanden wir uns am sogenannten »Mota Sidna Adam«, das heißt an der Station Adams. Hier soll der Ältervater des Menschengeschlechts seine geliebte Ehehälfte wiedergefunden haben. Es muß jedenfalls ein sonderbarer Anblick gewesen sein, als diese beiden riesigen Menschen, die nach der Tradition des Islam zwischen 500 und 600 Fuß hoch waren, auf dem kleinen Berg Arafat standen, welcher mit seinen 250 Fuß Höhe der Mutter Eva kaum bis an die Taille reichte.

Nach Erklimmung einiger siebzig Stufen erreichten wir den Membar, d.h. die »Kanzel«, eine diesen Namen tragende Plattform, auf welcher der Chetib an diesem Tage seine Arafat-Predigt halten sollte. Hier sah ich eine Marmortafel im Felsen angebracht, worauf eine Inschrift befindlich war, die ich jedoch zu lesen nicht Zeit hatte.

Von der Plattform aus wurde der bisher breite und ziemlich sanft aufsteigende Weg immer steiler und enger. Scharen von Pilgern bedeckten ihn, so daß wir nur mit Mühe zum Gipfel des Arafat gelangten. Dort bezeichnet eine kleine Kapelle die Stelle, wo Mohammed seine Jünger zu unterrichten und während der Pilgerfahrt selbst zu beten und zu predigen pflegte. Es war jedoch nicht daran zu denken, in das Heiligtum Einlaß zu erlangen, so dicht war dasselbe mit Hadschadsch besetzt, von denen ganze Scharen förmlich darin Posten gefaßt zu haben schienen. Wir begnügten uns deshalb, unsere Gebete vor der Tür des Heiligtums zu verrichten.

Als ich nun vom Berg Arafat wieder hinunterstieg, fand ich überall eine Menge unbeweglich dastehender Pilger, welche alle bereits hier ihren Platz genommen hatten, um die Predigt, die erst in sieben bis acht Stunden vor sich gehen sollte, desto deutlicher zu vernehmen. Ich verspürte keine Lust, mir diese Qual des siebenstündigen Wartens aufzuerlegen, bloß um eine Predigt anzuhören, die nur aus Gemeinplätzen bestand, wie ich es nachher gut genug vernehmen sollte. Statt dessen besuchte ich mit meinem Metuaf noch die am Fuß des Arafat gelegene kleine Moschee des Sachara, das heißt, ich sah mir dieselbe von außen an, denn die Pilger schienen ihr Inneres förmlich mit ihren Leibern gepflastert zu haben, so daß an ein Eindringen auch hier nicht zu denken, was übrigens kein Unglück war. Nachdem ich die Überzeugung erlangt hatte, daß an der Dschema es Sachara nicht das geringste zu sehen sei, lenkte ich meine Schritte nach der von meinen Reisegefährten temporär bewohnten Kaffeebude zurück, wo ich den Rest des Tages bis zur Stunde der Predigt zuzubringen gedachte.

In das Kaffeehaus zurückgekehrt, fand ich meinen armen, alten Freund Schich Mustapha in den letzten Zügen. Sein Übel und seine Schwäche waren nun aufs äußerste gestiegen, so daß seine Auflösung jeden Moment zu erwarten war. Aber sein Geist war noch nicht gelähmt. Selbst in seinen letzten Augenblicken bewegte sich der gute Alte noch in religiösen Reden. Eben, als ich eintrat, hielt er seinen drei Neffen, welche ihn mit einer gewissen Ungeduld umstanden, gleichsam als könnten sie nicht die Auflösung des ihren leichtsinnigen Vorsätzen hinderlichen Greises erwarten, eine Predigt, welche dafür, daß sie mit sterbender Stimme gesprochen wurde, doch keineswegs an Derbheit einbüßte. Er weissagte ihnen in höchst kräftigen Ausdrücken ein schlimmes Ende, wenn sie fortfahren würden, statt in der Furcht Gottes, in jugendlichem Leichtsinn zu leben. Als er jedoch meiner gewahr wurde, redete er mich etwa folgendermaßen an:

»O Abd-er-Rhaman! Du siehst Deinen Bruder dem Tode

nahe. Aber ich bin nicht darüber betrübt, daß ich meinem Ende entgegengehe; im Gegenteil, ich freue mich, daß Gott mir die Gnade erwiesen hat, noch die Wallfahrt nach Mekka und Arafat zurücklegen zu können. O möge er mir nur noch gestatten, die Predigt des Chetib zu hören, dann werde ich mit Freuden diesen irdischen Schauplatz verlassen, um in seinem Paradiese die Wonnen zu genießen, die er den frommen Gläubigen vorbehalten hat.«

Dieser letzte fromme Wunsch meines guten, alten Freundes sollte leider nicht in Erfüllung gehen. Schich Mustapha starb und wurde begraben, ehe noch der Chetib die Plattform bestieg. Kaum hatte der Greis nämlich seinen Geist ausgehaucht, so wurde er auch augenblicklich mit der bei Beerdigung der Araber überhaupt, bei solchen Gelegenheiten wie Reisen und Wallfahrten insbesondere üblichen Geschwindigkeit in sein Leichentuch gewickelt, vor die Kaffeebude getragen, dort wurde ein Loch in den Sand gegraben, die Leiche hineingescharrt, und von diesem Augenblick an war der arme Alte so gründlich vergessen, als ob er niemals existiert hätte. Ich war vielleicht der einzige, der ihm noch ein freundliches Andenken bewahrte. Seine eigenen Neffen wußten schon am darauffolgenden Tage so gut wie nichts mehr von ihm, sie sprachen nicht von ihm, sie dachten gewiß nicht an ihn, und der arme alte Schich Mustapha mit seinen langweiligen, aber gutgemeinten Predigten gehörte ganz dem Reich der obskursten Vergangenheit an, aus welcher sein Andenken zu retten diesen Blättern gewiß auch nicht gelingen wird. Friede Deiner Asche guter alter Schich Mustapha! Mögest Du im Paradiese, wohin Du ohne Zweifel zum Lohn für Deine frommen Predigten gekommen bist, sämtliche Huris mit Deinen religiösen Gemeinplätzen recht herzlich langweilen, Dich aber selbst dabei so wohl befinden, als es nur immer der Gedanke gestattet, Deine Neffen auf Erden einem leichtsinnigen Lebenswandel ergeben zu wissen.

Es war, als ob diese drei Burschen nur den Augenblick des Todes ihres ehrwürdigen Oheims erwartet hätten, um aller Sitte den Zaum abzuwerfen. Kaum waren die Gebeine des Schich eingescharrt, als auch schon drei Ualem (Tänzerinnen) im Kaffeehause ihre Plätze an der Seite der drei Jünglinge eingenommen hatten. Von nun an war der Lebenswandel dieser Jünglinge ganz das Gegenteil von dem, was der eines guten Moslems sein soll. Natürlich ließ ich es, als frommer Pilger, an einer gelegentlichen Predigt nicht fehlen, welche aber nur mit Hohngelächter aufgenommen wurde. So zog ich mich mit der Familie Ssadak, die über meine Frömmigkeit hocherbaut schien, in den entgegengesetzten Winkel des Kaffeehauses zurück, wo ich in Geduld der Stunde der Predigt auf Arafat entgegenharrte.

Erst kurz vor der Stunde des Asser (des Nachmittagsgebetes) verließ ich wieder die Kaffeebude, um mir womöglich in der Nähe der Plattform, auf welcher die Predigt gehalten werden sollte, einen Platz auszusuchen, von welchem ich das versprochene Meisterstück der Beredsamkeit anhören konnte. Dies war freilich keine so leichte Sache, denn, wie gesagt, schon seit dem frühesten Morgen hatten unzählige Pilger in der Nähe der Kanzel Posten gefaßt, wo sie mit echt muselmännischer Geduld der Predigtstunde entgegenharrten. Der Berg und seine nächste Umgebung war mit wartenden Hadschadsch wie besät, die eine hundertfache Mauer kahler Scheitel und nackter Schultern bildeten.

Da standen wir nun, gedrängt wie die Heringe, etwa noch eine halbe Stunde, während welcher Zeit die Pilger sich dem fanatischsten Labikrufen, dem Abhalten religiöser Zeremonien, dem Hersagen von Lobsprüchen und Koranversen hingaben. Endlich kamen deutliche Anzeichen, daß etwas Wichtiges vorgehe. Alle Hadschadsch streckten die kahlen Häupter in die Höhe und blickten nach Westen, von wo das erwartete Heil zu kommen schien. Lange jedoch konnte ich nicht gewahren, was den Gegenstand der allgemeinen Aufmerksamkeit bildete. Ich sah nur in der Ferne einen besonders dichten Menschenknäuel, der sich in der Richtung auf Arafat hinzuwälzen schien. Dieser chaotische Knäuel wurde deutlicher und deutlicher, und endlich erblickte ich einen Mann, der auf einem Kamel saß und von einer Menge abgöttischer Verehrer umringt war. Dieser Mann war der Chetib (Prediger), welcher die Arafatrede halten sollte. Er schien sich der größten Verehrung, welche nahezu an Anbetung grenzte, zu erfreuen. Einige fanatische Derwische warfen sich bei seinem Anblick sogar auf den Boden nieder und ließen das Kamel, auf welchem der Chetib saß, über ihre Rücken schreiten. Selig sie, wenn sie von dem Tier zu Tode gedrückt wurden! Dann waren sie des Paradieses gewiß.

Jetzt kam der Prediger ganz dicht bei mir vorbei. Es war ein alter Mann mit mulattenartigen Zügen und sehr spärlichem weißem Barte. Seine Gebärde bot den Ausdruck mystischer Träumerei und geistlichen Hochmuts zugleich dar. Sein Gesicht drückte die fanatischste religiöse Schwärmerei aus, aber dieser Ausdruck war so übertrieben, daß man versucht war, ihn für geheuchelt zu halten. Er hielt sein Antlitz so steif und starr gen Himmel gerichtet, daß es schwer war, zu begreifen, wie sein Hals auf so lange Zeit eine so unnatürliche Biegung aushalten konnte. Seine Augen blickten stier und fest nach den Wolken, unbeweglich, unablenkbar. Um sein Kamel, welches von zwei Eunuchen geführt wurde, kümmerte er sich gar nicht; die Menschenmenge um ihn herum schien ihn noch weniger anzugehen. In ekstatischer Verzückung blickte er stets nach oben, als habe er nur mit den dort wohnenden, nicht aber mit der sündigen Menschheit auf Erden Verkehr. Ich hatte in meinem Leben noch keinen fanatisierteren Kerl als diesen Prediger gesehen.

Gewöhnlich ist es der Kadi von Mekka, welcher die Arafatpredigt hält. In diesem Jahr hatte jedoch ein anderer Mollah (Geistlicher) seinen Platz eingenommen, warum, das wußte mir niemand zu erklären. Von diesem Prediger versprach man sich sehr viel; aber die muselmännischen Begriffe über Beredsamkeit sind von den unsrigen so verschieden, daß ich nicht imstande war, seine hohe Eloquenz zu würdigen.

Endlich war der Chetib auf der Plattform angekommen, wo er seine Predigt, ohne vom Kamel abzusteigen, begann. Diese Predigt dauerte zwei Stunden und war aus allbekannten, religiösen Gemeinplätzen zusammengesetzt, welche der Prediger aus einem Buche, das er in der Hand hielt, ablas. Der diesjährige Prediger hatte eine sehr hohe, näselnde Stimme, aber eine sehr undeutliche Aussprache, so daß, glaube ich sicher, nicht ein Zehntel der Pilger die Rede verstehen konnte. Dies ist auch gar nicht nötig; denn das Verdienst besteht nicht darin, daß man die Predigt auffaßt, sondern darin, daß man überhaupt zur Zeit, wann sie gehalten wird, beim Berg Arafat anwesend ist. Ich hörte die ganze Predigt zwar ziemlich gut, verstand aber nur hie und da ein etwas deutlicher ausgesprochenes Wort, woraus ich schließen konnte, daß es sich um die Verdienste der Pilgerfahrt handelte. Von Zeit zu Zeit hielt der Chetib in seiner Predigt inne. Diese Augenblicke benutzten die zwanzig- bis dreißigtausend anwesenden Pilger jedesmal, um in ein donnerndes Labikgeschrei auszubrechen, wobei sie die Zipfel ihres Ihrams über dem Haupt in die Höhe hielten und in der Richtung nach Mekka schwenkten.

Kaum war die Sonne in der Richtung nach Mekka untergegangen, so schlug der Chetib sein Buch zu, und damit war die Predigt beendet. Jetzt noch ein lautes, weithin schallendes Labikrufen, ein letztes Emporhalten der Zipfel des Ihram, und die Zeremonie war vorbei. Nun begann das Heruntersteigen vom heiligen Berge, arabisch »ed Dafa min el Arafa« genannt. Man kann sich kaum einen Begriff machen von dem außerordentlichen Ungestüm, mit welchem diese Dafa vor sich geht. Gleich einem von einem Wolkenbruch angeschwollenen Gießbach, so rollte sich unaufhaltsam und mit stürmischer Gewalt der Pilgerzug vom Berge hernieder. Wehe dem, der nicht mit diesem wahnsinnigen Vorwärtsdrängen Schritt halten konnte. Er war sicher, erdrückt oder zu Tode getreten zu werden, wie denn bei der Dafa alljährlich nicht wenig Unglücksfälle vorkommen sollen. Auch ich mußte natürlich, ob ich nun wollen mochte oder nicht, mit den Scharen vorwärts. Kaum hatte ich Zeit, in der Hüttenstadt am Arafat mein Reittier mitzunehmen. In dieser Budenstadt hält man sich sonst gar nicht auf, sondern drängt unaufhaltsam weiter, wieder nach Mekka zurück, oder vielmehr nach dem zwischen Mekka und Arafat gelegenen Menaa, wo die letzte religiöse Station der Pilgerfahrt ist, die jeder Hadsch auf dem Rückwege von Arafat besuchen muß.

Die Hüttenstadt bot gleich nach Vollendung der Predigt schon wieder einen ganz veränderten Anblick dar. Alle Zelte waren abgebrochen und befanden sich bereits auf Kamelrücken unterwegs nach Menaa. Nur die Bretterbuden standen noch, aber auch sie waren zum Teil schon zerstört, so daß die ganze ephemere Stadt, die am Morgen noch einen so lebhaften Anblick dargeboten hatte, bereits ein Bild der Vernichtung war.

Jetzt wälzte sich der Pilgerschwarm unaufhaltsam den Weg zum Wadi Menaa entlang. Da es inzwischen Nacht geworden war, wurden eine Menge Fackeln von den Dienern der reicheren Pilger getragen, so daß man mit Hilfe dieser Leuchten und dem Scheine des Mondes den Weg sehr deutlich sehen konnte. Auch mein Metuaf hielt eine Fackel in seiner altersschwachen Rechten. Es wäre mir jedoch lieber gewesen, er hätte dies nicht getan, denn die brennende Leuchte schwankte unaufhörlich so sehr in seiner Hand, daß er oft den Boden damit berührte. So begegnete denn ihm, vielmehr mir, das Unglück, daß er bei einer besonders tiefen Schwenkung der Fackel meinen Ihram in Brand steckte. Da derselbe von Baumwolle war, so loderte er auf einmal lichterloh auf, und es gelang mir erst ihn auszulöschen, als er schon halb verbrannt war. An die Anschaffung eines andern Ihrams war aber jetzt und hier nicht zu denken, und so mußte ich, wenn ich bisher nur zur Hälfte bekleidet war, jetzt nur zum vierten Teil bekleidet bleiben. In diesem beinahe nackten Zustande beendete ich meine Wallfahrt.

Um Mitternacht kamen wir wieder in die Nähe der Moschee Musalifa an, wo wir den Rest der Nacht auf freiem

Felde schliefen, um am anderen Morgen dem Frühgebete bei der Moschee beizuwohnen.

Meine Nachtruhe war jedoch nur von sehr kurzer Dauer, denn schon um drei Uhr weckte mich Ssadak und stellte mir vor, daß wir nun zur Moschee gehen müßten, um das Morgengebet mitzumachen. Es war der Tag des Ait el Kebir, des Korban Bairam, des großen Festes oder Opferfestes, welchen größten Tag des Islam wir heute begehen sollten. An diesem Tage geht jedesmal dem Morgengebete eine Predigt vorher, in welcher der Mufti das Fest ankündigt, und erst nach Abhaltung dieser Predigt wird der Ait als begonnen angesehen. Erst dann wünscht man sich Glück zum Feste.

Auf einer Plattform vor der Moschee von Musalifa hatte derselbe Chetib, der die Arafatrede gehalten, Platz genommen. Seine Zuhörer waren jedoch lange nicht so zahlreich, als sie gestern gewesen waren, denn viele Pilger versäumen es aus Ermüdung oder Faulheit, diese Zeremonie mitzumachen. Die Rede dauerte diesmal nur dreiviertel Stunden und bestand aus ähnlichen Gemeinplätzen wie die frühere. Dann wurde das Morgengebet gehalten, und darauf umarmte sich alles und wünschte sich Glück zum Fest mit den Worten »Saa Aitek« oder »Aitek Embarek«. Auch ich mußte die Umarmungen einiger hundert Hadschadsch, welche ich in meinem Leben nie gesehen hatte, über mich ergehen lassen: eine keineswegs angenehme Zeremonie, denn viele dieser Biedermänner waren krank, triefäugig oder verbreiteten einen pestartigen Geruch.

Dann wurde noch einmal ein donnerndes »Labik« gerufen, und der Pilgerschwarm wälzte sich weiter nach dem Wadi Menaa zu, wo wir etwa eine Stunde nach Sonnenaufgang anlangen sollten.

Ehe ich jedoch von Musalifa aufbrach, mußte ich auf die Anweisung meines Metuaf hin einundzwanzig, das heißt dreimal sieben Steine vom Boden aufheben, die ich in einer eigens hierzu bereitgehaltenen Tasche bewahrte. Ich sah, daß alle Pilger dasselbe taten, und so wurde in Musalifa nahezu eine Million Steine aufgehoben, welche sämtlich dem großen Teufel an den Kopf geworfen werden sollten. Denn das ist die Bedeutung der religiösen Zeremonie, welche im Tal Menaa vorgenommen wird. In diesem Tale trat, so meldet die Tradition, Satan unter der Gestalt der Schlange Iblis dem Patriarchen Abraham, welcher den rührenden Anachronismus beging, nach Arafat zu pilgern, dreimal in den Weg, um ihn von seinem frommen Vorhaben abzuhalten. Aber jedes Mal warf Abraham, auf den Rat des ihn stets begleitenden, unvermeidlichen Engel Gabriel, der Iblis, nach einigen drei, nach anderen sieben Steine an den Kopf, worauf sich diese wenig mutige Schlange zurückzog. Zum Andenken an diese Heldentat des Patriarchen werfen nun die Pilger jedes Jahr am 10. Du el Hödscha im Tal Menaa dem Teufel einundzwanzig Steine an den Kopf, die leider nicht immer an ihre Adresse kommen, da nur besondere Glückskinder und Heilige den Teufel wirklich sehen können und die große Mehrzahl natürlich nur Vermutungen darüber hat, wo sich dieser Biedermann gerade befinden mag.

Der Ritus des Steinwerfens in Menaa ist durchaus heidnisch, obgleich die Moslems ihn von Abraham, ja selbst einige (z. B. Ebn Atir und Abu Saad esch Schibani) von Adam ableiten wollen. Die ältesten Araber wußten gar nichts von der vermeintlichen, hier stattgefundenen Erscheinung des Teufels, sondern warfen die Steine einfach als Schicksalsdeutungszeichen, so wie gleichfalls in diesem Tale das Pfeilewerfen Sitte war, aus deren Fall man ebenso das Schicksal weissagte. Natürlich behaupten die Moslems jetzt, das heidnische Steinewerfen und Schicksalsdeuten sei viel neueren Ursprungs und nur eine Korruption des ursprünglich von Abraham eingeführten Ritus gewesen, ebenso wie sie auch im Götzendienst in der Kaaba eine Korruption des Monotheismus des Abraham erblicken wollen.

Über diesen Punkt wird man vollkommen einig werden, wenn es einmal irgend jemand gelingen sollte, den historischen Beweis zu führen, daß Abraham irgendwo anders als in Palästina existiert habe und daß die Geschichte von der Errichtung der Kaaba durch ihn und seiner Wallfahrt nach Arafat etwas anderes ist als ein sehr bei den Haaren herbeigezogenes Märchen.

Nach einstündigem Ritt von Musalifa aus kamen wir dicht vor dem Dorfe el Menaa in ein sehr enges Tal, wo das außerordentliche Gedränge der Pilger eine große Verwirrung schuf. In dieser engen Schlucht stockte plötzlich die ganze Karawane, und zwar nicht ohne einen wichtigen Grund, denn hier hatte es dem Fürsten der Finsternis gefallen, dem Abraham zu erscheinen, und hier, bei einer diese Erscheinung verewigenden Säule, muß der Teufel das erste Mal gesteinigt werden. Alle Pilger drängten sich auf einmal hinzu, um der gottverfluchten Iblis die ersten sieben der in Musalifa aufgelesenen und sorgfältig bewahrten Steine an den Kopf zu werfen. Da aber um die Säule herum nur für etliche hundert Platz war und etliche tausend sich hinzudrängten, so war nun das entsetzlichste Durcheinander die unausbleibliche Folge. Viele Pilger wurden auf den Boden geworfen und niedergetreten; andere stürzten mit ihren Kamelen, Eseln, Pferden; einige Sänften fielen, und die in ihnen sitzenden Schönen mögen nicht die angenehmsten Augenblicke genossen haben. Es war ein wahrhaft verwirrendes Geschrei, Gestöhne, Geschluchze, aber selbst in diesem Chaos siegte der religiöse Ruf »Labik«, der sich über all den Jammer und das Elend zertretener Pilger hindurchrang und vorzüglich hörbar machte. Daneben konnte ich jedoch andere unheiligere Laute in Menge vernehmen. Hier schrie ein stämmiger Kerl aus den syrischen Ebenen, indem er sich rechts und links mit Faustschlägen den Weg bahnte: »Platz da, Du Hund, Sohn eines Hundes; weg mit Dir, Auswurf der Hölle« usw. oder, wenn er einen schiitischen Ketzer gewahrte: »Fort mit Dir, Du Schwein, Sohn einer Sau«. Ausdrücke wie »Bastard, Schandjunge, Sohn einer Dirne« waren so gewöhnlich, daß sie mir gar nicht mehr auffielen. Daneben regnete es rechts und links Faustschläge. Einige fromme Hadschadsch hatten sich bei der Kehle gepackt. Andere warfen sich gegenseitig die Steine an den Kopf, welche eigentlich für Satan bestimmt waren. Kurz, der Fürst der Finsternis, der natürlich an Zwietracht, Haß und Streit die größte Freude haben muß, feierte hier, gerade an dem Orte, wo er gesteinigt wurde, die allerschönsten Triumphe, denn er sah die meisten Pilger denjenigen Leidenschaften ergeben, welche ihm die liebsten sind.

Wie ich nicht selbst mit zerbläutem Körper oder einem zerbrochenen Gliede aus diesem Chaos hervorging, das ist mir noch heute ein Rätsel. Ich gelangte nach halbstündigem Hin- und Herdrängen, Hin- und Herstoßen und Gestoßenwerden endlich bis einige hundert Schritte vor die erste Satanssäule, »Dschemra el Ual« genannt. Die »Dschemra el Ual«, welches Wort höchst seltsamerweise »die erste Kohle« (eine Anspielung auf die feurigen Kohlen der Hölle) bedeutet, war ein von unförmigen Steinen errichteter Pfeiler, welcher etwa sechs Fuß hoch und vier Fuß breit sein mochte.

Der Pfeiler der »ersten Kohle« lag vor der Mauer einer Plattform, die etwa zehn Fuß über den Boden emporragte. Diese Plattform war ebenfalls mit Pilgern dicht bedeckt, welche von hier aus, da sie von unten nicht gut an die »erste Kohle« gelangen konnten, ihre Steine warfen und ihre Verwünschungen auf Satan häuften. Mir war es rein unmöglich, auf die Plattform zu gelangen. Kaum daß ich von unten mich dem »Dschemra el Ual« einigermaßen nähern konnte. Wenn ich sage, daß ich mich ihm »näherte«, so war dies jedoch keineswegs eine freie Bewegung oder ein Akt meines eigenen Willens; nein, ich verhielt mich durchaus passiv; vom Augenblick an, da ich einmal in den Pilgerknäuel geraten war, welcher die »erste Kohle« umdrängte, wurde ich von selbst ohne mein Zutun vorwärts gebracht, bald schob mich ein Rippenstoß, den ich zur Rechten erhielt, einige Schritte weiter, bald brachte mich ein gewaltsames Schieben zur Linken um einige weitere Fuß näher, und so, von Rippenstoß zu Rippenstoß, rückte ich allmählich in die Nähe des Teufelsdenkmals. Als ich ungefähr zwanzig Fuß von ihm entfernt war, warf ich, nach Ssadaks Anweisung, meine ersten sieben Steine, einen nach dem andern, auf den Pfeiler, wobei ich meinem Metuaf folgende Worte nachsprach:

»Im Namen des allgewaltigen Gottes! Ich vollbringe diese Handlung, weil ich den Teufel hasse. Möge ewige Schmach und Strafe sein Lohn sein!«

Gleich beim Dschemra el Ual beginnt schon das Dorf el Menaa, welches in einer engen Talschlucht, dem Wadi Menaa, gelegen ist. Dieses Dorf mag etwa hundert Steinhäuser zählen, aber am zehnten Du el Hödscha und an den folgenden Tagen wird es durch die vielen hier errichteten Kaffeebuden und Kaufläden beinahe zu einer Stadt. Die vielen Zelte, welche gerade einige hundert Schritte vor dem ersten Teufelspfeiler von den Pilgerkarawanen errichtet werden, geben ihm zugleich das Aussehen einer mächtigen Lagerstadt. Kurz, Menaa ist am zehnten und elften Du el Hödscha eine zweite Auflage von dem, was Arafat am achten und neunten dieses Monats war.

Nachdem wir am Dschemra el Ual dem Teufel die ersten sieben Steine an den Kopf geworfen hatten, durchschritten wir nicht ohne große Mühe, uns mit Not durch die das Dorf füllenden Scharen drängend, die einzige Straße von el Menaa. Der zweite Teufelspfeiler liegt gerade in der Mitte dieser Straße und der dritte an ihrem westlichen Ende gegen Mekka, so daß man sagen kann, el Menaa sei ganz zwischen die drei Teufelspfeiler gebaut. Auf dem Weg zur »zweiten Kohle« hatten wir rechts den Suk el kebir (großen Basar), der aus einer langen Reihe von hölzernen Kaufbuden bestand, in welchen dieselben Händler, die ihre Buden in Arafat gehabt hatten, als Verkäufer figurierten, links die Häuser der vornehmeren Mekkawia (Mekkaner). Endlich kamen wir zur zweiten Teufelssäule »Dschemra el Ust«, das heißt »die mittlere Kohle«, genannt. Hier warf ich die zweiten sieben in Musalifa aufgelesenen Steine der Iblis an den Kopf, wobei ich dieselben Verwünschungen auf Satan häufte. Der Andrang auch bei dieser Säule war ungeheuer, und ich mußte mich begnügen, meine »feurigen Kohlen« von ferne auf das Haupt der Iblis zu schleudern. Ob sie an ihre Adresse gelangten, das konnte ich wegen des dichten Schwarms, der den Pfeiler umlagerte, nicht sehen.

Auf unserm Weg von der zweiten zur dritten Säule kamen wir zuerst an ein stattliches städtisches Gebäude, das Haus des Kadi von Mekka, dann an eine geschlossene Kaufhalle, einen Basar im europäischen Sinne des Wortes. Sonst hatten wir rechts und links Häuserreihen, Wohnungen mekkanischer Kaufleute und Bürger. Am äußersten, Mekka zunächst gelegenen Ende des Dorfes fanden wir eine große Anzahl von hölzernen Barbierstuben und Barbierzelten, welche bereits von einem ungeheuren Heer von Pilgern angefüllt waren, die daselbst die Zeremonie der Ablegung des Ihram vornahmen.

Diesen Barbierstuben gerade gegenüber liegt der dritte Teufelspfeiler, »Dschemra el Aksa«, das heißt »die letzte Kohle«, genannt. Ihre Entfernung von der zweiten Satanssäule mag etwa achthundert Fuß betragen, während nur drei- bis vierhundert Fuß die zweite von der ersten trennen. Die »letzte Kohle« war, wie ihre beiden Vorgänger, ein unförmiger Pfeiler und wurde gleich ihnen von einem dichten Pilgerschwarm umlagert.

Hier warf ich meine letzten sieben Steine, verfluchte den Teufel noch einmal und dann – war ich mit der ganzen Pilgerfahrt fertig. Ich fühlte mich wahrhaft erlöst, nun die letzte der langweiligen Zeremonien hinter mir zu haben. Jetzt konnte ich den Ihram, das abscheuliche Pilgergewand, in dem ich so viel gelitten hatte, ablegen, um ihn nie wieder, oder vielleicht nur noch einmal in Mekka, zu einem letzten Besuch der Moschee anzulegen. Es war, als wäre mir plötzlich eine große Last von der Brust genommen worden.

Aber, obgleich ich nun die Erlaubnis hatte, den Ihram abzulegen, so war doch gar nicht abzusehen, an welchem Orte dieses geschehen konnte. In einer der Barbierstuben, wo viele andere Pilger diese Zeremonie vornahmen, gewiß nicht. Denn diese waren so überfüllt, daß ich bis Abend hätte warten müssen, um in eine derselben Einlaß zu erlangen. Zudem hatte ich meine Kleider ja nicht bei mir. Ich hätte also selbst im günstigsten Falle in Menaa nichts anderes tun können, als mich rasieren zu lassen und mein Haupt und meine Füße notdürftig zu bedecken, was man, solange man den Ihram trägt, nicht darf, was aber jetzt gestattet ist. Ich hätte es also wie die anderen machen und in einem improvisierten Kostüm erscheinen können. Obgleich nämlich die Pilger nach der Steinigung des Teufels den Ihram nominell ablegen und das Haupt mit einem Tuche, die Füße mit Schuhen, statt Sandalen, bedecken, so behalten sie doch in Wirklichkeit meistens die beiden Moharem (Umschlagtücher) bis zu ihrer Rückkehr nach Mekka an, da nur die wenigsten ihre Kleider bei sich haben. Man nennt diese improvisierte Tracht den Ihlal (von Halal, das Erlaubte). Mir war aber mit dieser halben Bekleidung nicht gedient. Ich wollte durchaus endlich einmal aus meinem halbnackten Zustande herauskommen, der übrigens viel lückenhafter war, als der der anderen Pilger, welche jetzt im Ihlal erschienen; denn durch Ssadaks Unvorsichtigkeit war ja mein Ihram nichts mehr als ein halbverbrannter Fetzen, und ich befand mich so nur zu einem Viertel bekleidet, während die anderen Pilger es doch wenigstens zur Hälfte waren. Auch sehnte ich mich danach, ein Bad zu nehmen, um mich von all den Unreinlichkeiten der Pilgerfahrt gründlich zu befreien. Dies konnte aber nur in Mekka geschehen, und da dort auch meine Kleider waren, so faßte ich den Entschluß, meine Station in Menaa, welche viele Pilger auf zwei Tage ausdehnen, abzukürzen und gleich nach Mekka zurückzukehren, da ich hoffen konnte, als einer der ersten Pilger dort anzulangen und somit das Hamam (Bad) noch nicht überfüllt zu finden, was es sonst zur Pilgerzeit immer zu sein pflegt. Etwas zaghaft teilte ich meinen vielleicht nicht ganz orthodoxen Wunsch dem Metuaf mit, während ich fürchtete, derselbe werde in meiner Sehnsucht nach allzuschneller Rückkehr eine Ketzerei wittern.

Ssadak sah mich zwar bei dieser Eröffnung etwas seltsam an; aber, da ich ihm vorstellte, daß ich unmöglich in el Menaa in eine Barbierstube Einlaß erlangen könne, so überfüllt waren sie, da ich ihm überdies den vollkommen berechtigten Vorwurf machte, daß ja er meinen Ihram verbrannt habe und daran schuld sei, wenn ich nur einen höchst unvollkommenen Ihlal zustandebringen könne, so ließ er sich endlich dazu herab, auf meinen Plan einzugehen.

Ssadak zeigte sich also bereit, mit mir von Menaa abzuziehen. Er empfahl die zwei oder drei temporären Gattinnen, welche er als nomineller Ehemann auf der Pilgerfahrt nach Arafat begleitet hatte und die nicht so schnell nach Mekka zurückzukehren willens waren, der Obhut seines Sohnes Hassan, welcher ebenfalls einen kleinen Harem zeitweiliger Gemahlinnen mit sich hatte, bei denen jedoch sein Amt vielleicht weniger eine Sinekure war, als das seines Vaters bei den seinigen.

So hatte ich nun die Qualen und Freuden der Wallfahrt nach Arafat hinter mir, kehrte nach Mekka zurück, legte dort in einem Barbierladen, unter Hersagung eigens hierzu vorgeschriebener Gebete, den Ihram ab, meine Kleider wieder an und ließ mich von einem besonders frommen Barbier rasieren, welcher bei dieser Handlung stets Lobsprüche hermurmelte.

Zwölftes Kapitel

Letzter Aufenthalt in Mekka und Rückreise

Bis hierher war mir das Schicksal auf meiner ganzen Reise insofern höchst günstig gewesen, als niemand von meiner wirklichen Herkunft und meiner Eigenschaft als Nichtmuselmann eine Ahnung gefaßt hatte. Jetzt sollte mir jedoch das neidische Geschick, oder vielmehr mein dummer, prahlerischer Metuaf einen Streich spielen, der meine Reise plötzlich zu einem unvorhergesehenen, schleunigen Ende brachte und mir beinahe noch etwas mehr, nämlich nichts Geringeres als mein Leben gekostet hätte. So bleibt mir von meiner weiteren Reise in Arabien und meinem Aufenthalt in Mekka beinahe nichts mehr zu erzählen übrig, als dieses unangenehme Abenteuer, welches ihnen ein Ende machen sollte.

Ich war kaum von Arafat zurückgekehrt und hatte den lästigen Ihram abgeworfen, als ich das große Hamam (Bad) von Mekka aufsuchte, da ich in diesem Augenblick einer gründlichen Waschung bedürftiger war als je. Ssadak begleitete mich nach dem Hamam, um während meiner Anwesenheit im Dampfbad meine Kleider zu bewachen: eine keineswegs unnütze Vorsichtsmaßregel, denn die Frömmigkeit verhindert viele Pilger durchaus nicht daran, bei Gelegenheit zu stehlen.

Das Hamam liegt in der Nähe der großen Moschee, auf ihrer westlichen Seite, ganz dicht am Quartier es Suika (dem kleinen Basar) zwischen diesem und dem Quartier Bab el Omra, in welchem die Metuafin wohnen. Das große Bad von Mekka ist weit entfernt davon, den schönen, geräumigen, öffentlichen Bädern in anderen orientalischen Städten an Pracht gleichzukommen. In Konstantinopel und in dem bäderreichen, mit Mineralquellen gesegneten Brussa, in Damaskus und Kairo würde ein solches Bad wie das hiesige kaum für eine Anstalt zweiten oder dritten Ranges gelten. Dennoch ist es nicht eben klein, aber seine architektonischen Herrlichkeiten sind sehr gering. Die einzigen Verzierungsgegenstände, welche ich entdecken konnte, waren bunte Marmorfußböden; sonst war das ganze Gebäude zierde- und schmucklos und keineswegs beachtenswert.

Als ich eintrat, waren außer den Dienern nur etwa zwanzig Personen im Bade, von denen einige bereits den Badeprozeß durchgemacht hatten und nun von ihren Strapazen teils ausruhten, teils sich von einigen jungen Badeknechten zu guter Letzt noch einmal recht gründlich kneten ließen; denn das Kneten des Körpers mit beiden Händen oder Massieren (arabisch jadlaka genannt) bildet nebst dem Ziehen an den Gliedern und Reiben mit Roßhaarhandschuhen hier wie überall eine Hauptspezialität orientalischer Bäder.

Mein Metuaf begrüßte bei unserem Eintritt den Badewirt, einen spindeldürren, alten Mekkaner, der aussah, als ob er sich täglich das Vergnügen der Abbrühung verschafft hätte, wodurch er zu jenem mit pergamentartiger Haut überzogenen Skelett geworden war, als welches ich ihn kennenlernte. Dieser Biedermann wies mir eine Nische an, in welcher ich mich meiner Kleider entledigte. Nun nahmen mich zwei junge, langgelockte, ziemlich weibisch aussehende Badeknechte in Empfang, zogen mir die hölzernen Sandalen, Kabkab genannt, an und führten mich dann in den kuppelgewölbten Dampfsaal, wo der Badeprozeß seinen Anfang nahm. So weit ging alles gut. Auch das Kneten, Reiben, Reißen der Glieder, Waschen, Einseifen, alles ging ganz seinen gewöhnlichen Gang, und ich wurde, am Schluß dieser Zeremonien, geknetet, gestriegelt, gewaschen, gereinigt, hie und da auch ein wenig geschunden und zuletzt mit einem Turban und weißen Gewändern bekleidet, wieder in den ersten Saal zurückgeführt, wo ich die Siesta abhalten sollte.

Wer beschreibt nun aber mein Entsetzen, als ich hier meinen Metuaf mit vier bis fünf Männern im lebhaftesten

Gespräch begriffen fand, welche – den reinsten algerischen Dialekt sprachen. Man kann sich meine unangenehme Überraschung denken! Die Maghrebia hatte ich bisher immer mit Geschick und Glück vermieden, und nun sollten sie mir plötzlich wie ebensoviele Medusenhäupter erscheinen und auf das Gelingen meiner weiteren Reisepläne den nachteiligsten Einfluß ausüben. Es war klar, daß Ssadak mit diesen Leuten über mich geredet hatte. Was er ihnen über meine Person gesagt haben mag, das konnte ich nicht in all seinen Details erfahren. Aber es war sicher, daß er ihnen die Fabel von dem »Prinzen von Algier« zum besten gegeben hatte, denn diese Algerier schienen die größte Lust zu verspüren, meine Bekanntschaft zu machen oder vielmehr sich mit mir in ein Gespräch einzulassen, um herauszufinden, wie es denn komme, daß sie mich nicht schon kannten, denn es schien sehr unwahrscheinlich, daß ein Mann von einer solchen Bedeutung, wie sie mir der prahlerische Aufschneider Ssadak beilegte, ihnen bis jetzt völlig unbekannt geblieben sein konnte. Ich wurde deshalb von den fünf Algeriern (sie waren aus der Stadt Algier selbst, jedoch kannte ich zum Glück keinen von ihnen persönlich, obgleich mir ihre Gesichter sehr bekannt vorkamen) mit der größten Neugierde gemustert und, als sie endlich mit sich einig zu sein schienen, daß ich nicht ein Bekannter von ihnen sei, da malte sich Enttäuschung und sogleich auch ein schnell aufkeimendes Mißtrauen auf ihren Zügen. Dennoch ließ sich einer von ihnen mit mir in ein Gespräch ein, oder vielmehr, er redete mich an, und zwar tat er sogleich sehr indiskrete Fragen, auf welche ich nur mit ja oder nein antwortete, denn ein längeres Gespräch hätte mich verraten, da ein Algerier den Fremden stets erkennt, wenn er seine Sprache auch noch so gut redet. Da die Algerier sahen, daß nicht viel aus mir herauszubringen war, wurden sie noch mißtrauischer. Ich lag wie auf Nadeln, als ich sie nun in ihrem Dialekt leise, aber für mich doch hörbar, ungefähr folgendes Gespräch halten hörte:

»Was dünkt euch«, so sprach einer, »von diesem vermeintlichen Prinzen von Algier. Unser letzter Pascha hatte ja gar keinen Sohn, und die Söhne der früheren Deys sind alle gestorben. Wie soll also so ein elender, hergelaufener Kerl, den kein Mensch von uns, die wir doch echte Algerier sind, kennt, der Sohn unseres Pascha sein?«

»Die Sache«, so erwiderte ein anderer, »geht gewiß nicht mit rechten Dingen zu. Wenn dieser Mensch, der sich für einen Prinzen von Algier ausgibt, ein armer Teufel wäre, so würde ich keinen Verdacht schöpfen, sondern ganz einfach denken, daß der elende Schlucker sich dadurch interessant machen und Almosen erhaschen wollte. Aber dieser Kerl scheint, wie sein Metuaf sagt, Geld zu besitzen. Dieses ist verdächtig, denn die reichen Algerier sind an den Fingern herzuzählen, und wir kennen sie alle, selbst die aus den Provinzen, wo sie selten genug sind. Aber aus dem Umstand, daß dieser unser vermeintlicher Landsmann uns gänzlich unbekannt ist, schließe ich, daß er ein verkappter Rumi (Christ), vielleicht gar ein französischer Spion sein muß.«

Diese letzten Worte waren zwar sehr leise gesagt worden, aber dennoch hatte mir mein feines Gehör gestattet, sie deutlich zu vernehmen. Man kann sich denken, wie mir jetzt die Haare zu Berg standen. Ich war entdeckt! Das entsetzliche Wort »Rumi« (Christ) war ausgesprochen worden, und nun konnte ich das Schlimmste befürchten. Ich machte mich im Augenblick auf das tragischste Ereignis gefaßt. Ich sah mich schon ergriffen, gebunden, vor den Kadi geschleppt und gerichtet. Dies wäre auch ohne Zweifel mein Schicksal gewesen, wenn es bei Moslems nicht üblich wäre, alles mit ihrer gewohnten Ruhe und Gemessenheit zu betreiben. Diese beliebte orientalische Langsamkeit rettete mich. Die Algerier hatten ohne Zweifel vor, mich als einen Rumi, der das heilige Haus geschändet habe, zu denunzieren, sobald die Sache tunlich sein würde, aber einstweilen waren sie gekommen um – ein Bad zu nehmen, und da in diesem Augenblicke gerade die Badeknechte eintraten, um sie in den Dampfsaal zu führen, verschoben sie ihre wahrscheinlich beabsichtigte Denunziation bis zu ihrer Rückkehr aus dem Bad und ließen sich ruhig von den langgelockten Jünglingen wegführen. Ssadak hatte zum Glück ihr Gespräch nicht verstanden und er hegte somit keinen Verdacht, was für meine Rettung höchst wichtig war.

Wenn diese Algerier indessen darauf rechneten, daß sie mich bei ihrer Rückkunft noch im Bade antreffen würden, so irrten sie sich sehr. Denn kaum waren sie hinter der Tür, welche zum Dampfsaal führte, verschwunden, als ich die sonst oft stundenlange Siesta zu einem plötzlichen Ende brachte, aufsprang, mich im Nu ankleidete und den erstaunten Ssadak aus dem Badehause mit fortriß.

Nun war ich zwar außer augenblicklicher Gefahr, aber das Damoklesschwert schwebte über meinem Haupte, denn der geschwätzige Ssadak hatte den Algeriern meinen Wohnungsort gesagt, und ich konnte mich jeden Augenblick darauf gefaßt machen, diese Leute mit einem Gerichtsdiener dort erscheinen zu sehen, um mich vor den Kadi zu führen, der natürlich die Sache zu meinen Ungunsten entschieden haben würde. Hätte ich die Wohnung gewechselt, so würde mir dies auch nichts geholfen haben, denn vor Hamdan und Ssadak hätte ich meinen neuen Aufenthalt doch nicht verborgen halten können. Diese Leute hatten keine Ahnung davon, was ich in Wirklichkeit war, und hätten sie eine solche Ahnung gehabt, so würden sie, statt mich vor den Algeriern zu schützen, mich wahrscheinlich noch an diese ausgeliefert haben. In meinem Falle konnte ich auf keinen Vertrauten, auf keinen Hehler unter den tausenden und tausenden von Moslems rechnen, denn ich hatte nach muselmännischen Begriffen das größte Verbrechen begangen, ich hatte als Christ die Kaaba besucht und jeder Moslem mußte mich verdammen.

Deshalb faßte ich augenblicklich den Entschluß, Mekka sogleich zu verlassen. Diesen Entschluß mußte ich natürlich so geheim als möglich halten und eben so geheim ausführen. Niemand, weder mein Wirt noch mein Führer noch sonst irgendein Bekannter durfte darum wissen.

Ich schickte Ssadak unter einem Vorwand davon, eilte in meine Wohnung zurück, nahm nichts als einen Anzug und Mantel, da ich auf meiner schleunigen Flucht aus Mekka mich mit keinem Gepäck beladen wollte und konnte. Meinen Wirt hatte ich zufällig vor der Fahrt nach Arafat gerade für drei Tage im voraus bezahlt, so daß ich ihm jetzt nichts mehr schuldig war. Dieser sollte außerdem auch noch meine sämtliche Habe in Kleidern und Waren bestehend, welche ich, um meine Flucht unwahrscheinlich zu machen, zurücklassen wollte und mußte, behalten und somit für alle seine Mühe hundertfach bezahlt werden.

Ich ließ kein Schreiben, kein Anzeichen zurück, woraus man hätte schließen können, daß ich mich so schnell aus der Stadt entfernt habe. Meinem Wirt konnte möglicherweise meine Abwesenheit erst nach einigen Tagen auffallend werden, denn zur Pilgerzeit ist es nicht ungewöhnlich, daß Leute die Nacht außerhalb des Hauses, in Moschee und Buden oder sonstwo, zubringen. So ging ich denn aus dem Hause Hamdans gerade so leicht und einfach, wie wenn ich einen bloßen Spaziergang hätte machen wollen. Vorher hatte es ein glücklicher Zufall gewollt, daß ich Ssadak losgeworden war, der ohne Zweifel seine freie Zeit dazu benutzte, um nach Menaa zurückzukehren, wo seine Familie war. Auch dieser mein Metuaf brauchte nicht gleich Verdacht zu schöpfen, wenn er mich nicht an demselben Abend im Hause Hamdans antraf, da ich in Mekka einige Bekannte, namentlich Haggi Omar und andere Ägypter, sowie Murad und seinen Sohn hatte, bei denen man vermuten konnte, daß ich den Abend zubrachte. Um jedoch allen Verdacht durch einen unumstößlich scheinenden Beweis zu entkräftigen, ließ ich meinen Negersklaven Ali zurück, der von meiner Flucht nicht mehr wußte als alle übrigen, denn auch ihn durfte ich nicht ins Vertrauen ziehen. Diesem sagte ich vor meinem letzten Weggehen aus Hamdans Hause, ich würde den Abend bei einigen Bekannten, die ich mich wohl hütete, näher zu bezeichnen, zubringen, welche mich zum Abendessen eingeladen hätten.

Da solche Einladungen am Tage des Opferfestes sehr gewöhnlich sind, so konnte dies nicht auffallen. Im Gegenteil diente es noch dazu, meine Abwesenheit des Nachts zu erklären, da es nicht ungewöhnlich ist, daß Leute da, wo sie zu Abend essen, auch schlafen.

Statt spazierenzugehen oder die Moschee zu besuchen, ging ich vor die Stadt, und zwar an ihr westliches Ende, wo die Harbbeduinen ihre Vorstadt haben. Dort gelang es mir ohne Mühe, einen Esel, um nach Dschedda zu eilen, zu mieten, was nicht besonders auffiel, da bereits einige Pilger dorthin zurückzukehren anfingen. Ich sagte also der »Hauptstadt der Welt«, der »Gepriesenen«, »Glückseligen«, dem »Schatten Gottes auf Erden« (alles Beinamen von Mekka) Lebewohl und trabte in Begleitung eines Beduinen schnurstracks und ohne Aufenthalt auf dem Dscheddawege voran, denn ich war fest entschlossen, erst in dieser Stadt haltzumachen.

Was nach meiner Abreise von Mekka im Hause Hamdans geschehen, ob die Algerier sich daselbst eingefunden, ob sie Nachforschungen nach mir angestellt, darüber habe ich nie das geringste erfahren und mich wohl gehütet, mich danach zu erkundigen. Es wäre wohl denkbar, daß sie, sei es aus Indolenz, sei es aus Vergeßlichkeit oder sonst einem Grunde, gar keine Schritte getan haben mochten, um den vermeintlichen »Prinzen von Algier« zu verfolgen, aber es war für mich natürlich viel zu gefährlich, es darauf ankommen zu lassen, daß sie sich passiv verhalten würden. Und so war mir nichts übrig geblieben, als aus Mekka zu fliehen: eine wahre Hedschra, ähnlich der des Propheten des Islam.

Die unangenehmste Folge von der Dummheit meines Metuaf, welche mich zur Flucht aus Mekka zwang, war, daß ich nun meine Wallfahrt nach Medina aufgeben mußte, denn, wenn der Verdacht meiner Pseudolandsleute, wie zu befürchten stand, Verbreitung gefunden hatte, so mußte mich derselbe natürlich auf der ganzen Reise und auch nach der anderen heiligen Stadt verfolgen. Ich hätte die unhaltbarste Stellung gehabt, wäre stets von Spionen umgeben gewesen, um vielleicht zuletzt noch entdeckt, denunziert und als Religionsschänder bestraft zu werden. Das alles hatte ich der einfältigen Prahlerei Ssadaks zu verdanken, denn wenn dieser mir nicht einen lächerlichen Titel gegeben hätte, würden die Algerier wohl nie auf mich aufmerksam geworden sein.

Wie mein Gepäck, so hatte ich auch meinen Negersklaven Ali als herrenloses Gut in Mekka zurücklassen müssen. Nach den Gesetzen des Islam war dieser übrigens jetzt frei, was ich dem armen Schlucker wohl gönnte. Überdies hatte er seinen Zweck erfüllt, hätte mich von nun an doch nur geniert und Schich Mustapha, dem ich den Sklaven nach meiner Pilgerfahrt zum Geschenk versprochen hatte, war nicht mehr, so daß nichts seiner Freiheit im Wege stand. Ich habe von Ali in meinem Leben nie mehr etwas gehört.

Ich ritt beinahe unaufhaltsam vierzehn Stunden von Mekka nach Dschedda, davon zehn bei Nacht, und kam in der Hafenstadt am 11. Du el Hödscha um 8 Uhr morgens an. Hier war, wie in Mekka, alles im Festesjubel wegen des Ait el Kebir; alle reichen und wohlhabenden Bewohner glänzten in ihren Feiertagskleidern, die Kaffeehäuser waren gestopft voll, hie und da ertönte Musik, Tänzerinnen durchzogen singend und hüpfend einzelne Straßen, kurz, ganz Dschedda schien in der schönsten Festeslaune begriffen.

Ich teilte jedoch wenig diesen Jubel, sondern hatte nur einen Gedanken, nämlich den, Dschedda und meine Verkleidung als Muselmann so schnell als möglich zu verlassen. Deshalb ging ich gleich nach dem Hafen und erkundigte mich, ob kein europäisches Schiff zur Abreise nach Aden oder Bombay bereitliege, denn zunächst sollten sich meine Schritte nach Ostindien wenden. Zu meiner unbeschreiblichen Freude fand ich auch richtig eine kleine englische Brigg, »Mary Ann« aus Glasgow, welche nach drei oder vier Tagen nach Aden unter Segel gehen sollte. Ich begab mich an Bord derselben, wo ich den Kapitän zu sprechen verlangte, denn ich sagte, ich wünsche sein Passagier zu werden. Dieser gutmütige Mann war nicht wenig erstaunt, einen vermeintlichen Araber geläufig englisch reden zu hören. Indes machte er, als ich ihm eine wohlgespickte Börse zeigte, keine Schwierigkeiten, mich nach Aden mitzunehmen. So installierte ich mich denn noch an demselben Tage auf der englischen Brigg und sagte von diesem Augenblick an dem Hedschas auf ewig Lebewohl, dessen Gestade ich freilich noch nicht augenblicklich verlassen sollte; aber während der zwei Tage, welche ich im Hafen von Dschedda noch zubrachte, hütete ich mich wohl, das Land wieder zu betreten, und solange ich auf dem Schiffe war, befand ich mich so sicher, wie wenn ich in England selbst gewesen wäre.

Meine weitere Reise nach Aden und Bombay ging in erwünschter Weise vonstatten.

Von Bombay, nachdem ich mich mit Hilfe eines englischen Schneiders und Barbiers wieder in einen Europäer verwandelt hatte, schrieb ich an meinen Doppelgänger in Algerien, den wirklichen Abd-er-Rahman ben Mohammed, dessen Persönlichkeit ich während vier Monaten dargestellt hatte, und schickte ihm seinen in Dschedda visierten Paß zu, der ihm von nun an den frommen Titel eines Hadsch sichern sollte. Der Brief, welchen mir dieser alte Kifraucher, welcher nie aus seinem besoffenen Zustande ganz herauskam, als Antwort auf den meinigen sandte, möge als Schlußstein meiner Wallfahrt nach Mekka noch hier stehen:

»O Rumi!« so begann dieses seltsame Schreiben, »wenn es Wahrheit ist, was Du mir in Deinem Briefe meldest, daß nämlich Du an meiner Stelle in der heiligen Stadt gewesen bist, so müßte sich mein Gewissen dadurch sehr beunruhigt fühlen, denn alle guten Moslems könnten mir vorwerfen, daß ich unsere heilige Religion geschändet hätte, indem ich einem Ungläubigen als Deckmantel diente, um die heiligen Orte zu besuchen. Übrigens bin ich weit entfernt, anzunehmen, daß ich nicht selbst den Berg Arafat und die Kaaba besucht habe, und deshalb bin ich versucht, zu glauben, daß ich der wahre und Du der falsche Pilger bist. Du wirst Dich wundern, wie ich zu einem solchen Schluße kommen konnte.

»Aber, wenn Du an die Gnade Gottes (so nennen die Haschischraucher alle verrückten Einbildungen ihres berauschten und betäubten Zustandes) glauben wolltest, so würde Dir dies keinen Augenblick unklar bleiben. Als ich in Tunis sechs Monate lang, während Du als falscher Abd-er-Rahman nach Mekka pilgertest, in dem Kaffeehaus der frommen Gläubigen und Gottseligen (der Haschischraucher) lag und mich ganz der Gnade Gottes (dem Haschischrausche) hingab, da suchte mich die göttliche Offenbarung heim, und ich sah im Geiste mich selbst in Dschedda ankommen, nach Mekka pilgern, die Kaaba besuchen, nach Arafat wallfahren und den Teufel im Tale Menaa steinigen. Ja ich könnte Dir genau alles sagen, wo ich wohnte, wie Mekka aussieht, mit wem ich umging, wenn ich dies nicht seitdem vergessen hätte. Da nun alle Wirklichkeit nur Schein und die Gnade Gottes (der Haschischrausch) allein Wahrheit ist, so ist es unzweifelhaft, daß ich der wahre Pilger bin und folglich mit dem größten Rechte den frommen Titel eines Hadsch führen kann, den mir ohnedem mein Paß sichert. Deshalb zeichne ich, indem ich Dich im Namen der Gnade Gottes, die in mir wohnt, grüße, zum erstenmal in meinem Leben mit dem religiösen, mit Recht von mir getragenen Titel

Hadsch Abd-er-Rahman ben Mohammed.«

Algier, am 12. Dschema el Ual 1277.

So schloß die exzentrische Prosa meines Doppelgängers oder vielmehr desjenigen, dessen Doppelgänger ich gewesen war. Aber sein Schreiben war damit noch nicht zu Ende. Die Araber lieben es nämlich, ihren Briefen oft einen oder zwei Verse anzuhängen, welche gewöhnlich eine Anspielung, wenn auch oft nur eine sehr entfernte und bei den Haaren herbeigezogene Anspielung auf den Empfänger enthalten. Die Verse, welche Abd-er-Rahman seinem Schreiben anfügte, mögen also hier noch in freier Überset-zung folgen:

Wer Mekka und die Kaaba sieht,
Der hat des Guten viel getan,
Doch als des Glaubens Rose blüht,
Wer sich ergibt dem heil'gen Wahn.

Wer unter frommen Schauern bebt,
In Mekka, dem ist Heil beschert,
Doch wer der Gnade Gottes lebt,
Der ist des höheren Glückes wert.

Bildnachweis

Lady Anne Blunt: A Pilgrimage To Nejd, the cradle of the arab race. Vols I, II. London 1881: 228, 259, 266

Robert König (Hrsg.): Daheim. VI. Jahrgang, 1870. Bielefeld 1870: 2, 21, 31

Edward William Lane: An account of the manners and customs of the modern egyptians, written in Egypt during the years 1833, -34 and -35. Vols I, II. London 1836: 27, 77, 82, 83, 121, 141, 205, 211, 242, 255, 257

Stanley Lane-Pool: Cairo. Sketches of its history, monuments, and social life. London 1898: 33, 40, 42, 46, 49, 53, 125, 151, 187, 222, 275

Carsten Niebuhr: Reisebeschreibung nach Arabien und den umliegenden Ländern. Bd. I. Graz 1968: 68/69, 71, 89, 97, 108/109, 128, 163

Achille Constant Prisse d'Avennes: Oriental Album. Characters, Costumes and Modes of Life in the Valley of the Nile.
London 1848: Vorsatz

Atelier Salemke, Karlsruhe: Nachsatz. Für die Bereitstellung der Vorlage danken Herausgeber und Verlag.